유아사회교육

김혜금 · 송영주 · 임양미 · 김현자 · 김진숙 · 박진옥 공저

학지사

머리말

우리 사회가 점점 분절화되고 개인주의가 만연하게 된다고 하더라도 사회조직이 잘 돌아가기 위해서는 서로 협력하고, 배려하며, 타협하는 과정이 필수적으로 요구된다. 그러므로 인간은 혼자서 살 수 없다는 명언이 고스란히 적용되는 것이다. 그런데 타인과 상호작용하는 능력은 언제, 어디서 시작되는 것일까? 생애 초기에 사회적 능력을 강화한다면 사회성이 발달된 사람으로 성장하게 될 것이다.

인간의 사회성 발달은 영아기부터 시작된다. 부모와의 만남에서 영아는 애착을 형성하고 타인에 대한 신뢰감을 갖게 된다. 이러한 신뢰감은 또래친구, 선생님, 이웃, 직장 동료, 배우자에게로 확장되어 기본적인 인간관계의 틀을 유지하게 된다. 유아기에는 자아개념이 형성되며 친사회적 행동과 공격성이 나타나고 성역할을 습득하게 된다. 그리고 도덕성 및 사회인지가 발달되고 리더십이 생기며, 나와 다른 사람을 이해하고 다른 나라의 문화를 수용할 수 있게 된다. 따라서 사회성 발달을 촉진하는 사회교육은 유아기에 시작되어야 하며 매우 중요하다고 할 수 있다.

이 책은 유아기 부모와 유아교육기관의 교사가 유아의 사회성 발달을 위해 지원해야 할 측면이 무엇인지 알아보고, 유아에게 적합한 교수-학습 방법을 통해 유아의 사회적 능력, 즉 사회적 지식, 태도, 기술을 기를 수 있도록 내용을 구성하였다. 또한 예비 유아교사 및 현직 유아교사들이 유아의 사회성 발달과 관련한 제 이론을 쉽게 이해할 수 있도록 하였으며, 사회성 관련 이론을 유아교육 현장에서 접근하는 데 도움을 주고자 매 주제별로 계획하기 및 실천하기로 구체적인 적용방법을 제시하였다.

이 책의 제1장부터 제4장까지는 유아사회교육에 대한 포괄적인 측면을 다루었으며, 제5장부터 제12장까지는 유아의 사회성 발달과 관련된 이론들과 유아교사들이 유아의 사회성 발달을 위해 적용할 수 있는 활동의 예시를 포함하여 이론과 활동이 어떻게 접맥되는지를 제시하였다. 구체적으로 제1장은 유아사회교육에 대한 이해, 제2장은 유아의 사회성 발달 이론, 제3장은 유아의 사회성 발달에 영향을 미치는 요인, 제4장은 유아교육과정의 유아사회교육, 제5장은 애착, 제6장은 자아개념, 제7장은 공격성과 친사회적 행동, 제8장은 성역할, 제9장은 도덕성, 제10장은 리더십, 제11장은 사회인지 그리고 제12장은 다문화를 주제로 구성하였다.

각 장의 내용과 저자를 소개하면 다음과 같다. 제1장 '유아사회교육에 대한 이해' 는 유아사회교육의 필요성과 내용, 방법 등을 중심으로 살펴보며 김혜금 교수가 집필하였다. 제2장 '유아의 사회성 발달이론' 은 사회성의 개념에 대해 알아보고 유아의 사회성 발달과 관련된 이론들, 즉 정신분석학적 접근, 행동주의와 사회학습이론적 접근, 성숙론적 접근, 인지발달론적 접근, 생채학적 접근 등을 고찰하며 박진옥 교수가 집필하였다. 제3장 '유아의 사회성 발달에 영향을 미치는 요인' 은 가족, 또래, 대중매체, 유아교육기관, 지역사회와 사회 · 경제적 지위에 대해 살펴보며 김현자 교수가 집필하였다. 제4장 '유아교육과정의 유아사회교육' 은 유치원교육과정 중의 사회생활 영역, 표준보육과정 중의 사회관계 영역, 3~5세 누리과정의 사회관계 영역을 고찰하며 김현자 교수가 집필하였다. 제5장 '애착' 은 애착 이해하기와 안정 애착 형성하기로 나누어 살펴보며 김진숙 교수가 집필하였다. 제6장 '자아개념' 은 자아개념 이해하기와 긍정적인 자아개념 지도하기로 구성하며 임양미 교수가 집필하였다. 제7장 '공격성과 친사회적 행동' 은 공격성 이해하기와 공격성 지도하기 그리고 친사회적 행동 이해하기와 친사회적 행동 지도하기로 나누어서 살펴보며 박진옥 교수가 집필하였다. 제8장 '성역할' 은 성역할 이해하기와 성역할 지도하기로 구성하며 김혜금 교수가 집필하였다. 제9장 '도덕성' 은 도덕성 이해하기와 도덕성 지도하기로 구분하여 살펴보며 송영주 교수가 집필하였다. 제10장 '리더십' 은 리더십 이해하기와 리더십 지도하기로 구성하며 김진숙 교수가 집필하였다. 제11장 '사회인지' 는 사회인지 이해하기와 사회인지 지도하기로 구분하여 살펴보며 송영주 교수가 집필하였다. 마지막으로 제12장 '다문화' 는 다문화 이해하기와 다문화 지도하기로 구성하며 임양미 교수가 집필하였다.

이 책의 완성을 위하여 저자 6명이 함께 최선을 다해 집필에 임하였지만 장별로 저자마다의 개성이 포함되어 전체로서의 통일성을 이루는 데 다소간 어려움이 있었으며, 독자의 기대에 미치지 못하는 부분도 있으리라 생각된다. 그러나 유아의 사회성 발달과 관련한 이론을 중심으로 구체적인 적용방법 등을 제시함으로써 예비 유아교사 및 유아교육 현장의 유아교사들이 유용하게 활용할 수 있을 것으로 기대한다. 또한 유아기 부모들이 유아의 사회성 발달을 지원하는 데 필요로 하는 이론적 지식과 실천적 방법을 이해하는 데도 도움이 될 것으로 믿는다.

끝으로 이 책이 출간될 수 있도록 많은 도움을 주신 학지사 김진환 사장님과 편집부 직원 여러분께 심심한 감사의 말씀을 드린다.

2013년 2월

저자 일동

BUS

차 례

제1장

유아사회교육에 대한 이해

1. 유아사회교육의 필요성
2. 유아사회교육의 내용
3. 유아사회교육의 방법

자기 자신의 조언을 받아 지혜로워지거나 자신으로부터 가르침을 받아 배우는 사람은 거의 없다. 왜냐하면 자신에게서만 배우는 사람은 바보를 스승으로 모셨기 때문이다.

– 벤 존슨

성공 공식에서 가장 중요한 요소는 사람들과 어떻게 잘 지내는지 아는 것이다.

– 시어도어 루스벨트

1 유아사회교육의 필요성

사회성은 인간이 행복한 삶을 영위하기 위하여 갖추어야 하는 기본적이고 발달적인 측면으로 다른 사람과의 사회적 상호작용을 통해서 형성되는 능력이다(O' Malley, 1977). 인간은 사회성 발달을 통해 사회의 한 구성원으로서의 역할을 수행하게 된다. 즉, 사회성 발달은 사회화 과정이라고 할 수 있으며, 이는 개인이 속한 사회의 규칙이나 가치를 내면화하는 과정으로 자신이 속한 사회의 사람들 간 상호작용을 통해 형성된다(Beal, 1994).

인간은 서로 돕고 협동하면서 때로는 경쟁하고 상호 갈등을 해결해 나가는 과정에서 정신적으로 성숙해 진다. 즉, 사회성은 혼자서 발달시킬 수 있는 것이 아니며 다른 사람과의 교류를 통해 발달될 수 있다. 또한 사회성은 저절로 발달되는 것이 아니라 교육과 훈련을 통해 사회에서 바람직하게 여기는 지식, 태도, 기술 등을 익혀야 한다. Aristotles는 인간을 일컬어 '사회적 존재' 라고 규정하였다. 사람이 사람다워진다는 것은 본능대로 살도록 내버려 둘 것이 아니라 '사회화' 를 통해 사람의 모습을 갖추어야 한다는 것이다.

자아개념과 도덕성이 발달하는 유아기는 사회교육의 적기라고 할 수 있으며, 유아기에 제공되는 다양한 사회화 경험을 통해 바람직한 사회 구성원으로서의 지식, 태도, 기술 등을 습득할 수 있게 된다. 사회화 과정에 있어 가정, 학교, 매스미디어, 지역사회, 국가 등은 중요한 기능을 하는데, 이들의 기능을 살펴보면서 유아사회교육이 필요한 이유에 대해 알아보면 다음과 같다.

첫째, 가정의 사회화 기능이 점점 약화되고 있다는 점이다. 예전에는 가정 내 사회화 기능이 중요하게 인식되었으나 산업화, 현대화로의 사회생활의 변화는 가정의 사회화 기능을 축소시켰다. 맞벌이 가정의 증가로 가족 구성원 간의 상호작용의 질과 양은 감소되었고, 자녀 수의 감소 등의 요인은 형제나 또래와의 사회적 상호작용을 할 수 있는 기회를 제한하여(이경숙, 신의진, 전연진, 박진아, 정유경, 2005), 어른들에 대한 공경심이나 친인척 간의 관계에 대한 중요성이 상대적으로 낮아지고 있다.

가정의 사회화 기능이 약화되고 있기는 하나 부모는 유아의 첫 번째 교사로서 유아 발달에 직접적인 영향을 미친다.

유아가 부모로부터 받은 정서적 경험은 한 인간이 타인과 바람직한 관계를 맺을 수 있는 초석이 된다(오영희, 강영식, 마지순, 2007). 유아에게 노래를 불러 주고, 다정하게 안아 주며, 이야기를 들려주는 반복적이고 긍정적인 상호작용은 유아의 발달에 긍정적인 영향을 미치는 애정 표현이라고 할 수 있다. 유아는 가정에서 최초로 사회를 경험하고 부모에게서 사회생활을 하는 데 필요로 하는 기본적인 지식, 태도, 기술을 배워 나간다. 이후 어린이집이나 유치원에서의 집단생활을 통해 선생님과의 관계를 맺게 되고 또래관계를 경험하면서 사회성은 더욱 발달된다.

유아의 사회 · 정서발달은 주로 부모의 정서적 안녕감에 좌우한다. 긍정적인 생활 경험을 지닌 부모는 그렇지 않은 부모보다 유아에게 더 반응적이고 정서적으로 친근하다. 부모와 유아가 정서적으로 서로를 보게 될 때 유아의 정서적 단서를 더 쉽게 읽으며 자녀의 요구에 더 적절하게 반응한다. 유아와 부모 간의 반응적 관계는 의사소통, 인지, 사회 · 정서 그리고 도덕성 이해 등의 건강한 발달을 촉진한다. 한편 유아기는 가족 중심적인 대인관계에서 벗어나 확장된 인간관계를 맺는 시기이므로 부모와의 성공적인 관계 맺음은 이후의 심리적인 적응과 사회적 성공을 예측하는 지표가 된다(김향은, 정옥분, 1999).

만약 유아가 태어날 때부터 보육원에서 생활하게 된다면 부모와 일대일의 관계에서 형성되는 애착의 질보다 낮은 애착 유형을 형성할 수 있다. 나아가 또래와의 상호작용을 경험하지 못하고 어른들 속에서 성장한 유아는 낯선 또래를 보았을 때 두려워하거나 우는 등 적절하지 못한 반응을 보일 수 있다. 1920년 인도에서 늑대 새끼 무리에서 발견된 여아들은 사람이 사는 문명세계에 돌아왔으나 결국 적응하지 못하고 둘 다 얼마 지나지 않아 사망하였다. 유아기 초기에 경험하는 부모와의 관계는 나아가 다른 사람과의 관계를 맺는데 기본적인 토대가 되며 유아기가 사회성 발달의 시작이라고 볼 수 있다.

유아기에 형성된 애착의 유형은 다른 사람들과의 대인관계로 확장되며 지속적으로 영향을 미친다. 어머니와 안정적인 애착을 형성한 유아는 자아존중감이 높고 책임감이 강한 성인으로 성장한다. 이들은 다른 사람과의 관계에서 발생할 수 있는 갈등이나 문제를 바람직한 방향으로 해결할 수 있는 능력을 지니며, 다른 사람의 협조를 이끌어 내기 위해 설득하고 이해시키는 능력이 있다. 또한 다른 사람의 입장을 고려하고 협동하는 친사회적 기술을 지닌다. 대인관계에서 적절한 사회적 지식, 태도, 기술 등을 지니는 것은 한 개인이 자신이 속한 사회의 한 구성원으로서 인정받는 비결이기도 하다.

Tip

1920년 12월 인도에서 '신그라' 라는 사람이 가축을 잡아먹던 호랑이를 사냥하러 나갔다가 동굴 속에서 늑대 새끼 무리를 발견하였다. 그 늑대 새끼 무리 가운데에는 여아 둘이 끼어 있었는데, 그는 그 아이들을 자신이 운영하는 고아원으로 데리고 가서 보살펴 주었다. 7, 8세로 보이는 여아들은 원숭이 소리 같은 것을 내며 네 발로 기어다녔고 마치 늑대 새끼인양 신그라 등을 물려고 했다. 그 후 '아밀라' 와 '카밀라' 라는 이름으로 불린 여아들은 인간과 같이 생활하기 위한 훈련을 받았으나, 급격한 환경변화에 적응하지 못한 아밀라는 곧 사망하였다. 카밀라는 그 후 두발로 걷는 연습을 하며 인간의 옷을 입는 등 꽤 적응된 모습을 보여 주었으나 1929년 17세 정도의 나이에 사망하였다.

둘째, 유아교육기관을 이용하는 유아의 수가 증가하면서 유아교육기관에서의 사회화 기능이 확장되고 있다. 또래관계의 경험은 유아로 하여금 타인에 대해 이해하고 타인을 존중하는 태도를 형성하는 밑받침이 되므로 유아교육기관의 사회화 역할이 중요해지고 있다. 부모, 또래, 교사로 확장되는 대인관계를 통해 유아는 타인의 감정과 생각, 기대를 이해하게 되고, 협동과 나누는 중요성을 알게 된다. 또한 유아의 자아개념은 그들의 삶에 의미 있는 타인 즉, 부모, 교사, 다른 가족 구성원 등에 의해 형성된다. 그러므로 유아기에 긍정적인 사회성 발달이 이루어지지 못하면 성인기에 사회적응의 혼란과 어려움을 경험할 수 있으며(McClellan & Katz, 1992), 유아기의 사회적 문제는 이후 문제행동으로 발전되기도 한다(Parker & Asher, 1987).

특히 학업성적이나 경쟁을 강조하는 학교교육은 친구들 간 관계의 중요성보다 점수를 획득하는 것이 보다 가치로운 것으로 인식하게 하고, 왕따나 학교폭력이 나타나고 있으며, 학교폭력의 양상은 더욱 심각해지고 있다. 청소년의 학교폭력이 종전에는 일부 학생들의 일시적인 일탈행동 정도로 치부되어 왔지만, 최근에는 물리적 폭력을 넘어 다수의 학생이 한 학생을 지속적으로 괴롭히는 집단적 · 정신적 괴롭힘으로 이어지는 추세다(김창군, 임계령, 2010). 학교폭력을 경험한 청소년들은 학교적응에 있어서 많은 어려움을 나타내는데 폭력 피해의 결과로 나타나는 학교결석, 학교활동의 기피, 자신의 안전에 대한 불안은 학교에서의 학업성취에 부정적인 영향을 미치며 학업유지가 어려워 학업을 포기하거나 심지어 자살을 하는 경우도 있다(이은희, 2009).

남의 고통 무감각…… 마음이 마비된 아이들

죄의식 없는 왕따, 왜?

"왕따를 시켜 놓고도 반성하는 기미가 없어요. 가해 학생은 학교를 다니고 피해 학생이 전학을 가는 상황입니다."

중학교 교사인 ○씨는 최근 병원에 입원할 정도로 같은 반 친구를 때린 한 학생을 상담하다 무력감을 느꼈다. 가해 학생은 지난해에도 다른 친구를 심하게 때려 보호관찰 처분까지 받았다고 한다. "제 앞에서는 잘못했다고 해 놓고는, 곧바로 친구들하고 몰려다니면서 웃고 그러더라고요. 가해 학생이나 학부모는 심각성을 모릅니다. 교사로서 할 수 있는 일이 없어요." – 이하 생략

* 출처: 한겨레신문(2011. 12. 25.)

셋째, 매스미디어의 급격한 발달은 혼자서 기계와 노는 아이들을 양산하고 있으며 컴퓨터 중독이라는 부작용을 낳고 있다. 청소년들이 인터넷에 지나치게 몰입하여 현실의 인간관계를 회피하고, 늦은 밤까지 컴퓨터에 매달려 다음 날 학업에 지장을 초래하며, 며칠씩 인터넷 게임에 몰두하던 청소년이 사망하는 등의 보도도 나타나고 있다(이승대, 김선미, 2008). 2009년 기준 우리나라의 인터넷 보급률이 약 90%에 육박하는 가운데 초고속 인터넷망 분야에서 세계 1위로 평가

되고 있다. 인터넷 이용률이 급증하면서 우리나라 국민의 인터넷 중독률은 8.5%였으며, 특히 청소년 인터넷 중독률은 12.8%로 성인 중독률의 약 2배 정도로 높았다(윤명숙, 송행숙, 2011).

넷째, 지역사회의 사회화 기능 또한 점점 약화되고 있다. 이웃을 서로 모르고 지내는 경우가 많으며, 이웃에게 피해를 주지 않고 철저히 사생활을 보호받고자 하는 의식이 팽배하기 때문에 다른 사람의 일상사에 관심을 두지 않는다. 이로 인해 혼자 사는 사람들의 경우 오랫동안 연락이 닿지 않아 가 보면 사망을 했다거나 하는 신문기사도 종종 나타나고 있다. 기존의 산업화된 사회는 대부분이 도시(대도시, 중 · 소도시)로 구분된다. 그 지역은 다시 주거지역, 상업지역, 공단지역, 농공단지나 농업지역 등으로 나뉘는데, 이것이 모두 포함된 지역은 대개 인간적인 규모이기에는 너무 크다(류기석, 2005).

다섯째, 산업화, 물질문명의 발달로 개인의 삶의 질이 중요해지고 여성의 경제활동 인구가 증가하면서 여성의 권리 또한 커지고 있으나, 여성의 지위는 아직까지 남성에 비해 보장받지 못하고 있다. 고학력 여성이 증가하면서 공적 영역에 종사하는 여성직업인이 증가하고 있으나, 2003년 세계 여성권한척도(Gender Empowerment: GEM)에서 한국은 70개 등위국 중 63위로 교육받은 여성, 특히 고등교육을 받은 여성들의 전문직으로의 진출이 매우 제한적임을 보여 준다(나윤경, 2005). 노인과 아동의 권리에 대한 사회적 인식 또한 낮은 편이다. 우리나라의 노인문제는 심각한 사회문제 중의 하나로 2003년 2월에 발표된 국가인권위원회의 보고에 의하면 우리나라 노인 1,349명 중 37.8%가 한 차례 이상의 학대를 받은 경험이 있다고 보고하였으며, 가정과 시설에서 은폐되어 있는 경우까지 고려한다면 그 실상이 매우 심각한 수준이다(최상섭, 2008). 아동학대의 경우도 매년 증가하고 있는데 2010년 아동학대 건수는 9,199건이었으며, 학대 피해자 중 초등학생이 44.7%로 학령기 아동의 학대 위험에 많이 노출되고 있다(보건복지부, 중앙아동보호전문기관, 2011).

제반 사회적 문제를 줄이고 행복한 사회가 되기 위해서는 유아기부터 사회교육을 통해 긍정적인 자아개념을 형성하도록 하고, 다른 사람을 존중하고 배려하며 함께 더불어 살아가는 민주시민의 태도를 갖추도록 해야 할 것이다.

생각해 보기

- 유아기에 사회교육이 제공되지 않으면 어떠한 사회적 현상이 나타날지 생각해 보자.

2 유아사회교육의 내용

모든 교육이 인간에게 삶의 문화와 방향을 전수하는 목표를 가지고 있으나 특히 사회교육은 인간에게 필요한 개념과 지식, 가치 및 태도, 기술 등의 사회적 덕목을 함양할 수 있도록 돕기에 적합한 영역이라고 할 수 있다(김영옥, 최미숙, 1995). 유아사회교육을 통해 유아는 미래사회에서 요구하는 여러 가지 능력을 함양할 수 있게 되고 점점 사회 속에서 유능하게 기능할 수 있는 능력을 갖추게 된다.

유아사회교육의 중요성을 인식하고 OECD 여러 나라에서도 국가 수준 교육과정에 사회교육과 관련한 영역을 마련하고 있다. 세계 여러 나라의 국가 수준 유아 교육과정에 대한 국제비교(양옥승, 신은미, 2011)에서 유아사회교육과 관련한 내용을 살펴보면, 우리나라의 어린이집과 유치원은 '사회관계' 영역으로 제시하고 있으며, 뉴질랜드는 '소속감과 기여' 로, 영국은 '개인적 · 사회적 · 정서적 발달' 로, 프랑스는 '학생 되기' 로, 일본 보육과정과 유치원 교육과정은 '인간관계' 로 영역을 제시하고 있다.

국가 수준에서 제시하고 있는 사회교육의 내용은 대개 그 나라의 중요한 사회적 이슈를 반영하고 유아기에 습득해야 하는 기초적인 사회과학적 지식, 태도, 기술 등의 내용을 포함한다. 사회과학적 지식은 경제, 역사, 지리, 정치, 인류, 심리학 등이 있는데, 이들 분야에서 유아에게 적합한 사회과학적 개념을 선정하며 유아사회교육의 태도와 가치는 사회의 지속과 보존을 위해 꼭 필요한 중요 내용이라고 할 수 있는데 도덕적 가치와 민주적 가치 등을 포함한다(강민정, 차영숙, 곽정인, 2008). 유아사회교육의 내용은 무엇보다도 유아 자신에게 의미 있는 것이어야 하고, 여러 교과과정과 통합적으로 연결되어야 하며, 유아에게 기쁨을 주고 탐구에 대한 욕구를 일으키고, 유아에게 바람직한 지식, 태도, 기술 등을 발달시킬 수 있는 것이어야 한다(Bredekamp & Rosegrant, 1995).

유아에게 필요한 사회교육의 내용을 선정하는 것이 무엇보다 중요한데, 대개 유아사회교육의 내용은 사회교육을 통해 도달하고자 하는 사회교육의 목적과 관련하여 선정된다. 20세기 미국의 유아사회교육은 의문을 제기하고, 정보를 수집하고, 분석하고, 토론하고, 결과를 제시하는 사회과학기술을 활용할 수 있는 시민을 양성하는 데 초점을 두었다. 미국의 NEA(National Education Association, 1916)는 복잡해지는 사회적 문제를 해결하기 위해 역사, 지리, 정치과학 분야의 내용 등을 통합하고 사회교육을 '사회 구성원으로서의 개인과 인간사회의 조직과 발달을 직접적으로 다루는 과목' 으로 정의하였다. 미국은 이해하고 전통을 계승하며 민주국가의 구성원으로서의 기초적인 감각과 기술을 습득하는 데 사회교육의 목표를 두었다(Maxim, 2006 재인용).

미국의 NCSS(National Council for Social Studies, 1994)는 발달적 관점에서 ① 문화, ② 시간의 연속성과 변화, ③ 사람 · 장소 · 상황, ④ 개인 발달과 자아개념, ⑤ 개인 · 집단 · 조직, ⑥ 권력 · 권위 · 지배, ⑦ 생산 · 분배 · 소비, ⑧ 과학 · 기술 · 사회, ⑨ 세계, ⑩ 시민정신과 실천 등의 열 가지 사회교육의 주제를 제시하고, 유아의 호기심을 촉진하고, 문제해결 기술을 증진하고, 조사 해석 능력을 키우고자 하였다. 이에 기초한 유아사회교육 내용은 자아개념과 협동, NCSS 열

표 1-1 ● NCSS의 사회교육의 주제와 내용

NCSS의 사회교육의 주제	NCSS의 사회교육의 내용
① 문화 ② 시간의 연속성과 변화 ③ 사람 · 장소 · 상황 ④ 개인 발달과 자아개념 ⑤ 개인 · 집단 · 조직 ⑥ 권력 · 권위 · 지배 ⑦ 생산 · 분배 · 소비 ⑧ 과학 · 기술 · 사회 ⑨ 세계 ⑩ 시민정신과 실천	• 자아개념과 협동 • NCSS 열 가지 주제에 기초한 사회교육에 대한 학문적 내용 • 유아교육기관과 지역사회 • 시민권에 대한 기본적인 이해

출처: NCSS(1994).

가지 주제에 기초한 사회교육에 대한 학문적 내용, 유아교육기관과 지역사회, 시민권에 대한 기본적인 이해 등으로 구성되어 있다.

우리나라의 3~5세 연령별 누리과정의 사회관계 영역은 '나를 알고 존중하기' '나와 다른 사람의 감정 알고 조절하기' '가족을 소중히 여기기' '다른 사람과 더불어 생활하기' '사회에 관심 갖기'의 다섯 가지의 내용범주로 구성되었다. 이러한 내용은 유아가 가족, 친구와 교사, 지역사회, 우리나라 그리고 세계로 점차 관심을 확장해 나갈 수 있도록 동심원적 접근 방식으로 구성되어 있다(교육과학기술부, 보건복지부, 육아정책연구소, 2012).

표 1-2 ● 만 3~5세 연령별 누리과정의 사회관계 영역 내용체계

내용범주	내 용
나를 알고 존중하기	• 나를 알고 소중히 여기기
	• 나의 일 스스로 하기
나와 다른 사람의 감정 알고 조절하기	• 나와 다른 사람의 감정 알고 조절하기
	• 나의 감정 조절하기
가족을 소중히 여기기	• 가족과 화목하게 지내기
	• 가족과 협력하기
다른 사람과 더불어 생활하기	• 친구와 사이좋게 지내기
	• 공동체에서 화목하게 지내기
	• 사회적 가치를 알고 지키기
사회에 관심 갖기	• 지역사회에 관심 갖고 이해하기
	• 우리나라에 관심 갖고 이해하기
	• 세계와 여러 문화에 관심 가지기

생각해 보기

• 유아사회교육에 포함해야 할 주제와 내용에 대해 생각해 보자.

3 유아사회교육의 방법

유아사회교육의 교수전략은 도서관, 현장, 인터넷, 인터뷰를 통한 개인적 조사와 소집단 협동활동, 대집단 토론 등을 들 수 있다. 조사 범위는 유아의 연령과 발달 수준에 따라 달라질 수 있다. 예를 들어, 유아는 가족을 대상으로 가족 구성원이 사용하는 물건에 대해 알아볼 수 있으며 부모에게 유아가 어렸을 때 좋아했던 노래에 대해 물어볼 수 있다. 교실활동으로는 부모가 좋아하는 노래를 유아가 조사하고 그래프로 작성해 볼 수 있다.

교실환경은 유아가 쉽게 이용할 수 있도록 관련된 사회교육 자료를 비치해야 한다. 교사는 교실 공간뿐 아니라 하루 일과를 고려하여 환경 구성을 해야 하며, 게시판이나 흥미 영역은 유아가 새로운 것에 호기심을 가지고 발견하도록 제시하는 것이 좋다. 교사가 공간을 배분하는 방법은 지역사회의 문화와 가치를 분명하게 보여 준다(Gandini, 1998). 사회교육을 강조하는 교실은 유아의 질문을 격려하고, 자료 수집을 강조하고, 유아가 그린 그림을 존중하며, 개별활동과 소집단활동 모두 가능한 한 편안한 공간을 제공한다.

교사가 사회교육을 내용(유아의 질문을 조직하기)과 과정(활동지향적인 전략)으로 보게 되면 사회교육을 다른 활동의 부산물로 여기지 않게 된다. 사려 깊은 교사는 교실 내 규칙에 대해 유아와 함께 생각하고 다른 사람을 존중하는 방법에 대해 알아본다. 교사는 유아의 사회·정서적 성장을 지지하고, 지역사회와 국가가 중요하게 생각하는 공휴일을 강조하고, 다문화 가치를 추구하고, 가정과 연계하고, 유아의 발달을 촉진한다. 교사는 사회교육의 주제를 다양한 방법으로 접근하면서 유아가 자연스럽게 사회과학적 지식, 태도, 기술을 갖도록 지도하는

Tip

- 흥미 영역 구성: 주제와 관련하여 흥미 영역의 교재교구를 준비하고 활동에 적합한 공간을 제공한다.
- 하루 일과: 개별활동과 대·소집단활동이 균형을 이루어야 한다.

것이 좋다(Bredekamp & Copple, 1997).

바람직한 유아사회교육의 지도방법은 다음과 같다.

첫째, 이미 알고 있는 지식을 확장시킨다. 예를 들어, 이웃을 비롯한 지역사회에 대해 알아보고 우리나라에 대해 조사하게 한다. 그리고 세계 여러 나라에 대해 호기심을 가지고 조사해 보도록 한다. 지도를 보면서 우리 동네를 찾아보고, 우리나라의 모습을 확인하고 내가 알고 있는 나라가 어디 있는지 살펴보게 한다. 인터넷을 이용하여 세계 여러 나라의 국화, 수도, 국기 등을 알아보고 여행 갔던 나라의 사진을 가지고 친구들에게 소개하거나, 근처에 사는 외국인을 초빙하여 그 나라의 음식을 맛보거나 언어를 익히게 하는 것도 한 가지 방법이다. 이처럼 서로 연결되어 있는 우리나라와 세계가 있는 장소가 지구임을 알게 하고, 지구를 오염시키는 문제가 무엇인지 알아보며, 환경오염을 예방하는 방법을 조사하고, 환경보호와 관련한 캠페인 활동으로 연결해 볼 수 있다.

둘째, 개별적인 사실에 초점을 두기보다 개념과 과정을 서로 연결시킨다. 예를 들어, 교실, 유아교육기관, 동네 등을 둘러보고 지도를 만들어 보게 한다. 지도를 만들고 우리 동네에 있는 가 볼 만한 유적지를 알아보거나, 둘레길을 만들어 본다. 우리 동네의 유래를 알아보고 우리 동네의 이름에 대해 관심을 갖게 하면서 우리 동네가 어떻게 변화되어 왔는지 조사해 본다.

셋째, 구체적인 활동을 제공한다. 예를 들어, 유아의 생일을 달력에 표시하게 하거나 몇 명의 형제 · 자매가 있는지 그래프에 표시하게 하여 우리반 유아의 전체적인 형제 · 자매 수의 경향을 알아보게 한다. 또한 달력을 이용한 윷놀이 게임을 해 볼 수 있다.

넷째, 유아들과 함께 규칙을 만들어 본다. 예를 들어, 교실 내 문제에 대해 이야기를 나누고 함께 규칙을 만들어 지키도록 한다. 쌓기놀이 영역에서 지켜야 할 규칙이나 게임을 할 때 게임규칙을 만들어 보는 활동을 통해 규칙은 사람들이 정해 놓은 약속이며, 약속은 지켜야 한다는 것을 유아가 이해하고 준수하는 태도를 갖게 한다.

다섯째, 유아가 호기심을 가지고 사회현상에 대해 생각해 보게 한다. 예를 들어, 수영이 금지된 바다를 보면서 왜 이러한 규칙을 만들었을지 알아보게 하거나 하늘에서 비행기들이 서로 부딪히지 않고 안전하게 비행할 수 있는 이유에 대해 조사하게 한다(Katz & Chard, 2000). 여러 사람이 더불어 살기 위해서는 서로 지켜야 하는 질서가 있음을 알고 질서를 지키지 않을 경우 나타날 수 있는 좋지 않은 결과를 예상해 보게 한다. 또한 공공규칙의 중요성을 알고 지키도록 지도한다.

여섯째, 우리나라도 이제 다문화 사회로 바뀌었다. 행정안전부의 외국인주민 실태조사(2010)에 의하면 다문화 가정의 영유아(만 6세 이하)는 7만 5,776명으로 전체 18세 이하 다문화 가정의 자녀(12만 1,935명) 중 62.1%에 달했다. 유아기에 다문화에 대해 편견을 갖지 않도록 다양한 다문화 교육을 실시하여 다른 문화를 존중하고 더불어 살아가는 태도를 기를 수 있도록 지도한다.

생각해 보기

- 유아교육기관에서 적용하고 있는 유아사회교육 교수-학습 방법에 대해 생각해 보자.

참고문헌

교육과학기술부, 보건복지부, 육아정책연구소(2012). 3~5세 연령별 누리과정 지원을 위한 시 · 도 교육청 강사요원 중앙연수 자료집, 99.

강민정, 차영숙, 곽정인(2008). 유아교육기관의 사회교육 실태와 교사의 인식. 어린이미디어연구, 7(1), 207-229.

김영옥, 최미숙(1995). 유아기 민주시민 교육의 내용, 방법 및 교사의 인식에 관한 연구. 유아교육연구, 15(1), 39-58.

김창군, 임계령(2010). 학교 폭력의 발생원인과 대처방안. 법학연구, 38, 173-198.

김향은, 정옥분(1999). 자녀의 힘을 북돋우는 프로그램이 어머니와 자녀에게 미치는 영향. 아동학회지, 20(4), 179-193.

나윤경(2005). 여학생들의 '목소리'를 통해 드러난 남녀공학대학교의 남성중심성. 한국여성학, 21(2), 181-222.

류기석(2005). 문명위기 속의 생태적인 정신문화, 한국정신과학학회 제22회 2005년도 춘계학술대회 논문집, 1-10.

보건복지부 · 중앙아동보호전문기관(2011). 2010년 전국아동학대현황보고서.

양옥승, 신은미(2011). 국가수준 영유아교육과정에 대한 국제비교. 유아교육연구, 31(1), 309-323.

오영희, 강영식, 마지순(2007). 어머니의 심리적 자세가 유아의 사회성 발달에 미치는 영향. 열린 유아교육연구, 12(5), 125-145.

윤명숙, 송행숙(2011). 중학생의 충동성과 인터넷게임중독관계에서 부모, 친구, 교사 애착변인들의 매개효과검증. 경성대학교 사회과학연구, 27(1), 227-253.

이경숙, 신의진, 전연진, 박진아, 정유경(2005). 과도한 영상물 노출 양육이 영유아의 심리적 발달에 미치는 영향. 한국심리학회지 발달, 18(2), 75-103.

이승대, 김선미(2008). 고등학생의 인터넷 이용 및 중독 실태에 따른 지도 방안 모색. 사회과교육, 47(1), 77-101.

이은희(2009). 학교요인과 학교폭력피해경험이 중학생의 등교공포와 교내폭력 심각성 인식에 미치는 영향연구. 한국청소년연구, 20(3), 281-304.

최상섭(2008). 노인학대 현황 및 대책. 2008년 한국의료법학회 추계학술대회, 31-37.

행정안전부(2010). 외국인주민실태조사. 행정안전부.

Beal, C. (1994). *Boys and girls: The development of gender-roles.* New York, NY: mcgraw-Hill.

Bredekamp, S., & Copple, C. (1997). *Developmentally appropriate practice in early childhood program* (Rev ed.). Washington, DC: NAEYC.

Bredekamp, S., & Rosegrant, T. (1995). *Reaching potentials: Transforming early childhood curriculum and assessment* (Vol. 2). Washington, DC: National Association for the Education of Young Children.

Gandini, L. (1998). Educational and caring places. In C. Edwards, L. Gandini, & G. Forman (Eds.), *The hundred languages of children: The Reggio Emilia approach-Advenced reflections* (2nd ed.). Greenwich, CT: Ablex.

Katz, L. G., & Chard, S. C. (2000). *Engaging children's minds: The Project approach in education* (2nd ed.). Standford, CT: Ablex.

Maxim, G. M. (2006). *Dynamic social studies for con-constructivist classrooms: Inspiring tomorrow's social scientists.* Upper Saddle River, NJ: Merrill.

McClellan, D., & Katz, G. L. (1992). Assessing the social development of young children: A Checklist of Social Attitudes. *Dimensions of Early Childhood*, 9-10. ERIC Clearinghouse on Elementary and Early Childhood Education.

National Council for Social Studies (1994). *Curriculum standards for social studies: Expetations for excellence.* Washington, DC: Auther.

National Education Association (1916). *The social studies in secondary education: Report of the Committee on Social Studies, Bulletin 28.* Washington, DC: Bureau of Education.

O'Malley, J. M. (1977). Research perspective on social competence. *Merrill-Palmer Quarterly, 23*, 30-44.

Parker, J. G., & Asher, S. R. (1987). Peer relations and later personal adjustment: Are low-accepted children at risk? *Psychological Bulletin, 102*(3), 357-389.

제2장

유아의 사회성 발달이론

1. 사회성의 개념
2. 사회성 발달이론

우리는 사회적 기술을 쓸 수 있어요.
사회적 기술, 사회적 기술
사회적 기술을 쓸 수 있어요.
우리가 좋은 뜻을 펼쳐 가면
모든 점에서 매일 매일
모든 점에서, 모든 점에서
모든 점에서 매일 매일
우리의 좋은 성품을 길러 가요.

– 비건(2006)

1 사회성의 개념

1) 사회성

사회성의 사전적 의미는 한 개인의 사회적응의 정도나 대인관계의 원만성이다. 애착이 특정한 사람과의 친밀감을 뜻한다면, 사회성은 보다 다양한 사람과의 긍정적인 관계 형성을 의미한다(국립특수교육원, 2009).

사회성 발달은 사회에서 독립된 개인으로서 사회적 책임을 지는 능력이 연령 또는 발달단계에 따라 나타나거나 획득되는 것이다. 사회성 발달은 인간이 사회에 접속될 때 가능하다는 전제에서 출발한다. 예를 들어, 유아기에는 모자관계의 형성, 학령 전기에는 공격성의 발달, 성역할의 학습 또는 집단의 형성 등의 문제가 있고, 소년 · 소녀기에는 도덕성의 발달, 사회관계의 상보성, 또래집단의 영향 등이 중요한 문제로 대두되며, 청년기에는 가치관의 형성, 사회적 독립성의 성취, 자기역할 정의 등 여러 문제에 당면하게 된다. 일반적으로 사회성 발달은 자기와 타인과의 관계에 대한 꾸준한 재정의의 과정이라 할 수 있다(서울대학교 교육연구소, 2011).

사회성 발달이 잘 된 유아는 사회적 유능성이 있다고 할 수 있다. 사회적 유능성은 생활 속의 많은 선택, 도전, 기회에 대처하기 위한 개인적인 지식과 기술이다. 사회적 유능성이 있는 행동으로는 사회적 가치 받아들이기, 개인적 정체감 발달시키기, 대인관계의 기술 습득하기, 사회적 기대에 맞게 행동조절하는 방법 배우기, 계획하고 결정하기, 문화적 유능성 발달시키기 등이 있다.

사회적 유능성이 있는 유아는 대체로 기분이 긍정적이며, 교사에게 지나치게 의존하지 않는다. 유아교육기관에 자발적으로 오고 좌절과 패배를 적절히 극복한다. 다른 사람에게 공감능력을 보이고, 또래와 긍정적인 관계를 형성하며, 또래들을 진심으로 배려하고 결석하면 보고 싶어 한다. 유머를 이해하는 능력이 있고, 심한 만성적 외로움을 보이지 않는다. 또래관계에서 다른 유아들로부터 거부되거나 무시되지 않고 수용되며, 다른 친구들과 놀이나 작업을 함께 하자고 하고 친구가 있다. 적절한 사회적 기술을 가지고 있으며 다른 사람들에게 긍정적으로 다가간다. 자신이 바라는 것과 좋아하는 것을 분명하게 표현하고, 자신의 행동이나 입장에 대한 이유를 제시한다. 자신의 권리와 요구를 적절하게 주장할 줄 알며, 자신을 괴롭히는 또래에게 위협받지 않는다. 다른 사람이나 자기 자신 또는 물건에 해를 입히지 않으면서 욕구 불만과 분노를 효과적으로 표현한다. 놀이나 작업을 하는 집단에 다가가 함께 놀이할 수 있으며, 차례를 잘 지킨다. 또래들에게 관심을 보이고, 정보를 교환하고, 적절하게 요청하고, 협상하고 타협할 수 있다. 부적절한 방법으로 주의를 끌거나 또래들의 놀이나 작업을 방해하지 않고, 미소 짓기, 손 흔들기, 고개 끄덕이기와 같은 적절한 몸짓을 사용하여 다른 사람과 비언어적으로 상호작용한다.

사회적 유능성은 유아가 자신에 대해 어떻게 느끼고 다른 사람들에게 어떻게 지각되는 지에 대해 큰 차이를 가져온다. 사회적으로 유능한 사람들은 성공적으로 상호작용하고 인기가 많으며 삶에 더 만족한다. 학업성취도가 높고, 사회적 관계에서도 사람들이 이들을 좋은 동료, 더 유능한 사회 구성원으로 지각한다.

2) 사회화

사회화란 한 개인이 다른 사람과의 상호작용을 성공적으로 하게 하는 지식, 기술, 가치 및 태도를 획득하는 과정으로 일생 동안 진행되는 과정이라 할 수 있다.

사회화를 학문적 개념으로 처음 정립한 사람은 프랑스의 실증주의 사회학자인 Durkheim(1858~1917)이다. Durkheim은 사회화를 "이기적이고 비사회적인 존재인 개인이 집단의식의 내면화로 사회적 존재가 되어 가는 과정"이라고 보았다. 집단의식(collective consciousness)은 사회적 집단과 개인적 의식을 포함하는 개념으로, 모든 사회적 사실의 기초다. 개인의 의식은 주체성 없이 집단의 규범을 내면화하는 형식에 불과할 뿐이며, 이기적이므로 도덕적 집단의식으로 대체되어야 하는 것이 사회화의 과제라고 하였다.

삶의 초기에 영아는 부모나 자신을 돌보아 주는 사람과 일차적이고 사회적인 관계를 맺게 된다. 유아 초기에는 가족, 형제, 친구 및 그 외의 사람들과 새로운 사회적 관계를 형성하면서 세계를 확장해 가며, 가족이나 집단 및 문화에 어울리는 태도와 행동양식을 갖게 된다. 이처럼 한 유아가 사회적인 존재로 되어 가는 과정을 사회화라고 한다. 이런 사회화 과정에서 유아는 자기 인식과 타인 인식을 통해 여러 심리적 특성을 분화, 발달시키고 공유하면서 다른 사람들과의 관계를 형성해 나간다.

사회화에 대한 이론은 정신분석적 접근, 행동주의적 접근, 성숙주의적 접근, 구성주의적 접근, 생태학적 접근 등이 있다.

2 사회성 발달이론

1) 정신분석적 접근

(1) Freud의 심리성적 이론

Freud

Freud(1856~1939)는 성숙이 주체할 수 없는 성적 · 공격적 에너지를 가져오는데 이를 사회가 통제해야 한다고 믿었다. 따라서 Freud 이론에서는 사회적인 힘도 강력한 역할을 한다(송길연 외 역, 2011). 사회화는 발달단계를 통하여 발달한다. 인간은 발달의 기본적이고 필수적인 단계인 구강기, 항문기, 남근기, 잠복기, 성기기 등의 과정을 거치면서 사회화되어 간다고 주장한다.

정신분석적 접근에서 사회화는 다른 사람들의 행동을 '모방' 하여 그들의 속성을 자기의 것으로 통합하는 '동일시'를 통하여 발달한다고 설명하고 있다. 모방은 높은 인지능력이 요구되지 않으므로 1세 미만의 영아 때부터 시작된다. 동일시는 다른 사람의 특성과 역할을 표상(representation)할 수 있는 2세 이후에 가능하다. 이를 통합하는 동일시의 개념으로 사회화를 설명하고 있다(장혜순, 2006).

정신분석적 접근에서는 인간의 본성은 이기적이기 때문에 사회성 발달에서 중요한 친사회적 행동은 다른 사람의 감정과 요구에 대한 고려가 필요하므로 초자아가 발달할 때까지는 불가능하다고 한다. 이때 초자아는 나쁜 생각, 잘못된 행동에 대해 야단치기도 하고 죄의식을 갖게 하는 내적인 양심의 소리다. 초자아는 다른 사람들과의 관계를 통해 사회의 가치와 도덕을 내면화하여 자신의 행동이 옳은지 그른지를 판단한다.

공격적 행동은 리비도에 의하여 좌우된다. 유아는 넓은 의미의 심리성적 만족을 추구하며, 심리성적 만족을 못 느끼면 갈등, 욕구불만, 불안에 빠지며, 이러한 긴장과 불안감이 오래 지속되면 문제행동을 하게 된다. 유아는 항문기에 대소변 훈련 시 외부로부터 본능적 욕구를 통제받는데, 이때 좌절을 경험하게 되면 유아는 질서정연함, 청결함, 복종 등의 습관을 발달시키거나 그 반대로 반항적이거나 지저분한 행동을 발달시킨다.

유아의 습관 형성에 관련된 가장 중요한 개념은 동일시와 도덕의 내면화된 표상으로서 자신의 행동이 옳은지 그른지를 생각하면서 완벽함을 추구해 간다. Freud는 초자아를 양심과 자아이상이라고 하는데, 양심은 잘못된 행동에 대한 처벌이나 비난의 경험에서 오는 좌절감과 결부된 외부의 제재, 부모의 제재가 내면화된 것이고, 자아이상은 올바른 행동에 대해 보상을 받은 경험을 통해 이상적인 자아가 형성된 것이라고 한다. 초자아는 유아 행동의 규제를 맡은 곳이라 할 수 있다.

동일시란 다른 사람의 성격이나 역할을 모방하여 자신의 일부로 삼는 과정으로, 자아와 초자아 형성에 가장 중요한 기능을 한다. 자녀가 부모를 닮는 것, 제자가 스승을 닮는 것, 엄마아빠놀이나 역할놀이를 좋아하는 것 등이다. 동일시는 다른 사람의 특성을 내재화하고 받아들여 소화해 자기의 것으로 만든 상태를 말한다. Freud는 대상과 연합하기 위한 방법으로 상실한 대상을 자신의 내부로 옮겨 놓는 방식이 내재화인데 이 과정을 동일시라고 하였다. 유아는 오이디푸스 갈등의 특정 시점에서 성적인 대상으로서의 어머니와 아버지를 포기해야 한다. 이 포기는 대상 상실과 같이 서서히 이루어지는 동일시 과정을 통해 성취된다. 부모에게 향했던 리비도가 자아 안으로 철수될 뿐 아니라 사랑하는 부모가 인격 안으로 내재화된다. 이렇게 내재화된 대상은 내적 대상으로 초자아를 형성하게 된다(최영민, 2010).

Freud는 유아들은 오이디푸스적 위기를 극복하고 초자아를 내면화한다고 한다. 유아의 돕기, 협동하기, 나누기 등의 친사회적 행동이 자발적이기보다는 죄의식 때문에 잘못된 행동을 피하고 친사회적인 도덕적 가치를 따르려는 행동을 한다는 것이다. 정신분석적 입장에서 친사회적 행동이란 유아가 다른 사람과의 상호작용 속에서 초자아를 형성하고 성인의 친사회적인 도덕적 가치를 동일시하는 과정을 통해 내면화해 가는 것이다.

정신분석적 입장에서 주장하는 사회화 과정을 단계별로 살펴보면 다음과 같다.

① 구강기(oral stage, 0~1세)

심리성적 발달의 가장 초기 단계로 영아의 욕구나 인식, 표현이 주로 입, 입술, 혀 등 구강 주위에 집중된다. 구강기에는 젖을 빨아 먹는 구강 만족과 젖을 먹은 이후의 이완된 편안한 상태에 도달하려는 욕구가 있다. 구강기 공격성은 입을 사용하여 물고, 먹고, 깨무는 원시적 욕망이 표출된다.

고착은 심리적인 에너지가 심리성적 발달의 특정시기의 문제를 해결하는 데 집중적으로 투입되는 상태를 말한다. 그 결과 다음 단계의 발전에 사용될 에너지의 양이 부족하게 된다. 이로 인해 심리성적 발달단계의 특정시기에 성장이 머물게 된다. 지나친 구강 만족이나 결핍은 구강기 고착을 가져와 지나친 낙관적 성향, 반대로 우울할 때는 비관적 성향, 자기애적 성향, 지나친 욕구 성향 같은 병적 특성을 갖게 한다. 구강기 의존성은 받으려고만 하고 되돌려 주지 못하는 성향이다. 때로 질투와 시기심이 구강기 성향에 동반되기도 한다.

구강기 욕구의 성공적 해소는 지나친 의존이나 질투심 없이 다른 사람과 주고받는 능력이 형성되고 서로 신뢰하며, 자기 신뢰를 잃지 않고 다른 사람에게 의지할 수 있는 능력을 얻게 한다(최영민, 2010).

이 시기에 울기만 하면 무조건 우유를 먹여서 해결하고, 원하는 것은 무엇이든 다 들어주고, 스스로 할 수 있고 간단한 신변 처리까지도 부모에게 의존하게 하면 구강기적 고착 성격이 되기 쉽다. 구강기적 고착 성격은 우유부단하고, 의존적이며, 줄담배와 폭식을 하는 특성이 있다.

② 항문기(anal stage, 1~3세)

항문기는 항문 괄약근을 조절할 수 있는 신경근육의 성장으로 대변을 보유하거나 배설하는 등 항문 욕구와 연관된 시기다. 유아가 변을 보유하고 그것을 부모에게 선물로 보여 주는 항문 기능의 조절에서 성적 쾌감을 얻는다. 강력하고 파괴적인 무기인 변을 배출하는데 이런 소망은 유아의 놀이에서 폭격이나 폭발의 환상으로 표현된다. 지나친 대소변 훈련은 질서정연함, 완고함, 강팍함, 외고집, 인색함, 극도의 절약 등을 초래할 수 있다. 그리고 이에 대한 비효율적인 방어의 결과 지나친 양가적 태도, 지저분함, 반항적 성향, 격노하는 성향, 가학-피학성 등을 보일 수 있다.

항문기의 성공적 해소는 개인적 자율성, 독립적인 능력, 죄책감을 느끼지 않고 개인적이고 주도적일 수 있는 자기결정적인 행동을 할 수 있는 능력, 수치심이나 자기의심 없이 자기결정적인 행동을 할 수 있는 능력, 다른 사람에게 지나치게 고집부리지 않고 자기비하 없이 협력할 수 있는 능력 등을 얻게 된다(최영민, 2010).

항문기적 고착 성격은 모든 것이 완벽하게 정돈되어 있는 것을 좋아한다. 근엄하고 완고하며 너무 지나치게 절약해서 인색하다는 말을 듣는다.

③ 남근기(phallic stage, 3~5세)

남근기에는 오이디푸스 갈등이 생긴다. 남아가 어머니에 대해 사랑을 느끼며, 아버지에 대해서는 시기와 적개심을 갖는 것을 의미한다. 자위행위가 증가하며 이성의 부모와 성적 관계를 맺는 무의식적인 환상이 주로 동반된다. 자위행위와 오이디푸스 소망과 연관된 거세 공포가 생긴다. 오이디프스 갈등에서 비롯되는 근친상간적인 소망은 거세 공포에 의해서 억압된다. 공격자와의 동일시를 통해 남아는 아버지를 동일시함으로써 거세 공포가 상당 부분 완화된다. 이후 부모상을 지속적으로 동일시하며 초자아를 형성해 간다. 성기 부분에 대한 호기심과 관심이 많아지며, 여아는 자신에게 페니스가 없음을 알고 남근을 선망한다. 남근기 오이디푸스 시기의 초점은 남아의 거세 공포와 여아의 남근 선망이다. 남아의 경우 아버지상에 해당하는 사람, 예를 들어 윗사람을 만나면 주눅이 들어한다든지 불안을 경험하게 되는 소위 거세 공포를 느끼게 된다. 반면 여아의 경우는 성장하면서 히스테리적 성격이 된다. 말이나 행동을 매우 연극적이고 과장해서 표현하며 항상 남의 관심을 끌려는 유혹적인 모습을 보인다. 이는 아버지의 관심을 독점하고자 하던 욕망이 다른 남성에게 옮겨 간 것으로 이해된다. 이러한 남아의 거세 공포와 여아의 남근 선망에 대한 방어와 동일시 형태 등이 그 사람의 성격을 결정짓는 요소가 된다.

남근기의 성공적 해소는 이 시기를 적절히 보내면서 성 주체성을 굳건히 하고, 건전한 호기심과 건강한 지적 욕구를 발달시킨다. 그리고 주위 환경의 대상을 통제할 수 있다는 느낌을 얻게 된다. 오이디푸스 갈등의 해소에 의해 충동을 조절하고 건전한 목적으로 사용할 수 있는 강력한 내부 자원인 초자아가 탄생한다(최영민, 2010).

④ 잠복기(5, 6~11, 12세)

오이디푸스 갈등이 해소된 이후부터 사춘기 전까지의 시기로 성적 욕동이 상대적으로 활발하게 보이지 않는 시기다. 본능적 충동을 상당히 조절할 수 있게 되어 성적인 흥미가 조용한 시기다. 일차적으로 동성친구와 동성애적인 연합을 이룬다. 리비도 에너지와 공격적 에너지를 승화시켜 배움과 활동에 사용하고, 이를 통해 중요한 기술들을 습득하게 된다. 다른 성인과 오이디푸스 동일시를 더 확대해 가며 성역할을 배우는 한편 자아기능을 더 발달시키게 된다.

이 시기에 내부 욕동 조절이 결핍되면 에너지를 얻은 만큼 충분히 승화해 내지 못해 학습과 기술 습득에 실패하게 된다. 반대로 지나치게 욕동을 조절하다 보면 인격발달이 조기에 멈추게 되고 강박적인 성향을 갖게 된다.

잠복기의 성공적 해소는 이전에 획득했던 심리성적 발달을 통합하고 더욱 공고히 하는 것이다. 이전에는 심리성적 발달과정에서 덜 중요한 시기로 생각되었는데 지금은 잠복기 또한 중요한 시기로 간주되고 있다. 승화를 통해 얻은 에너지를 자아발전에 사용하여 학업과 기술 습득, 교우관계 등에 전념하게 된다. 그래서 실패나 패배의 큰 두려움 없이 자율적 기능을 할 수 있는 근면성을 갖게 된다. 이는 이후의 시기에서 계속 통합되어 궁극적으로 일과 사랑에서 만족을 얻을 수 있는 기본이 된다(최영민, 2010).

⑤ 성기기(사춘기~초기 성인기)

성기기에는 생리학적으로는 어른과 같은 성적 기능을 갖게 되고 호르몬의 성숙으로 리비도 욕동이 강화된다. 이 시기에는 부모로부터 독립하여 근친상간적이지 않은 성숙한 대인관계를 형성해야 한다. 강렬한 리비도 욕동 때문에 인격이 일시적으로 퇴행된 모습을 보일 수 있다. 이 시기는 부모에게 의존하고 애착했던 것으로부터 궁극적인 독립을 이루는 것이 중요하다.

성기기의 성공적 해소는 성적 욕동을 다스리는 능력과 성숙한 대상관계를 형성하게 된다. 부모로부터 독립하여 자아정체성을 확립하게 된다. 이 단계에 도달한 사람은 자기실현 능력을 갖게 되고 일과 사랑에 의미 있는 참여를 하게 된다. 또 창조적이고 생산적인 일과 만족스럽고 의미 있는 목표와 가치를 추구할 수 있게 된다(최영민, 2010).

(2) Erikson의 심리사회적 이론

Erikson(1902~1994)은 Freud의 심리성적 이론을 심리사회적 이론(psychosocial theory)으로 확장시켜 나갔다. 영아가 자기를 돌보는 사람을 대하면서 일관성 있고 믿을 수 있다고 느낄 때 기본적 신뢰감이 발달하게 되고, 양육자의 행동을 전혀 예측할 수 없고 필요할 때 도움을 받지 못하면 불신감이 생긴다. 영아가 양육자를 신뢰하게 되면 격리불안을 잘 견뎌 내며, 실제로 신뢰감과 불신감은 섞여 있다. 신뢰감이 상대적으로 더 많을 때 자율성과 주도성이 발달되는 다음 단계로의 건강한 발달이 가능하다. 그는 Freud에 비해 자아가 갖는 적극적이고 사회적인 특성을 중시하였으며, 유아기 외에 청년기의 발달적 중요성을 강조하였다. 그는 Freud의 각 단계마다 새로운 개념을 도입하여 유아와 사회 간에 이루어지는 가장 중요하고 일반적인 접촉을 설명하였다.

Erikson

① 기본적 신뢰 대 불신(출생~1세)

첫 단계에서 영아들은 자기가 필요로 하는 것을 취하려 할 때 자신을 돌보는 이들과 상호작용하게 된다. 영아를 돌보는 사람은 그들의 문화적 양식에 따라 영아를 기른다. 그 상호작용에서 가장 중요한 것은 돌보는 사람의 행동에 일관성, 예측가능성, 신뢰성이 있어야 한다. 부모가 일관성이 있다고 느낄 때 영아는 부모에 대한 기본적 신뢰감을 발달시키며, 기저귀가 젖거나 배가 고플 때 영아의 불편을 즉시 보살펴 주는 부모도 있고 스케줄에 따라 보살펴 주는 부모도 있겠지만, 어떤 경우이든 영아는 자신이 부모에게 의지할 수 있고, 신뢰할 수 있다는 것을 배운다. 반대로 부모의 행동을 전혀 예측할 수 없고, 믿을 수 없으며, 필요할 때 부모가 거기 없을 것이라는 느낌이면 불신감이 생겨날 수 있다.

② 자율성 대 수치와 회의(1~3세)

2세 영아는 자기가 원할 때는 잡아당기다가 원하지 않을 때는 밀쳐 버린다. 그들은 자신의 자율성, 즉 자신의 의지를 연습하고 있다. 2~3세에는 걸어다니면서 스스로 외부세계를 탐색하기 시작한다. 스스로 밥을 먹으려 하고 언어에서도 자율성과 자아감을 나타낸다. 2세의 영아는 동의하면 자신의 독립성이 완전히 상실되기라도 하듯이 '안 해' '싫어'라는 말을 통해 모든 외적인 통제를 거부한다. 영아가 자신에 대한 통제력이 커져 제멋대로 하려 할 때 사회는 부모를 통해 이들이 올바로 행동하도록 가르치기 시작한다. 부모들은 지저분한 배변행동에 대해 수치심을 느끼게 하여 배변훈련을 시킨다. 이들은 한동안 이 훈련에 저항하기도 하지만 결국은 따르게 된다. 2세의 영아도 결국 사회에서 살아야 하고 다른 사람의 욕구를 존중해야 한다는 것을 알게 된다.

생물학적 성숙은 스스로 어떤 일을 할 수 있는 능력인 자율성(괄약근 통제, 스스로 혼자 서기, 손을 사용해서 스스로 하는 것)을 발달시킨다. 반면 수치와 회의는 사회의 기대와 압력을 의식함으로써 생겨난다. 수치란 다른 사람의 눈에 자신이 좋게 보이지 않는다는 느낌이다. 예를 들어, 오줌을 싼 영아는 자기가 오줌을 쌌다는 것을 의식하며, 다른 사람들이 이런 자신의 모습을 볼까 봐 걱정한다. 회의는 자신이 그렇게 강하지 않기 때문에 다른 사람들이 자기를 통제할 수 있고, 자기보다 더 나은 행동을 할 수 있다고 생각하는 데서 비롯된다.

영아들은 처음의 자율성을 상실하지 않고도 사회적 규범에 잘 적응할 수 있다. 어떤 문화권의 부모들은 영아들의 의지를 무시하지 않고 친절하게 사회적 행동을 배우도록 도와준다. 다른 부모들은 그렇게 민감하지 못하다. 그들은 영아가 배변조절을 잘못했을 때 지나치게 수치심을 준다. 그들은 영아의 반항적 행동을 무시해 버리거나 스스로 행동하려는 영아의 노력을 조롱한다. 이런 경우, 영아들은 자기결정을 향한 충동을 압도하는 수치와 회의의 감정을 지속적으로 발달시키게 된다.

영아들이 두 번째 위기를 긍정적인 방식으로 해결하는 정도(자율성과 수치, 회의 간의 적정한 비율)에 따라 영아들은 자아역량인 의지(will)를 발달시킨다. Erikson에 의하면 '의지는 자기조절과 자유선택을 실행하는 견고한 결단력'이다. Erikson은 자기조절을 포함시켰는데 이는 영아들이 자신의 충동을 통제하고, 가치가 없거나 해서는 안 될 것들을 포기하는 것이 중요하기 때문이다. 그러나 이 책임은 여전히 외부의 힘이 아닌 영아자신의 몫이다(송길연 외 역, 2011).

③ 주도성 대 죄책감(3~6세)

주도성을 가진 유아는 계획을 세우고 목표를 설정하며 그것을 달성하고자 노력한다. 목표지향적이고 경쟁적이며 상상력이 풍부하다. 유아들이 자신의 계획과 희망이 이루어질 수 없다는 것을 알게 되면 위기가 오게 된다. 물론 이런 야망들은 한쪽 부모를 소유하고자 하고 다른 쪽 부모를 경쟁 상대로 생각하는 오이디푸스적인 것이다. 유아들은 이런 것들이 사회적 금기이며 생각했던 것보다 훨씬 더 위험하다는 것을 알게 된다. 결과적으로 이런 위험한 충동과 환상을 억제하기 위해 사회가 금지하는 것에 대해 죄의식을 만들어 내는 초자아를 내면화하게 되어, 결국 새로운 형태의 자기억제를 하게 된다. 이후로는 영원히 개인의 순진한 소망은 자기관찰이나 자기통제 또는 자기처벌 등에 의해 억제된다. Erikson은 초자아를 형성하게 되는 것이 인생에서의 커다란 비극적 사건으로 보았다. 초자아는 행동을 사회화시키기 위해서는 필요하지만, 남근기의 유아들의 대담한 주도성을 위축시켜 버린다.

Erikson의 관점이 전적으로 비관적인 것은 아니다. 그는 3~6세 사이의 유아들은 어느 시기보다 더 바르고 열심히 배우며, 그들의 야망을 사회적으로 보다 유용하게 추구할 수 있도록 방향을 설정한다. 부모들은 자신의 권위를 다소 완화하고, 유아들로 하여금 흥미 있는 계획에 동등한 자격으로 참여하도록 함으로써 이런 과정을 도울 수 있다. 그렇게 해 줄 때 유아들은 이 단계의 위기에서 벗어나 강한 목표감을 갖게 된다. 죄의식으로 상처받지 않고도 가치 있는 목표를 마음에 그리며 추구할 수 있는 용기를 갖추게 된다(송길연 외 역, 2011). 이 시기의 중요한 사회적 대상은 가족, 특히 부모다.

④ 근면성 대 열등감(6~12세)

Erikson은 이 시기를 자아성장의 가장 결정적인 단계라고 보았다. 이 시기에 아동들은 중요한 인지적 · 사회적 기술을 숙달한다. 이때의 위기는 근면성 대 열등감이다. 아동들은 가족 내에서 이루어지던 과거의 소망을 망각하고 보다 넓은 문화의 유용한 기술과 도구를 배우는 데 전념한다. 아동들은 학교에 들어가서 읽기, 쓰기, 셈하기를 배우고, 중요한 사회적 · 신체적 기술을 익힌다. 이 시기에 꾸준한 주의집중과 지속적인 근면성을 유지하는 자아력을 발달시킨다. 또한 또래들과 함께 일하고 노는 것을 배우며 자신과 또래아동을 비교한다. 충분히 근면하다면 자신감을 갖게 되지만 그렇지 못할 때는 열등감을 갖는다. 이 단계에서 지나치게 부적합함과 열등감을 느끼는 것은 위험하다. 이 시기의 중요한 사회적 대상은 교사와 또래아동이다.

⑤ 정체감 대 역할 혼미(12~20세)

아동기와 성인기 사이의 교차점이다. 청소년은 나는 누구인가를 알아내고자 하며 기본적인 사회적 · 직업적 정체감을 형성한다. 그렇지 못할 때는 역할 혼미를 느껴 생의 후기를 부정하거나 영웅에 대해 무조건적인 동일시나 충성을 한다. 이 시기의 중요한 사회적 대상은 또래친구다.

⑥ 친밀감 대 고립감(20~24세)

친밀한 우정, 동료애, 사랑을 경험하고 만들어 가게 된다. 그렇지 못할 때는 고독감과 고립감을 느낀다. 이 시기의 중요한 사회적 대상은 애인, 배우자, 친한 친구다.

⑦ 생산성 대 침체감(24~65세)

생산성의 기준은 문화에 따라 다르게 규정된다. 성인은 자신의 일에서 생산적이며 자녀를 양육하거나 다음 세대들을 돌본다. 이러한 일을 하지 못할 때 침체되거나 자기중심적으로 되며 타인에 대한 관대함도 결여된다. 이 시기의 중요한 사회적 대상은 배우자와 자녀다.

⑧ 자아통합 대 절망(65세 이상)

지나온 생애를 회고하며 의미 있고 성공적이며 행복한 경험이었다고 생각하게 되면 자아통합감을 갖는다. 반대로 지나온 생애가 무의미했다고 느끼면 절망감을 느끼게 된다. 이 시기에 가장 중요한 것은 일생 동안의 사회적 경험이다.

2) 행동주의적 접근

(1) 행동주의

일반적으로 유아기에 형성되는 일상적 생활습관은 성인이 되어도 계속 변하지 않고 유지된다. Locke는 유아는 백지상태(tabula rasa)이며 유아의 습관 형성이란 전적으로 학습과 경험을 결과로 보았다. Locke는 개개인이 독특한 기질을 가지고 있지만, 대체로 환경이 정신을 지배한다고 보고 가장 많은 유연성이 있는 유아기에 학습된 기본적인 성품은 남은 일생 동안 고정된다고 보았다. Locke는 유아의 발달에 모델을 통한 학습이 많은 영향을 미친다고 하였다. 유아는 부모가 구두를 닦는 것을 보면 이를 모방하여 그 자신도 신발을 닦으려고 한다는 것이다. Locke는 반복을 통한 습관 형성도 강조하는데 이닦기와 같이 어떤 일을 거듭해서 할 때 자연스럽게 습관화 되어 그것을 하지 못하게 될 때에는 불쾌감을 느끼게 된다는 것이다. 그리고 최선의 보상과 벌의 원리 등은 유아의 습관 형성을 위한 좋은 교육원리로 받아들여져 행동주의 학파를 통해 발전되었다.

Watson은 Locke의 백지설에 영향을 받아 행동주의를 주창하였다. 발달은 개체의 내적인 힘이 아닌 외적인 힘, 즉 다양한 환경에 의한 것이므로 유아는 환경에 대해 영향을 받는 수동적 위치를 차지한다. 발달은 양적인 것이며 누적 되고 연속적인 특성이 있다고 주장한다. Watson의 주장은 러시아의 생리학자 Pavlov의 동물학습에 관한 연구에서 자극받은 것이다. Pavlov는 음식에 대한 선천적인 반사반응으로 침이 분비된다는 사실에 근거하여, 반사반응을 일으키는 자극(음식)이 중립자극(종)과 연합되면 그 중립자극 자체가 반응을 일으킨다는 고전적 조건형성의 원리를 발견하였다. Watson은 고전적 조건형성이 아동의 행동에도 적용될 수 있는지를 실험하고, 흰 쥐에 대한 공포반응을 일으키는 큰 소리와

Watson

Skinner

중립자극인 흰 쥐가 연합되어 조건형성이 된다는 것을 보여 주었다.

Skinner는 고전적 조건형성의 원리가 선천적인 반사행동의 학습을 설명하는 데는 유용하지만, 유기체 스스로 조작하는 행동을 설명하기에는 부족하다고 하였다. 그는 실험을 통해 비둘기가 먹이를 얻기 위해 레버를 누르는 조작적 행동이 그에 따른 먹이보상의 획득, 즉 강화에 의해 반복적으로 나타나게 된다는 조작적 조건형성의 원리를 주장했다. Skinner의 이론에서 학습은 유기체가 배우기 위해 행하는 점진적인 과정이며, 유기체의 점진적인 반응의 결과가 학습이라고 본다. 이 이론에 의하면 유아의 습관은 행동 뒤에 따라오는 강화자극에 의해 통제되며, 조작적 행동에 의해 형성된다는 것이다. Skinner는 유아의 행동은 강화 자극에 의해 통제될 수 있고 반응에 대해 즉시 강화해 줄 때 반응률이 높아진다고 주장한다. 즉, 반응에 선행하는 자극은 반응에 대해 통제력을 가질 수 있고, 조작적 행동은 조금씩 점진적으로 학습된다. 바람직한 행동을 가르치려면 처음에는 연속적 강화가 효과적이고, 바람직한 행동을 오래 지속시키려면 간헐적 강화계획이 효과적이다. 이상과 같은 Skinner의 조건형성의 원리인 강화와 소멸, 강화의 즉각성, 변별, 자극 일반화, 행동조성, 연쇄행동, 강화계획, 벌 등은 유아의 습관 형성에 있어서 바람직한 생활습관 형성을 위한 행동수정 원리의 기초가 되고 있다.

행동주의 입장에서는 친사회적 행동 습득의 기본 원리를 학습의 과정으로 보고 사회화는 사회적 행동발달의 결과로 본다. 아동의 친사회적 행동은 일반적인 행동 습득과 학습이 자극에 대한 반응의 결과로 일어나며, 보상에 의해 반응한 행동을 강화함으로써 바람직한 행동을 형성하게 된다. 고전적 조건형성이나 조작적 조건형성의 학습이론에 따르면, 유아의 사회적 행동은 주위의 환경에서 주어지는 강화작용에 의해 좌우되며 강화 양상을 달리하여 수정될 수 있다. 즉, 약한 강화는 행동의 소멸을 지속시키며, 사회적으로 행동하는 것 자체가 스스로 일반화된 강화자가 될 수도 있다.

(2) 사회학습이론

Bandura는 사회적 장면에서 이루어지는 인간의 학습을 동물대상의 실험에 근거하여 설명하는 것이 적절하지 않다고 하여 사회학습이론을 주장하였다. 인간의 행동은 다른 사람의 행동을 관찰하고 이를 모방함으로써 학습할 수 있다고 주장한다. 인지적 존재인 인간은 직접적인 강화 없이도 학습이 일어나며, 사회적 상황 속에서 타인의 행동을 관찰함으로써 더 빨리 학습할 수 있다. Bandura는 행동의 원동력이 환경이라는 초기 행동주의의 기본 가정에서 벗어나 발달과정이 개인과 환경 간의 상호성에 의한다는 상호결정론적 견해를 주장하였다. 유아의 바람직한 생활습관이란 자극과 반응에 기초하여 모델을 통한 모방과 반복, 관찰을 통해 형성된다고 본다. 자신이 어떤 일을 해낼 수 있다는 개인적 신념인 자기효능감이 발달됨으로써 유아는 어떤 행동을 모방할지를 결정하는 데 도움을 받게 된다고 보았다.

자기효능감(self-efficacy)과 사회적 보상(social compensation)의 개념은 학습자가 어떤 행동을 성공적으로 수행할 수 있다는 자기확신이 있다면 학습능력이 증가된다. 인간도 사회적인 보상을 얻기 위해 학습을 한다. 인간은 사회적 상황 속에서 모방을 통하여 학습한다. 이에 대한 기본 개념으로 관찰학습과 대리적 강화에 의한 학습을 들 수 있다. 사회화 과정에 대한 Bandura의 연구는 공격성, 성역할, 자기강화, 친사회적 행동의 개념으로 설명되고 있다(장혜순, 2006).

Bandura를 중심으로 한 사회학습이론의 입장에서는 친사회적 행동에 대하여 유아는 기초적 반사를 제외하고는 행동목록을 갖추고 태어나지 않으므로 대부분의 새로운 행동 유형을 직접적인 경험이나 관찰에 의해 학습된다고 하였다. 유아의 친사회적 행동의 발달은 관찰과 모방학습을 통하여 이루어질 수 있다고 본 것이다. 관찰학습은 모델링(modeling)의 원리에 기초하고 있으며, 모델링은 어머니의 친사회적 행동을 유도하는 데 영향을 주고, 강력한 정보의 출처가 된다. 이것은 훈육이나 설교보다 효과적이며 지속성이 있다. 습관은 사회적 상황에서 다른 사람의 행동을 관찰함으로써 더 빨리 학습되며, 열등한 모델보다 강력하고 유능하며 권위 있는 모델을 모방하는 것이 긍정적 효과를 가져온다. 즉, 유아의 습관 형성에 있어서 유아가 관찰하는 모델의 영향을 가장 큰 요인으로 본다(변창진, 김경린 역, 1984).

Bandura

3) 성숙주의적 접근

Gesell

Gesell은 유아의 표준행동목록(normative data)을 제시하여 표준성숙주의(normative) 이론을 정립하였다. 그는 각 연령별 유아의 행동발달을 관찰하여 수집하고, 각 연령에는 그 연령에 맞는 '규준(norm)'이 있다는 것을 발견하였다. 규준이란 엄격한 고정사실을 강조하는 의미가 아니며 특정한 연령층에 나타날 수 있는 행동의 지표다. 성숙주의 이론은 유아의 사회화를 평가하기 위해 각 연령별 표준행동을 정하여 평가의 준거로 적용하고 있다. 부모는 허용과 인내를 하여야 하며 유아의 경우 자기조절(self-control)과 자기훈육(self-discipline)을 함으로써 사회성을 발달시킬 수 있다(장혜순, 2006).

이 입장에서 보면 사회화란 자연스럽게 전개되는 발달단계에 따라 성장과정에서 경험하는 사회적 경험을 순차적으로 습득해 나가는 것을 의미한다. 인간 내부의 규준적 발달 특성의 강조는 환경적인 영향을 소홀히 한다는 점과 사회화 과정에서의 지체나 일탈 등에 대한 설명이 미흡하다는 점에서 비판받고 있다. 이러한 비판에 대하여 점차 개인의 특질과 환경과의 상호작용을 연구하는 경향이 증가하였으며, 발달과정에서 특별하게 나타나는 독특한 형태의 원인이 되는 환경적 요인을 설명하고자 하였다. 성숙주의적 입장에 따른 발달상의 규준은 유아들의 발달상태를 상대적 · 객관적으로 이해할 수 있게 해 준다는 점에서 큰 가치가 있다. 그러나 유아의 사회화 정도를 규범적 척도에 지나치게 의존하여 평가하고자 할 경우에 자칫하면 부모들이나 교사들이 유아들의 발달을 규준에 맞도록 재촉하고, 이를 맹목적 목표로 삼게 되는 문제가 생길 수도 있다(구광현, 이희경, 2008).

4) 인지발달적 접근

(1) 인지적 구성주의

Piaget는 유아의 사회화 과정은 출생 이후부터 경험하는 사회적 상호작용을 자신의 인지적 발달 능력에 따라 동화하고 조절하여 가는 과정이라고 주장하였다. 유아의 인지발달과 더불어 사회적 세계에 대한 정보를 입수하고 표상하며 처리하

Piaget

는 능력이나 방법도 변화한다. 또한 사고 형태의 발달과 더불어 사회적 자극을 해석하고 이해하며 반응하는 방식도 발달한다. 유아의 사회적 반응은 자신이 형성한 사회적 도식에 의해 결정된다. 사회화 과정은 사회적 인지발달단계에 따라 영유아 자신이 사회와 끊임없이 상호작용해 가는 가운데 사회적 행동을 습득하는 과정으로 볼 수 있다. 인간과 환경의 상호작용을 통한 지속적 행동 변화를 중시했다는 점에서는 규준적 발달주의의 한계를 극복했다고 본다(구광현, 이희경, 2008).

Piaget는 유아의 인지는 일련의 단계를 거쳐 발달하며 각 단계에는 독특한 기본적 사고구조 또는 정보처리의 방식이 있다고 보았다. 발달의 어떤 시점에서도 유아는 단계에 따른 사고구조의 특성 및 한계를 나타낸다. 이 때문에 인지적 구성주의 이론이라고 하고, 각 단계에 따른 인간의 생각과 행동을 일반화할 수 있다고 본다. Piaget의 인지발달단계를 사회성 발달과 관련하여 살펴보면 다음과 같다.

① 감각운동기(sensory motor stage, 출생~약 2세)

감각운동기에 영아는 자신의 감각이나 운동을 통해 환경을 경험해 간다. 태어나면서부터 생물학적으로 타고난 단순 반사기능을 가지고 물건을 빨거나 잡는 등의 신체활동을 한다. 점차 자신과 다른 대상을 구별할 수 있게 되고, 초기의 반사적 행동에서 점차 목적이 있는 복잡하고 협응된 행동으로 나아간다. 6개월경에는 외부의 대상과 자신의 신체가 분리되어 있다는 것을 인식하게 된다. 감각운동기의 가장 중요한 인지발달 현상은 대상영속성 개념의 형성이다. 대상영속성이란 대상이 눈앞에서 사라져도 여전히 존재한다는 사실을 아는 것이다. 그리고 다른 사람의 행동을 곧바로 모방하지 않고 시간이 흐른 후 그 사람이 없을 때에도 재생할 수 있는 지연모방이 가능해진다. 감각운동기 후기에 이르면 영아는 친숙한 사회적 대상을 표상화하기 위해 상징을 사용할 수 있다.

② 전조작기(preoperational stage, 약 2~7세)

전조작기는 2~4세경의 전개념적 사고(preconceptual thinking)단계와 4~7세 사이의 직관적 사고(intuitive thinking)단계로 구분된다(전예화 외, 2006). 전개념적 사고단계는 내적으로 형성된 표상을 여러 가지 형태의 상징이나 기호로 표현하는 기호적 기능이 인지발달의 주축을 이루는 시기다. 대표적인 기호적 기능의 예는 상상놀이로, 가상적인 사물이나 상황을 실제사물이나 상황으로 상징화하는 놀이다. 상상놀이 중 두 명 이상의 유아들이 일정한 역할을 하는 역할놀이는 자신과 다른 사람을 구별하고, 다른 사람의 입장을 이해하며, 사회적 역할과 상호작용을 연습할 수 있는 중요한 기회를 제공하여 유아의 사회성과 사회인지적 능력의 발달을 촉진시킨다.

직관적 사고단계란 대상이나 사태가 갖는 가장 현저한 지각적 속성에 의해 그 대상이나 사태의 성격을 판단하는 사고양식을 갖는 시기다. 이 시기의 유아는 주변 세계인 사회를 설명하고 예측하는 데 도움이 되는 단순한 규칙을 형성할 수 있다. 그러나 유아는 어떠한 사물, 상황, 사람의 동일한 외적 측면에만 주목하는 경향이 있어서 다른 사람의 숨겨진 동기, 의도 및 개인적 심리기능을 추론하여 행동의 이면을 알 수는 없다. 물체가 행동 및 외형상의 단순한 임시적인 변화와 상관없이 존재한다는 속성을 깨닫는 보존개념을 이해하지 못하며, 자신의 생각과 감정, 욕구만 생각하고 다른 사람이나 사물의 존재를 인식하지 못하는 자기중심적인(ego-centric) 사고의 특징이 있다. 전조작기 후기에는 탈중심화가 이루어지기 시작하여 다른 사람의 관점을 이해하는 조망 수용과 사회적 역할수용이 가능해진다.

③ 구체적 조작기(concrete operational stage, 약 7~11세)

구체적 조작기의 아동은 제한된 전조작적 사고에서 벗어나 사물의 이면에 있는 기본적 규칙성을 알 수 있고, 사람 및 사물의 기본적이며 불변적인 속성을 알 수 있게 된다. 또한 자기중심성에서 벗어나 생각할 수도 있고, 다른 사람의 조망이나 느낌을 이해할 수 있는 능력도 생긴다. 그러나 이 시기의 사회적 도식은 아직 아동에게 친숙하거나 쉽게 상상할 수 있는 사람 및 사상에 제한되어 있다(구광현, 이희경, 2008).

④ 형식적 조작기(formal operational stage, 약 11~15세)

형식적 조작기에는 구체적 사실에 얽매이지 않고 가상적인 추론이 가능하여 친숙하지 않거나 가설적인 도식을 이해할 수 있다. 다른 사람을 포함한 사물의 세계로부터 자신을 분리해 낼 수 있게 되며, 자신뿐 아니라 주변의 대상들에 대해 새로운 나름대로의 가치를 부여할 수 있게 된다. 형식적 추론 능력이 발달하게 되어 청소년은 자신의 가치체계를 구체적 조작 차원에서 벗어나 자유로운 사고를 통해 새로운 개인적 · 사회적 가능성을 가질 수 있게 된다(구광현, 이희경, 2008).

(2) 사회적 구성주의

Kohlberg

Kohlberg는 Piaget의 인지발달 이론체계에 맞추어 사회적 현상—애착, 성역할 발달, 이타주의, 도덕성 발달 등—을 이해하고자 하였다. 사회화에 대한 이러한 접근은 다음에 제시된 여러 가정에 근거하고 있다(전예화 외, 2006).

정서발달은 인지발달과 병행하여 이루어진다. 진정한 사회적 애착은 일정 수준의 대상영속성을 획득하게 되면 가능하다. 이타주의의 발달은 자아중심성의 감소와 조망 수용 능력의 발달이 선행된다. 유아의 사회적 발달은 자신이 속한 사회적 집단에서 사회적 규준을 공유하는 다른 사람들이 갖는 개념과 자신의 개념을 비교하면서, 자신의 개념을 재구성하면서 이루어진다. 유아의 사회인지는 역할수용 또는 자신과 비슷한 타인이 공유하는 하나의 기대체계에 따라 다른 사람이 자신에게 반응한다는 인식을 가짐으로써 발달한다. 유아가 사회적 세계와 구성원들에게 갖는 개념적 변화를 반영하여 사회적 자아가 발달하게 된다. 사회적 성격발달은 유아의 행동과 그 유아에 대한 타인의 행동 간 평형 또는 상호 호혜성의 상태를 유지하기 위한 과정에서 일어난다. 사회적 평형상태를 이루기 위해서는 유아는 안정된 자아정체감을 가지고 다른 사람들이 예측할 수 있는 방식으로 행동하여야 한다.

Kohlberg가 제시한 사회적 · 성격적 발달의 단계는 사회화의 어떤 측면을 설명하는가에 따라 다르다. 성역할 발달의 단계는 아동이 구체적 조작기에 도달하면 일반적으로 마무리된다. 그러나 도덕성 발달은 성인 초기까지 계속된다. Kohlberg는 사회적 · 도덕적 발달이 질적으로 독특한 단계를 따라 불변적인 순서로 진행된다고 하였다. 사회적 단계의 자각은 개인의 인지발달 수준과 개인이 접한 사회적 경험과 상호작용을 통해 이루어진다.

사회화 과정에 대한 인지발달론적 접근은 인지의 영향을 강조함으로써 Freud, Erikson과 같은 정신분석적 이론가들의 주장과는 차이가 있다. 또한 사회적 학습의 중요성을 부인하지 않으면서도, 유아가 사회적 경험을 동화하거나 그러한 경험에 조절하는 것을 실패한다면 사회화에 진전이 없을 것이라고 주장함으로써 사회적 학습이론가들과도 구별된다(전예화 외, 2006).

5) 생태학적 접근

Bronfenbrenner

생태학적 접근(bioecological systems theory)은 사람과 사람 사이의 관계를 넘어 지역사회 및 사회 전체가 유아에게 미치는 영향을 보여 준다. Bronfenbrenner는 최초의 관계는 일생 동안 돌봄을 제공할 수 있는 사람과 함께 해야 하고, 유아는 지속적으로 상호작용할 수 있는 안정된 가족이 필요하다는 신념으로 사회구조를 중요하게 생각하였다.

생태학적 접근에 의하면 개인적 환경과 물리적 환경을 포함하는 생태는 유아가 경험하는 관계의 본질에 영향을 미친다. 유아는 자신이 속해 있는 가족과 교육, 보육기관과 같은 인접한 환경의 영향을 가장 많이 받게 된다. 가족은 그들이 속해 있는 문화에 의해 영향을 받는다. Haviland에 의하면 문화는 인간행동의 배후를 형성하고 인간행동에 반영되어 나타나는 세상에 대한 추상적 가치, 신념, 인식을 의미한다. 어떤 가족의 문화에서는 유아가 독립된 방에서 혼자 자는 것보다 부모와 함께 자는 것을 더 중시한다. 이 가족의 신념은 유아가 가족에 속해 있음을 느끼고 안정감을 느끼도록 부모와 함께 있어야 한다는 것이다. 이러한 가치와 신념은 유아가 어디서 자야 하는지에 대한 결정을 좌우한다. 생태학적 모델의 핵심 부분인 문화적 관점의 중요성이 강조된다.

국가, 국제적 법과 정책도 유아가 부모, 가족, 교사와 맺는 관계의 질에 영향을 미치는 생태체계의 한 부분이다. 국민이 양질의 유아교육 · 보육의 중요성에 대하여 어떻게 생각하는가는 유아가 누릴 수 있는 삶의 질에 강력한 영향을 미친다. 유아는 환경에 의해 영향을 받을 뿐 아니라 관계중심모형에서 중심적 역할을 하며, 부모와 가족과의 관계에 영향을 미친다. 유아는 성인과 상호작용하고 관계를 맺는 데 영향을 미치는 독특한 성격, 특성, 능력을 가지고 태어난다 (Kosteinik 외, 박경자 외 공역, 2005).

[그림 2-1]에 제시된 바와 같이 Bronfenbrenner의 생태학적 체계모형은 일반적으로 유아를 중심으로 두고 확장되어 가는 동심원 형태로 나타난다.

가장 안쪽 원은 미시체계(microsystem)로 유아와 가족 간의 직접적인 관계를 나타낸다. 미시체계 속에 있는 가족 구성원, 친구, 교사는 유아에게 영향을 미치며 유아 또한 그들에게 영향을 미친다. 유아교사는 유아가 깨어 있는 시간 중 많은 부분을 함께 보냄으로써 유아의 삶에 있어서 중요한 미시체계를 차지한다. 물론 교사의 미시체계에 유아도 한 부분을 차지한다. 미시체계 안에서 영향이 양방향적이라는 이러한 인식은 체계 간의 영향도 양방향적이라는 인식으로 반복된다.

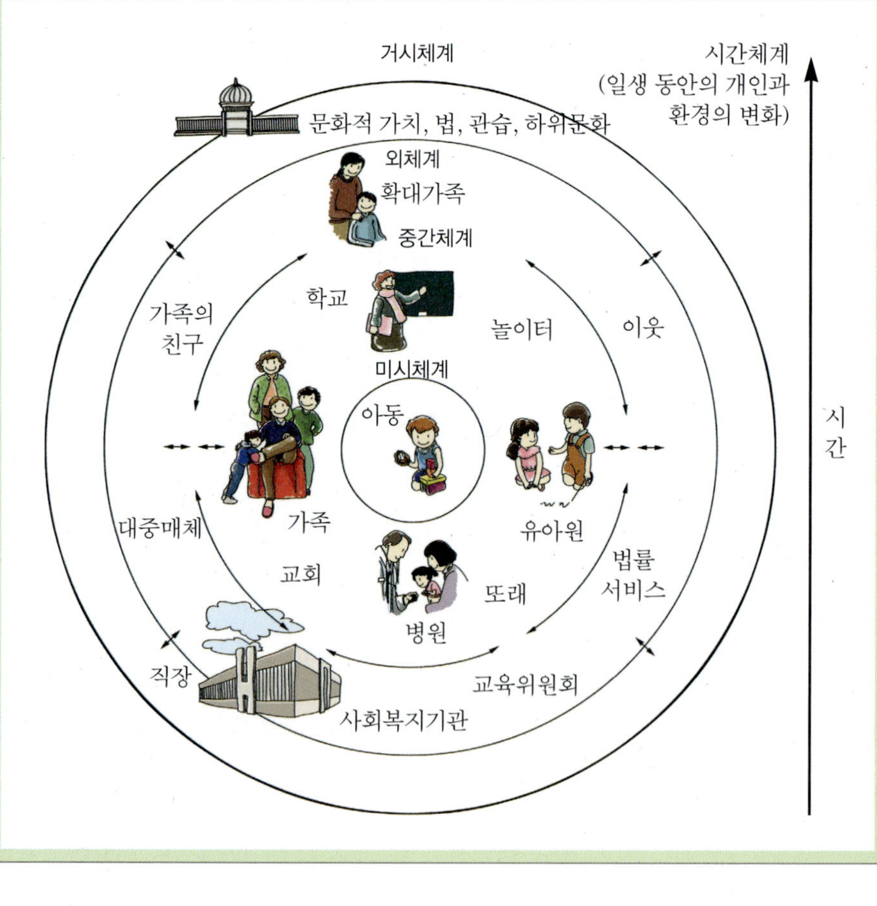

● 그림 2-1 ●

Bronfenbrenner의 생태학적 체계 (정옥분, 2002)

다음의 원은 중간체계(mesosystem)로 미시체계를 포함한다. 유아에게 교육, 보육을 제공하는 교사와 부모는 서로 관계를 맺고 있는데 이러한 교사-부모 관계는 부모-자녀 관계와 교사-유아 관계에 영향을 미칠 수 있다.

생태학적 접근의 장점은 유아발달에 대한 보다 넓은 문화와 사회의 영향을 보여 주며, 원들이 계속해서 바깥 쪽으로 이동한다는 것이다. 외체계(exosystem)는 유아를 포함하지 않지만 유아에게 영향을 미치는 환경을 포함한다. 부모가 다니는 직장의 양육친화적 환경이나 의료 서비스 등이다.

표 2-1 ● 생태체계의 정의, 해당 환경 및 유아발달의 관련 이슈

생태체계	정 의	해당 환경	유아발달의 관련 이슈
미시체계	영향력 있는 사람들과 실제 접하는 환경	• 가족 • 학교 • 또래집단 • 교회	• 유아가 수용되는가? • 행동 능력이 강화받는가? • 다양한 역할과 관계를 접하는가? • 상호작용에서 적극적 역할을 할 수 있는가?
중간체계	미시체계 간의 관계	• 가정-학교 • 가정-교회 • 학교-이웃	• 각 환경은 서로 존중하는가? • 환경들은 가치의 일관성을 갖는가?
외체계	유아가 직접 참여하는 환경은 아니지만, 거기서 그들과 직접 상호작용하는 유아나 성인에게 영향을 미치는 환경	• 부모의 직장 • 학교운영위원회 • 지방정부 • 부모의 동료집단	• 내려진 결정이 대상 유아 및 부모의 관심과 상통하는가? • 가족에 대한 지원이 부모의 스트레스를 조절하는가?
거시체계	사회의 제도를 정의하고 조직하기 위한 청사진(계획)	• 이데올로기 • 관습 • 사회적 계약	• 어떤 집단은 타인을 희생시키는 것에 가치를 두는가? • 집단주의 또는 개인주의를 지향하는가? • 폭력이 행동지침이 되는가?
시간체계	시간에 따라 일어나는 환경에서의 변화, 발달의 방향에 영향을 미침	• 유아의 인지 또는 신체변화 • 여성의 취업욕구	• 시간 차원의 변화가 가족 구성원 간 갈등을 야기하는가? • 유아의 연령 변화와 환경 변화의 연관성은 어떠한가?

출처: 전예화 외(2006: 59) 재인용

거시체계(macrosystem)는 외체계가 존재하고 있는 사회의 가치와 법을 말한다. 여성이 일하는 것을 긍정적으로 생각하지 않는 사회에서 여성에게 동등한 임금을 주고 자녀양육을 책임지도록 융통성을 부여하는 정책을 지지하지는 않는다(Wittmer et al., 이승연 외 공역, 2011).

생각해 보기

- 신문에서 유아가 미시체계의 영향을 받은 예를 찾아보고 왜 그런지 생각해 보자.
- 유아의 사회성 발달을 돕는 동화를 찾아보고 관련 주제별로 정리해 보자.

Tip

유아의 사회성 발달을 돕는 여덟 가지 방법

1. 기본적인 보살핌을 신속하게 제공하기
2. 개별적인 요구 발견하기
3. 효과적인 의사소통하기
4. 탐색과 학습 격려하기
5. 유아가 교사의 요구에 따르도록 돕기
6. 또래관계 지지하기
7. 항상 유아와 상호작용할 수 있도록 준비하기
8. 가족 구성원 도와주기

– Kosteinik et al., 박경자 외 공역(2005).

참고문헌

구광현, 이희경(2008). 유아사회교육. 서울: 동문사.

국립특수교육원(2009). 특수교육학 용어사전.

서울대학교 교육연구소(2011). 교육학 용어사전. 서울: 하우동설.

장혜순(2006). 유아사회교육의 이론과 실제. 서울: 창지사.

전예화, 최미현, 천희영, 서현아, 황해익(2006). 유아사회교육. 파주: 양서원.

정옥분(2002). 아동발달의 이해. 서울: 학지사.

최영민(2010). 대상관계 이론을 중심으로 쉽게 쓴 정신분석이론. 서울: 학지사.

Bandura, A. (1977). 사회적 학습이론(변창진, 김경린 역, 1984). 서울: 중앙적성출판부.

Begun, R. W. (2006). 사회적 기술 향상 프로그램-유아용-(응용발달심리연구센터 역, 2006). 서울: 시그마프레스.

Kosteinik, M. J., Whiren, A. P., Soderman, A. K., Stein, L. C., & Gregory, K. (2002). 유아를 위한 사회 정서지도(박경자, 김송이, 권연희 공역, 2005). 서울: 교문사.

Wittmer, D. S., & Petersen, S. H. (2009). 영아발달과 반응적 교육(이승연, 김은영, 강재희, 문혜련, 이성희 공역, 2011). 서울: 학지사.

제3장

유아의 사회성 발달에 영향을 미치는 요인

1. 가 족
2. 또 래
3. 대중매체
4. 유아교육기관
5. 지역사회와 사회 · 경제적 특성

나폴레옹은 자신의 타고난 신체적 결점들을 이겨냈다. 그는 작은 키를 비웃는 장군에게 "비록 땅에서 재는 키는 작지만, 하늘에서부터 재는 키는 당신보다 훨씬 크다."라고 당당히 응수했다. 그는 작은 키가 커 보이도록 항상 말을 타고 다녔다. 덕분에 기마술의 달인이 되었고, 기병대를 최대한 활용하는 새로운 방법으로 전쟁터에서 연전연승했다. '키 콤플렉스'가 오히려 전쟁승리의 원동력이 된 셈이다.

– 한 홍(2011)

한 가지 일에 실패했다고 해서 좌절하지 말라. 그 실패는 더 큰 성공으로 가는 우회도로일 수도 있다. 높이 그리고 멀리 보라.

– 서진규(1999)

1 가 족

1) 가족의 정의 및 중요성

(1) 가족의 정의

가족의 정의를 보면, 혈연과 혼인관계 등으로 한 집안을 이룬 사람들의 집단(새국어사전, 1994) 또는 부부와 같이 혼인으로 맺어지거나, 부모·자식과 같이 혈연으로 이루어지는 집단 구성원(네이버사전)으로 되어 있다. 이와 유사한 개념인 가정(家庭)의 정의를 보면, 가족이 함께 생활하는 사회의 가장 작은 집단(새국어사전, 1994) 또는 한 가족이 생활하는 집, 가까운 혈연관계에 있는 사람들의 생활공동체(네이버사전)로 되어 있다. 하지만 가족은 부모·자식이라는 혈연, 비혈연의 관계로 단지 한 공간에서 가정을 이루어 사는 구성원일 뿐 아니라 유아를 건강하게 발달시킬 수 있는 일차적인 환경으로 공동체 생활을 하는 사회의 최소 집단으로 매우 중요한 가치를 갖는다.

가족은 모든 사회기반을 형성하는 사회적 기본 단위로 가족 구성원의 경제적 지원과 정서적 보호를 제공하고, 자녀의 양육과 보호 및 사회화 기능을 수행하는 기본적 단위로 정의할 수 있다(이경옥, 2003). Murdock(1949)은 '가족이란 공동 거주, 경제적 협력, 생식의 특성을 지니며, 사회적으로 인정받는 성적 관계를 유지하는 최소한 두 명의 성인 남녀와 그들에게서 출생하였거나 양자로 된 한 명 이상의 자녀로 구성된 집단'이라고 정의하고 있다. Belsky(1981)에 따르면 가족은 사람의 몸과 같이 각 부분이 다른 부분들과 영향을 주고받으면서 전체 체계의 기능에 작용하는 밀접하게 상호 연관된 조직이다(박영아, 2010).

유아에게 가족이란 심신이 미성숙한 유아를 양육하고, 부모와 형제관계를 경험하게 하며 부모의 돌봄을 느끼게 함으로써 바람직한 사회 구성원으로 성장하도록 돕는 사랑의 공동체이며, 안식처라고 말할 수 있을 것이다.

(2) 가족의 중요성

가족은 유아에게 있어서 가장 중요한 환경이며, 유아가 적절하게 발달해 나가기 위한 일차적인 환경으로 인식된다. 발달생태학의 입장에서 보면, 미시체계의 하나로 유아에게 직접적인 영향을 미치는 환경체계로 인식된다(이경옥, 2003).

현대사회에서는 자녀양육과 사회화 역할기능의 중요성이 가족에게 큰 부담으로 작용하고 있으며, 특히 맞벌이 부부의 경우 이에 대한 부담이 더 클 수 있다. 그럼에도 불구하고 가족은 유아에게 꿈과 행복을 주고 성격을 형성시키는 중요한 인적 · 물리적 환경을 제공한다. 이와 같이 유아의 사회성 발달에 영향을 미치는 가족의 중요성을 세 가지 측면에서 살펴볼 수 있다.

① 부모의 양육 유형이 유아의 사회성 발달에 영향을 미친다

생애 첫 해 동안 영아의 사회적 관계는 부모, 형제와 같은 소수의 중요한 사람들로만 이루어진다. 이러한 초기의 사회적 관계는 이후의 발달과정에서 형성하게 될 사회적 관계보다 사회 · 정서 발달 및 인지발달에 장기적인 영향을 미친다(Vasta et al., 1999). 부모, 형제와의 관계는 영아기뿐 아니라 유아기에도 매우 중요하다. 영아기에는 부모 또는 부모 외의 양육자에 의해 타인과 관계하는 과정을 통해 사회화되어 가며, 유아기에는 가족뿐 아니라 유아교육기관과 지역사회를 통해 사회화되어가기 때문이다.

부모는 유아와 최초로 관계를 맺는 대상으로 부모역할 및 사회생활의 모델이 되며, 가장 빈번한 상호작용의 대상으로 유아의 사회 · 정서발달에 많은 영향을 준다. 따라서 부모는 한 개인에게 매우 의미 있는 존재일 수밖에 없다.

부모의 성격, 가치, 믿음, 무엇보다도 양육의 실제가 자녀의 양육에 가장 큰 영향을 주는 것으로 보고하고 있다(Gestwicki, 2004). 특히 부모의 양육방식은 자녀가 타인을 대하는 방식과 태도에 영향을 주고 유아 자신의 사회성과 사회적 행동에 영향을 준다(장영숙 외, 2003; 이기숙 외, 2010 재인용).

어머니의 양육 유형에 따른 유아의 사회성에 대한 연구결과(이기숙 외, 2010)에 의하면 공유형(예: 아이에게 몇 번이든 어떻게 하면 좋을지 알아듣도록 자세하게 말한다)의 양육에서 사회성 점수가 가장 높게 나타났으며, 다음으로 통제형, 희생형, 지시형 순으로 나타났다. 이 중 지시형은 통제형, 희생형보다도 사회성에 좋지 못한 영향력을 미치는 것으로 밝혀졌다.

② 형제 · 자매와의 관계가 유아의 사회성 발달에 영향을 미친다

유아의 사회성 발달에 영향을 미치는 요인 중 가장 중요한 변인은 부모이며, 다음이 형제 · 자매의 관계다. 유아들은 가족과의 관계를 통해 사회적응 능력이 발달하는데, 부모와는 다르게 형제관계를 통해 양보와 갈등의 정서를 경험하면서 양보와 나눔, 협력을 배우며 형제의 소중함과 사랑을 알아 간다.

유아는 형제 · 자매의 태도와 이에 대한 부모의 행동을 관찰하면서 부모에게 기쁨을 줄 수 있는 행동과 슬픔을 줄 수 있는 행동에 대해서 알고 때로는 그에 따른 대처행동을 보이기도 한다. 한 예로, 초등학교를 다니게 되면 형제가 있을 경우 각자 또는 형제가 함께 정성을 모아서 어버이날 선물을 하기도 한다. 또는 심부름하는 언니의 모습을 보아 왔던 유아는 자신이 집 안에서 심부름하는 것을 즐거워하기도 한다. 이는 가족에 대한 배려와 협력, 감사의 표현을 학습한 것으로 볼 수 있다.

③ 가정의 다양한 기능 수행이 유아의 사회성 발달에 영향을 미친다

가정은 다양한 기능을 수행하고 있다. 홍순정 등(2010)은 가정의 기능을 자녀출산 기능, 자녀양육과 사회화 기능, 생활유지를 위한 경제적 기능, 가족에게 휴식을 주는 기능, 노부모 봉양 등으로 구분하였다. 이러한 기능이 유아에게 미칠 수 있는 영향을 살펴보면 다음과 같다. 첫째, 유아들은 어머니의 임신과 출산 과정, 동생의 탄생을 기뻐하는 가족들의 모습을 보면서 출산의 기능을 알게 된다. 둘째, 조부모에게 예의바른 행동을 갖추는 부모의 모습을 통해서는 부모에 대한 존경과 예의(禮儀)를 알게 된다. 셋째, 부모가 직장생활을 함으로써 돈을 벌고 가족의 의식주 생활이 유지되는 것을 보면서 경제적 기능으로서의 가정을 이해하게 되며 동시에 부모의 책임 있는 역할을 알아 간다. 넷째, 일하고 퇴근한 부모가 휴식시간을 갖는 모습 등을 보면서 안식처로서 가정의 소중함과 더불어 그 기능도 점차 이해하게 된다.

2) 가족의 유형

가족의 유형은 시대와 사회변화에 따라 달라지며, 양육방식과 아동의 인성 형성에 영향을 미칠 수 있다. 과거에 가족이란 일부일처제로 부부와 자녀가 살면

서 조부모와 고모, 이모, 삼촌 등과 함께 동거하는 확대가족이 대부분이었다. 하지만 현대사회에는 가족 구성원의 범위와 가족관계가 다양해지면서 그에 따른 가족의 유형도 달라지고 있다. 대표적인 가족의 유형을 간단히 살펴보자.

(1) 핵가족

생식가족(family of procreation)이라고도 하며, 남편과 아내 그리고 그들의 미혼 자녀로 구성된 가족 형태를 말한다. 핵가족(nuclear family)은 자녀들이 혼인하여 부모의 집을 떠나 분가하게 되어 가족 구성이 부모와 자녀 2세대로 한정된다.

이러한 핵가족 자녀의 일반적인 특징으로는 독립적이고 자율적이며, 또래와의 관계에서 타협이 어려우며 협동심과 양보심이 부족한 편으로 인간관계의 기술이 부족하다고 여겨지고 있다. 하지만 가정교육과 학교교육(유치원교육) 및 보육을 통해 친사회적 행동의 발달이 보충적으로 이루어지고 있다.

(2) 확대가족

확대가족(extended family)은 부모와 미혼 자녀는 물론 기혼 자녀와 그 배우자 및 자녀들로 구성되어 있는 가족 형태를 말한다. 이는 대가족이라 하여 전통적인 가족 형태로 부모 이외에 조부모와 함께 생활하는 부자 중심으로 이루어진다.

확대가족 자녀의 일반적인 특징으로는 가족 구성원의 상보적인 역할로 인해 사회성이 높고 협동과 경쟁의 긍정적인 경험을 통해 조화시키며 인간관계에서의 갈등을 해소하는 방법을 알고 있어서 관계능력이 좋다고 여겨지고 있다. 또한 성인 및 형제·자매 간에 예의를 잘 지키는 경향을 들 수 있다.

(3) 한부모가족

편부, 편모 가정으로 불렸던 한부모가족(sing-parent family)은 부모 중 한쪽의 사망, 이혼, 별거 등으로 인하여 부자 또는 모자로 구성된 가족 형태를 말한다. 또한 요보호 연령에 해당하는 18세 미만의 자녀와 함께 살면서 부모 역할을 담당하고 있는 가족을 의미한다.

한부모가족은 '결손가족'으로 불리기도 하며 부 또는 모의 부재로 인하여 심리·사회적 문제를 안고 있는 경우가 많다. 부모는 육아와 가사활동, 경제활동을 병행해야 하는 부담감, 사회적 편견으로 인한 심리적 위축이 있을 수 있으며, 유아는 한쪽 부모의 부재로 부모의 역할모델과 가족 구성원 간 정서적 유대감의 경험이 제한적일 수 있다.

이외에도 남편과 아내 중 한 명이 결혼한 경험이 있고, 이전의 결혼을 통해 자녀가 있는 재혼가족(remarried)이 있으며, 가족을 동반한 재혼으로 복합가족(composite family)이 있다. 또한 남녀가 법적인 관계를 맺지 않고 부부 또는 자녀

● 그림 3-1 ●

한부모가족에 대한 이해
-영화 〈과속 스캔들〉
-영화 〈사운드 오브 뮤직〉

와 함께 같이 사는 동거가족(cohabitation)이 있다. 합법적인 절차를 거쳐 이룬 재혼가족(복합가족 포함)은 자녀가 정상적인 가정의 기능을 학습할 수는 있으나 부모-자녀 관계의 경험에는 다소 시간과 노력이 요구될 수 있다. 물론 이러한 가정을 이루기 이전에 초기 경험에서 안정적인 정서가 발달되었다면, 새로운 가족 구성원의 변화가 오히려 사회성 발달에 긍정적으로 영향을 미칠 수 있을 것이다.

생각해 보기

- 가족 유형에 따른 유아의 사회성 발달에는 어떠한 차이가 있을지 생각해 보자.
- 한부모가족이 유아의 사회성 발달을 위해 노력할 수 있는 방법에는 무엇이 있을지 생각해 보자.

Tip

가정의 한 사람, 특히 아버지가 어떤 생각을 하고 어떻게 살아가느냐가 가족 구성원들에게 미치는 영향이 얼마나 큰지를 느끼게 했던 가족이 있다. 고 강영우 박사의 가족이다. 청소년 시기에 실명이 되어 시각장애인이 된 강영우 박사는 "자신의 실명이 자신을 포함한 가족뿐 아니라 이 시대를 살아가는 수많은 젊은이에게 도전을 주고 있으며, 긍정적인 생각과 태도를 가지고 단점을 장점으로 변화시켜 승리하고 성공하도록 이끌고 있다."라고 하였다.

"나의 실명 때문에 아내는 전공을 바꾸어 시각장애 분야의 특수교사로 미국 인디애나 공립학교에서 30여 년간 헌신 봉사하여 미국 교육자 인명사전과 여류명사 인명사전에 이름을 올릴 수 있었다. 또한 나의 실명 때문에 진석이는 세계적인 안과의사가 되는 놀라운 꿈을 이루었으며, 진영이는 대통령 특별보좌관으로 백악관에 입성하여 때로는 오바마 대통령과 함께 대통령 전용기인 에어포스원을 타는 특권을 누리고 있다.
위기의 상황이 닥치면 누구나 도움의 손길을 찾으며 주위를 둘러보지만 그럴수록 길은 보이지 않고 절망밖에 없다. 그때 마음을 진정하고 관점을 바꾸어 생각하면 '노 웨어 No where'가 '지금 기회는 여기에 있다 Now here'로 전환된다"(강영우, 2010).

2 또 래

1) 또래의 정의 및 중요성

(1) 또래의 정의

또래의 사전적 정의를 보면, 나이나 수준이 서로 비슷한 무리 또는 생김새, 됨됨이, 크기 따위가 같거나 비슷한 것(네이버사전)으로 되어 있다. 또래란 행동이 거의 같은 수준에서 상호작용하며 연령이 같거나 비슷한 친구를 의미한다. 따라서 걸음마기 영아부터 또래가 생기며, 또래에게 관심을 갖게 되어 유아기가 되면 또래와의 상호작용의 빈도가 많아지며, 성장해 감에 따라 가장 영향력이 큰 사회화의 요인으로 서로에게 영향을 미치게 된다.

(2) 또래의 중요성

영아기보다 유아기에 또래와 접촉의 기회가 많으며 또래의 직접적인 영향을 받는다. 사회성 발달에 영향을 미치는 또래관계의 중요성을 살펴보면 다음과 같다.

● 그림 3-2 ●

또래와 협력하기

① 또래는 놀이와 사회적 능력에 영향을 미친다

유아는 유치원과 어린이집에서 또래와 생활하며, 자연스럽게 또래의 행동을 관찰하고 모방하며 놀잇감을 공유하고 놀이를 하므로 영향을 받는다. 놀이 시 또래와 상호작용은 놀이에 대한 흥미, 놀이에 참여 정도, 놀이의 질적 수준 등에 직접적인 영향을 미친다(김현자 외, 2009). 뿐만 아니라 또래와의 접촉이나 놀이는 유아의 사회적 능력에 영향을 미친다. 유아들은 또래에게 인정받기 위해 또래집단의 규칙을 수용하면서 사회성을 발달시키고, 또래와 상호작용을 통해 문제해결과 같은 사회적 능력을 발달시킨다(Rubin, 1982).

② 또래는 정보 제공과 모방의 대상이다

유아기에 있어 또래관계의 가장 중요한 기능은 같은 연령이나 유사한 성숙 수준의 유아들이 서로에게 정보를 제공하고 비교 대상이 된다는 것이다. 즉, 유아는 또래로부터 자신의 능력에 대해 피드백을 받으며 자신의 수행을 다른 유아와 비교해서 평가한다(박영아, 2010). 유아들은 서로 모방하며 서로의 사회적 행동과 태도 형성에 영향을 미치게 된다. 한 예로, 유아들은 조형놀이나 쌓기놀이 시 친구의 작품을 자신의 것과 비교하거나 친구의 것을 모방하는 모습을 보면 알 수 있다.

③ 또래는 상호작용에 필요한 기술을 배운다

유아는 다양한 사회적 상황에서 또래가 다른 사람과 상호작용하는 방법을 보고 모방하면서 배운다. 또한 유아는 또래와는 동등한 위치에 있기 때문에 성인과의 상호작용에서는 시도할 수 없었던 다양한 역할을 시도해 볼 수 있다(홍순정, 김희태, 2010). 이는 놀이를 통해 이루어지고, 좋은 감정과 나쁜 감정, 갈등을 경험하며, 이러한 과정은 타협하고 협력하는 등 사회적 상호작용을 성취하는 데 필요한 여러 가지 기술을 배우게 한다.

또래는 유아가 성장하면서 경험해야 할 사회적 성공감과 근면성, 나아가 정체성의 형성에 중요한 영향을 미칠 수 있는 의미 있는 대상인 것이다.

④ 또래는 유아교육기관의 생활을 즐겁게 한다

영아기에는 주 양육자이며 상호작용의 대상이었던 부모가 가장 중요한 관계 대상이 되지만, 유아기가 되면서 또래에게 관심을 갖고 또래와 놀잇감을 공유하며 갈등하고 때로는 협동하며 관계 형성 능력을 발달시켜 나간다. 이러한 이유로 영아기에는 가정에서 부모와의 놀이를 즐기는 반면, 유아기에는 유아교육기관에서의 생활을 즐거워하게 된다.

⑤ 또래관계는 부모-자녀 관계에 영향을 받는다

부모-자녀 관계는 또래관계에 영향을 미친다. 긍정적인 부모-자녀 관계는 또래관계를 탐색하고 즐기도록 유도한다(Ladd, 1990). 부모들은 자녀의 교우관계에 관심을 갖게 될 때, 상대방의 가정교육에 궁금증을 나타낸다. 왜냐하면 가정교육이 유아의 언어와 행동에 미치는 영향이 크기 때문이다. 다시 말해, 자녀의 동성 또는 이성 친구의 예절 및 가치, 태도가 자녀에게 영향을 미칠 수 있기 때문에 일차적으로는 자녀의 친구가 어떠한 부모로부터 어떠한 양육을 받는지에 관심을 갖는 것이다.

2) 또래관계를 위한 지도방법

교사는 사회적 능력이 낮은 유아에게 집단놀이와 또래와의 협동적 놀이를 많이 경험하게 함으로써 놀이 속에서 유아의 사회적 능력을 향상시킬 수 있다. 따라서 유아가 또래의 놀이에 관심을 가지고 바라보고 있거나 또래 곁으로 다가가 병행놀이를 하고 있을 때, 또래의 놀이에 들어가 협동적이고 사회적인 상호작용을 할 수 있도록 교사가 도와줄 수 있을 것이다(김순정, 김희진, 2007). 교사는 유아들의 놀이상황을 통해 발달과 놀이 수준에 있어서의 개인차와 또래관계를 관찰하고, 상황에 따라서는 또래와 타협하고 양보하고 어울려 놀이할 수 있도록 개입하기도 한다.

사 례

만 3세의 남아 성민이가 어린이집에 적응하는 시기에 관찰된 내용이다. 실외 놀이터에서 모래놀이를 하고 있는 친구들 앞으로 교사가 성민이를 데리고 갔다. 성민이는 모래놀이 영역으로 들어가자고 하는 교사의 손을 뿌리치고 혹시나 신발에 모래가 묻었을까 봐 신발을 툭툭 털었다. 그 모습을 지켜보던 교사는 모래놀이 영역 밖에 있으라고 하고는 교사 혼자 모래놀이 영역으로 들어가서 유아들과 노는 모습을 보여 주었다. 즐겁게 웃고 노는 친구들을 바라보는 성민이에게 교사는 제안을 했다. "성민아, 한 번 들어와 볼래?" 그러자 성민이는 말은 하지 않고 고개를 갸우뚱거렸다. 교사는 성민이에게 다가가서 성민이의 손을 잡고는 "선생님 발자국을 밟으면서 따라와. 그러면 모래가 묻지 않을 거야." 그러한 제안에 성민이는 따라 들어갔고, 또래 옆에 앉아서 친구가 놀이하는 모습을 보면서 손으로 모래를 만지기 시작했다. 그 이후로 성민이는 교실에서도 친구들과 서서히 어울리기 시작했다.

3 대중매체

1) 대중매체의 정의

대중매체란 신문, 잡지, 영화, TV 따위와 같이 많은 사람에게 대량으로 정보와 사상을 전달하는 매체(네이버사전)이며, 대중전달매체의 준말(새국어사전, 1994)로 매스미디어를 일컫는 말이다.

대중매체에는 TV, 비디오, 라디오, 신문, 잡지, 만화책 등이 있으며 이들 매체는 대중에게 메시지를 전달하는 것으로 현대의 가정생활뿐 아니라 사회구성원의 가치관 및 생활습관에 큰 영향을 미친다. 이 중에서 유아에게 가장 큰 영향력을 발휘하는 매체로는 TV와 컴퓨터, 휴대전화 등이 있다(홍순정, 김희태, 2010).

2) 대중매체의 중요성

대중매체는 사람들의 상호작용을 직접적으로 조장하는 것은 아니지만 사회화의 중요한 수단으로 최근에는 유아들 세계의 일부가 되고 있으며, 종종 대중매체가 유아에게 미치는 영향에 대한 보고서들이 열띤 논쟁을 한다(전예화 외, 2010). 이는 대중매체가 성인의 의도에 따라 유아들에게 교육적이거나 비교육적인 결과를 가져오게 될 수 있기 때문일 것이다.

일상생활에서 유아가 쉽게 접하는 TV와 컴퓨터, 휴대전화가 유아의 사회성 발달에 미치는 영향을 간략히 정리하면 다음과 같다.

(1) TV

어린 시기에 가장 쉽게 접할 수 있고 좋아하는 대중매체는 TV와 비디오이며, 이는 부모들이 무심코 또는 의도를 가지고 시청하도록 하는 경우가 많다. 유아들의 연령과 발달 수준에 대한 고려 없이 무분별하게 제공되는 TV와 비디오의 시청은 유아들의 두뇌발달과 사회 · 정서 발달에 부정적인 영향을 미칠 수 있다. 하지만 유아에게 있어 TV는 즐거움을 주고 연령에 따라 정보를 제공받을 수 있고, 유아 대상 프로그램을 통해서는 기본 생활과 대인관계 등 사회화에 도움이 되는 학습의 특성을 지니고 있다. 또한 유아교육기관에서 교사가 교육의 효과를 위해 선별적으로 제공하는 비디오의 경우에도 교육적 가치를 지닌다.

TV를 보는 데는 책을 읽는 것과 같은 문자해독력이 필요하지 않고 TV에 계속적이고 반복적으로 노출되어 있다는 것과 TV를 볼 때는 의도적이지 않은 우연적 학습이 일어나기 때문에 어릴 때부터 TV로부터 받는 영향은 매우 크며 지속적이라 할 수 있다(안영진, 이숙정, 2008). 따라서 유아의 학습태도와 주의집중력에 부정적인 영향을 미칠 수 있다. 이는 사회 · 정서 발달에도 마찬가지일 것이다.

TV가 유아의 사회성 발달에 미치는 영향을 간략히 정리해 보면 다음과 같다.

첫째, TV를 통해 고정적인 전통적 성역할의 개념을 형성하거나 부적절한 가족관계를 간접 경험할 수 있다. 물론 최근에는 전통적인 성역할 개념에서 벗어나 남녀가 평등한 입장에서 서로 돕는 모습을 보기가 쉽다. 하지만 서로 존중하는 가족의 모습이 아닌 자신의 주장만을 고집하는 모습들은 유아들에게 부적절한 성역할 및 가족관계에 대한 잘못된 인식을 줄 수 있다.

둘째, 식사시간에 TV를 시청하며 식사를 하거나 시청하지 않아도 무분별하게 켜놓는 등 TV에 대한 잘못된 시청 습관은 유아들의 집중력을 감소시키며 무질서한 생활태도를 형성시킬 수 있다. 그런 이유로 부모들은 자녀들의 식습관 지도를 힘들어 하기도 한다. 이와 관련하여 TV 시사 프로그램인 SBS 스페셜(2009)에서는 '밥상머리의 기적' 을 통해 가정의 식사시간의 중요성을 확인시켜 주었다. '밥상머리에서 가족이 함께 하고, 최소한의 지켜야 할 것만으로도 교육이 된다.' 라는 것이다. 실제 전통밥상교육에서는 절제와 배려를 배운다는 것을 한국의 전통교육의 강점으로 소개하였다. 이외에도 가족의 식사시간은 대화를 통해 언어와 사고 및 가치관을 학습하며, 가족이 서로를 도울 수 있는 일을 발견하고 협력과 의지, 격려의 기쁨 등 공동체 의식을 형성해 가는 중요한 의미를 갖는다고 할 수 있다.

셋째, 폭력장면의 반복적인 노출로 인해 특정한 공격적 행동을 배우게 되며, 폭력을 정당한 방법으로 지각하게 될 수 있다. 최근 '학교폭력 근절 종합대책'이 마련되는 등 사회의 무질서, 불안한 교육환경을 위한 정부의 적극적인 노력이 시작되었다. 이에 유아교육기관과 가정에서 할 수 있는 일은 유아와 부모를 대상으로 무분별한 TV 시청에 대한 절제 및 지도 방법을 실천하고 이와 동시에 구체적인 인성교육이 생활 속에서 자연스럽게 이루어져야 할 것이다.

넷째, 가족 간 대화의 기회가 줄어들고 있다. 유아에게 가장 중요한 가족과 또래의 측면에서 볼 때, TV 시청은 부모 · 형제와 상호작용하는 빈도를 줄이며, 유아가 또래와 함께 노는 행동을 감소시키게 된다. 이는 유아가 관계를 통해 사회화를 경험하는 기회를 박탈한다고도 볼 수 있다.

무엇보다 가정에서의 TV 시청에 대한 지도가 요구된다. 가정에서는 부모와 함께 TV를 시청하는 시간에 대한 적절한 제한과 다른 놀이활동 시간을 고려한 균형 있는 지도가 요구되며, 특정한 상황에서 부모와 대화하는 것이 필요하다. 유아들은 실제와 허구의 구분을 잘하지 못하기 때문에 TV의 구성과 등장인물에 대한 이야기를 함으로써 유아들이 환상과 현실 간의 구별이 가능하도록 도와주어야 한다(장혜순, 2006). 또한 부모와 함께 시청하거나 유아가 혼자 시청할 때는 정해진 시간에만 시청하도록 하며, 그 외 시간에는 가급적이면 부모와 놀이하며 상호작용하는 시간을 갖는 것이 바람직하다.

(2) 컴퓨터

컴퓨터가 유아교육기관에 도입이 되었던 초기에는 유아들의 사회 · 정서 발달에 부정적인 영향에 대해서 강조하였다. 한 예로 유아들이 컴퓨터를 사용함에 따라 또래와 상호작용할 수 있는 기회가 거의 없다거나 컴퓨터가 사회적 기술의 발달을 제한한다는 등 사회성 발달에 저해요인으로 컴퓨터의 사용에 대한 부정적인 관점을 나타냈다.

그럼에도 불구하고 21세기에는 컴퓨터의 사용이 일상생활이고, 컴퓨터는 사회생활에 필요한 필수품이 되었으며, 유아교육기관에서도 컴퓨터 영역에 컴퓨터를 한 대 또는 두 대와 프린터기를 두어 또래와 상호작용하며 함께 사용할 수 있도록 제공하고 있다.

컴퓨터 영역은 다른 영역에 비해 사회적 상호작용이 활발히 이루어지며, 컴퓨터활동을 통해 호기심과 성취동기, 자신감 등의 사회 · 정서 발달에 효과가 있다. 예를 들어, 컴퓨터 영역에 붙여 놓는 규칙판을 유아들이 만들게 하는데, 그러한 과정에서 다른 사람의 말에 귀를 기울이고 서로 다른 의견을 존중하며, 바람직한 결론을 도출해 내는 협의의 과정을 통해 타협과 양보의 학습이 이루어진다.

컴퓨터를 포함한 전자미디어의 순기능과 역기능에 대해서 이한영(2007)은 다음과 같이 정리하였다. 순기능의 경우, 정보와 지식을 제공하고 사실적인 이미지와 정보를 쉽게 습득하며, 학습의 훌륭한 도구로서의 기능과 커뮤니티와 관계형성에 도움을 준다. 반면 역기능은 중독의 메커니즘과 전자파 노출의 위험, 유해정보에 무방비 노출의 가능성, 현실과 가상의 경계 혼미, 사회적 관계의 단절, 체력 저하, 학습 스트레스가 있다는 것이다.

유아들은 가정이나 유아교육기관의 테크놀로지 환경 속에서 디지털 네이티브로 살아가고 있다. 유아교육기관에서는 국가적인 정책에 의해 원하든 원하지 않든 인터넷, 로봇 등의 테크놀로지와 매일 접하고 있다(곽향림, 2011). 곽향림(2011)은 이러한 환경 속에서 살아가는 유아들이 기성세대처럼 아날로그문화 자체를 경험하지 못할 수도 있다고 보았다.

만 5~9세 아동의 인터넷 중독률, 성인보다 높아

만 5~9세 아동이 만 20~49세 성인보다 더 심각하게 인터넷에 중독된 것으로 나타났다. 행정안전부와 한국정보화진흥원이 발표한 '2011년 인터넷 중독 실태조사'에 따르면 아동의 인터넷 중독률은 7.9%로 성인(6.8%)보다 높았다. 만 10~19세 청소년 중독률이 10.4%로 가장 높았다. 전체 인터넷 중독률은 7.7%(233만 9,000명)다.

정부는 인터넷 사용 연령이 점차 낮아지는 점을 고려해 이번에 처음으로 아동의 인터넷 중독률을 조사했다. 게임물등급위원회에 따르면 게임을 처음 시작하는 연령이 4.8세로 어려졌다.

연령별 인터넷 중독률(단위: %)

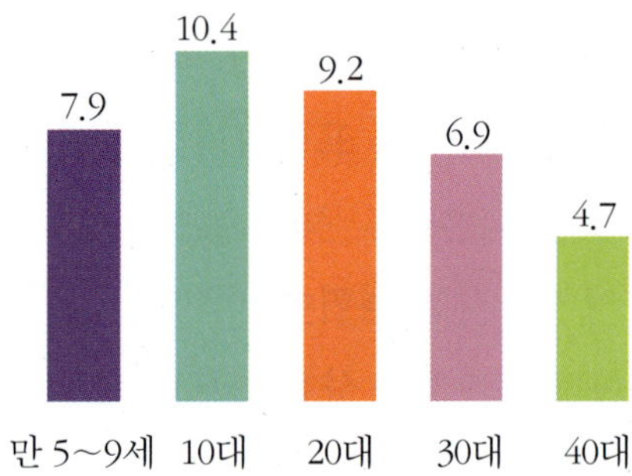

* 출처: 행정안전부(2011).

(3) 휴대전화

미래사회에서 컴퓨터와 휴대전화를 포함한 전자미디어의 사용은 필수적인 것으로 요구되고 있으나, 가족 간 대화의 빈도가 줄어드는 주요 원인이 되고 있다. 한 예로 병원이나 은행에서는 부모와 자녀 또는 형제가 대화 없이 각자의 휴대전화로 문자를 확인하거나 게임을 하는 모습을 종종 볼 수 있다. 이는 집에서뿐 아니라 집 밖에서도 관계 형성 및 관계 개선의 기회가 줄어들고 있음을 예측하게 한다. 따라서 부모와 교사는 유아의 바람직한 전자미디어의 활용을 위해 가정과 연계를 갖고 지도해 나가는 것이 매우 중요한 일이며 시급하다. 부모들이 일상생활에 필수품이 된 휴대전화를 놀잇감을 주듯 관대하게 허용하고 방치하는 무분별한 행동으로 인해 야기되는 문제점을 인식하도록 하는 다양한 접근이 필요하다.

생각해 보기

- 유아와 아동이 대중매체의 긍정적 · 부정적 영향을 받는 예를 생각해 보자.
- 가족여행 시 휴대전화 또는 게임기를 사용하는 자녀들과 부모가 즐거운 시간을 보낼 수 있는 방법을 생각해 보자.

Tip

셰리 터클 MIT 교수는 반려로봇이 인간과 친밀감을 형성할 수 있는 이유는, 인간관계의 발전이 상대방의 지능이나 의식보다 시선 맞추기와 같은 단순한 호응반응에 근거하기 때문이라고 설명한다. 인간으로서 자존심 상하긴 하지만 부모-자녀 사이의 대화에서 고려해야 할 사항이 아닐 수 없다.

- 중앙일보. 2011. 5. 28. "자식 잘되는 게 인생 목표였어요." 중에서

4 유아교육기관

현대사회에는 유아들이 가정보다는 가정 밖에서 보내는 시간이 많으며, 특히 유치원이나 어린이집에서 하루 종일 생활하는 유아들이 늘어 간다. 그렇기 때문에 유아교육기관이 유아의 사회성 발달에 부모 이상으로 영향을 미칠 수 있는 중요한 사회환경으로서 분명한 자리매김을 해야 한다.

1) 인적 환경

유아는 다른 사람의 행동을 관찰함으로써 사회에서 인정하는 태도, 행동 양식, 가치 등을 배우고 내면화시킨다(김익균 외, 2005). 유아는 부모와 형제 외에도 유아교육기관의 또래나 교사와의 생활경험을 통해 그들의 언어, 표현, 사회적 기술 등을 학습해 간다. 예를 들어, 유아들은 또래가 교사에게 칭찬을 받거나 다른 사람을 돕는 행동을 보게 되면, 당장은 아니어도 그 행동을 모방하며 인형놀이를 하거나 극놀이를 하는 가운데 교사가 칭찬하던 모습을 나타내기도 한다. 칭찬과 벌은 사회화의 중요한 기제가 된다. 즉, 칭찬을 통해 유아들은 바람직한 행동을 증가시키게 되는 반면, 개인적으로나 또래들 앞에서나 꾸중을 듣는 일은 수치심을 느끼거나 위축되며, 심한 경우에는 유아교육기관에 등원을 거부하기도 한다.

상과 벌은 사회화의 중요한 기제로서 유아의 바람직한 행동을 강화하고 바람직하지 못한 행동을 소멸시키는 역할을 수행한다. 상과 벌이 유아의 사회화에 효과적이기 위해서는 상에 더 많은 비중을 두어야 하며, 상과 벌에는 일관성이 있어야 한다(유안진, 김혜선, 1996). 따라서 유아교육기관 교직원들의 일관된 지도는 중요한 의미를 갖는다.

유아의 사회적 특성과 관련된 신유림과 윤수정(2009)의 연구에서는 유아의 사회적 행동 특성이 교사 및 유아가 지각한 교사-유아 관계에 미치는 영향력을 살펴본 결과, 연구대상 유아들이 보이는 친사회성, 공격성 및 위축과 같은 사회적 행동 특성이 유아교육기관에서 유아가 교사와 맺게 되는 친밀감 및 갈등과 같은 특성에 직접적인 영향을 미칠 수 있는 것으로 나타났다. 사회적 행동 특성의 하위요인별 연구결과를 보면, 친사회적 행동이 높고 위축성이 낮을수록 교사와 친밀한 정도가 높은 것으로 나타났다. 결국 성인사회에서 볼 수 있듯이 유아들 역시 친사회적 행동을 보이는 경우 주어진 상황과 관계에 적응을 잘 하며, 남과 잘 어울릴 수 있음을 알 수 있다. 따라서 유아기에 친사회적 행동을 발달시킬 수 있는 다양한 활동을 제공해야 한다. 게임이나 극놀이 준비 등의 공동작업은 차례지키기나 다른 사람의 관점을 이해하며, 나누고 도울 수 있는 사회적 기술을 학습하는 데 적합한 활동이 된다.

유아교육기관에서 접하게 되는 '중요한 타자(the significant others)'도 유아의 사회화에 영향을 미친다. 예를 들어, 운전기사나 식당 아주머니, 사무원, 다른 유아들의 부모와 실습교사들과 방문객들도 영향을 미친다(장혜순, 2006). 최근에는 유아교육기관의 평가로 인해 외부 사람들의 방문횟수가 많아지면서 외부 사람을 대하는 유아행동지도가 적극적으로 이루어지고 있으며, 유아들 역시 방문객을 반갑게 맞이하는 모습이 생활 속에서 자연스럽게 이루어지고 있다.

교사는 때때로 사회화의 대행자가 되어 유아의 성격과 행동을 형성하는 과정에 참여하고 있으며, 은연중에 행동수정의 강력한 대행자이기도 하다. 만일 유아가 그 교사를 좋아하거나 존경한다면, 그 교사의 강화(관심, 칭찬 등)는 가치가 있으며, 유아가 교사를 싫어하거나 존경하지 않는다면 행동수정의 성공적인 효과는 보장되지 않는다. 유아들에게 교사는 모델이자 동일시의 대상이기도 하다(조순옥 외, 2002). 이와 같이 유아교육기관에서는 또래와 놀이상황의 제공을 통해 사회성을 발달시키기도 하지만, 교사의 행동과 표현을 모방하는 호기심 많은 유아의 발달적 특성을 고려해 볼 때 유아교육기관에서는 교사의 언행과 행동지도 등의 역할이 유아의 사회성 발달에 중요함을 알 수 있다.

2) 물리적 환경

물리적 환경은 유아교육기관의 실내외 환경으로, 이러한 환경이 유아들에게 얼마나 안전한가, 유아들 간에 상호작용의 기회를 최대한으로 제공하고 있느냐 하는 부분이 유아의 사회성 발달에 영향을 미칠 수 있다.

Maslow와 Mintz(1956)의 연구에 의하면, 정리되지 않고 영역 구분이 없는 교실에서 활동한 유아는 피로 · 두통 · 불만족 · 공격성 등의 증상이 나타나고, 일을 회피하는 현상을 보였다. 반면 매력적인 교실에서 활동한 유아는 안정감 · 즐거움 · 만족의 태도가 보이고, 활동을 계속하려는 욕구 등의 현상이 나타났다(이영자, 이기숙, 이정욱, 1999). 이와 같은 현상은 유아교육기관의 자유선택활동시간을 관찰해 보면 확연히 드러난다. 실내의 영역 구성이 유아의 흥미와 생활주제에 따라 심미감을 갖추고 다양한 교구가 제공되는 교실은 유아들의 놀이가 활발하고, 모든 영역에 골고루 분포되어 안정적인 놀이가 이루어지고 있음을 알 수 있다.

유아의 연령에 적합하고 풍부한 놀잇감이 제공될 때 유아는 보다 협동적이고, 구성적이며, 적절히 놀이에 참여하고, 갈등을 적게 겪으며, 친사회적 반응이 더 많이 나타난다(전예화 외, 2010). 즉, 유아들이 놀이상황에서 자발적으로 교구를 탐색할 수 있는 흥미 영역 구성도 중요하지만, 유아가 또래와 충분한 상호작용을 할 수 있는 연령에 적합한 교구와 수량이 더 의미 있는 것으로 본다. 물론 영아기에는 영아가 또래와 함께하기보다는 개별적으로 탐색할 수 있는 수량을 고려하여 제공하지만, 이들도 점차 혼자놀이에서 병행놀이로 발달하게 되므로 결국에는 관계의 형성이 시작되는 것이다. 따라서 유아의 사회성 발달을 위해서는 발달에 적합하고 안전한 놀이환경이 제공되어야 한다.

5 지역사회와 사회 · 경제적 특성

유아가 살고 있는 지역사회와 부모의 사회 · 경제적 지위는 유아의 사회성 발달에 영향을 미치게 된다. 안전하고 온정이 느껴지는 지역사회와 부모의 안정된 사회 · 경제적 지위는 유아들로 하여금 나눔과 배움, 협력을 자연스럽게 학습하도록 한다.

1) 지역사회

지역사회는 유아의 여러 가지 탐색활동과 사회적 상호작용을 위한 주요 영역임과 동시에 사회 · 정서적 발달을 위한 장면을 제공하며, 지역사회의 다양한 교육자원은 가정과 교육기관에서 배울 수 없는 부분들에 대한 학습도 가능하게 한다(전예화 외, 2010).

유아들은 작은 공동체 속의 가족, 친구, 이웃들과 화목하게 지내고 서로 정서적 유대감을 갖게 됨으로써 궁극적으로 국가, 세계 등 더 큰 공동체 안에서 올바른 시민으로 성장할 수 있다(교육과학기술부, 2008). 따라서 지역사회 안에서 견학하고 체험하는 다양한 기회가 제공되어야 하며, 이를 위해 유치원교육과정,

표준보육과정, 누리과정에서도 주변 지역에 관심 갖기, 지역사회에 관심 갖고 이해하기의 내용을 다루도록 하고 있다. 지역사회가 유아의 발달에 미치는 영향에 대해서는 국내의 차원뿐만 아니라 전 세계적으로 다루고 있다.

1987년 세계환경개발위원회(World Commission on Environment and Development: WCED)는 브룬틀란 보고서(Our Common Future)를 통해 인류가 직면하고 있는 심각한 문제들에 대한 전 지구적 정책과 전략을 요청하면서 '지속가능한 발전(Sustainable Development)' 이라는 개념을 내놓았다. 지속가능한 발전이란 "미래 세대들의 요구를 충족시킬 수 있는 능력을 저해하지 않으면서 현재 세대의 요구를 충족시키는 발전" 으로 정의되고 있다(WCED, 1987: 43; 지옥정, 2011: 73 재인용). 이에 지옥정(2011)은 지속가능성을 위한 유아교육의 과제 중 하나로 지역사회와 관련하여 다음의 안을 제안하였다.

'유아기부터 지역사회 참여방안을 모색해 볼 필요가 있다. 어린이들이라 할지라도 지속가능성에 근거하여 가정, 유치원 및 지역사회 문제에 대해 생각하고 판단하며, 행동할 수 있는 능력을 키워 주는 것이 교육의 중요 과제이기 때문이다. 그 구체적인 안으로 지역사회 관련 프로젝트를 유아교육과정에 통합하는 한편, 이 과정에서 나온 어린이들의 발전적 아이디어를 지역시민단체 또는 관청과 협조하여 실현되도록 할 필요가 있다…….' 이러한 제안을 통해 생각해 볼 수 있는 것은 유아가 지역사회의 영향을 받기만 하는 수동적 개체가 아니라 사회 구성원의 독립된 주체로서 능동적 자세를 갖도록 할 수 있다는 점이다. 따라서 유아교육기관에서는 사회현상에 대해 관심을 갖고 이해하며, 창의적인 사고를 키울 수 있도록 다양한 접근의 활동을 하고 있는 것이라 볼 수 있다.

2) 사회 · 경제적 특성

한 국가의 경제위기는 실직이나 소득 감소 등 경제적 지위의 급격한 하락을 초래하기 때문에 가족과 아동의 삶에 영향을 미친다. 또 경제위기로 인해 경제적 지위의 하락을 경험하는 가족 중 일부는 빈곤상태로 빠져들어 더 큰 경제적 어려움을 겪게 되고, 이러한 빈곤경험이 아동의 발달에 큰 영향을 미칠 수 있다(구인회, 정익중, 김광혁, 2009).

한편 경제적 특성과 많은 관련이 되는 문제 중 하나로 방임과 과보호가 지적되고 있다. 방임과 과보호는 상대적 개념이기 때문에 빈곤가정에서도 과보호가 일어날 수 있고, 일반 가정이나 고소득가정에서도 방임이 일어날 수 있다(정익중, 2011). 방임, 과보호, 사교육과 소득집단이 유아의 발달에 미치는 영향을 살펴본 정익중(2011)의 연구에서는 유아의 사회성 발달에 방임은 부정적인 영향을 미치며, 과보호와 사교육은 정적인 영향을 미치는 것으로 나타났다. 또한 일반가구에 비해 고소득가구와 빈곤가구 모두 사회성 발달에 정적인 영향을 보였으며, 고소득가구의 유아가 더욱 높은 경향을 보였다. 또한 여아일수록, 유아의 연령이 증가할수록 사회성 발달이 높은 것으로 나타났고, 부모의 교육 수준, 효능감, 부모-자녀 간 의사소통이 높을수록, 부모의 우울감이 낮을수록 사회성 발달이 높은 것으로 나타났다.

부모의 경제적 사정이나 기타 사정으로 장기간 친척집에 맡겨지게 될 경우 성인의 눈치를 살피거나, 또래에 비해 훨씬 성숙한 모습을 보이게 될 수 있다. 또한 친인척의 도움을 받지 못하거나 유아교육기관에 보낼 수 없어서 유아를 집에 방치할 수 있는데, 그러한 경우에는 유아의 행동에 대한 지적과 엄격한 통제를 하게 되며 심지어는 신체적 체벌을 사용하기가 쉽다. 이러한 부모의 양육행동은 유아로 하여금 위축되거나 스트레스로 인한 공격적 행동을 하게 만들며, 또래관계에서 부적절한 표현방법과 조절 능력의 부족으로 또래들로부터 따돌림을 당하거나 또래 또는 다른 사람들과 함께 있는 것을 기피하게 될 수 있다.

이러한 이유로 유아교육기관에서는 지역사회의 특징과 부모의 사회·경제적 특성을 고려하여 프로그램을 계획하고 적용한 후 평가과정을 거쳐 유아의 건강한 성장과 발달을 도모하게 되는 것이다.

Tip

대인관계에서 성공하기 위한 세 가지 비결

첫째, 다른 사람을 자신처럼 사랑하는 것이다(마 22: 39)

둘째, 내가 대접받기 원하는 만큼 다른 사람을 대접하는 것이다(마 7: 12).

셋째, 다른 사람들과 형화를 이루어야 한다(롬 12: 18).

이 세 가지를 잘 실천하는 사람이 될 때 어디에서든지 대인관계에 성공하게 될 것이다(방선기, 1998)

생각해 보기

- 유아교육기관의 인적 · 물리적 환경이 유아의 사회성 발달에 영향을 미칠 수 있는 이유가 무엇인지 생각해 보자.

활동 1

▶ 관련 생활주제: 가족 ▶ 대상 연령: 만 4세

엄마, 아빠와 함께하는 신체놀이

활동목표

- 부모와 함께 활동하는 즐거움을 경험한다.
  (사회생활 > 가족과 함께 생활하기 > 가족과 화목하게 지내기)
- 부모와 함께 신체활동에 참여한다.
  (건강생활 > 건강하게 생활하기 > 즐겁게 생활하기)

활동유형

대집단활동(게임)

활동자료

칼라 시트지, 음악

활동방법

- 노래를 부른다.
  - "엄마하고 나하고 닮은 곳이 있대요~."
- 게임을 위한 준비물을 소개한다.
  - "엄마, 아빠와 함께할 수 있는 재미있는 게임을 준비했어요. 어떤 게임인지 우리 친구들이 '게임아, 나와라 뚝딱' 하고 큰 소리로 말해 주면 선생님이 소개해 줄게요."

  "게임아, 나와라 뚝딱."

  "게임을 하기 위한 준비물이에요. 이 종이는 어떤 종이일까요?"

  "시트지는 이렇게 뒷면을 떼면 스티커처럼 붙일 수 있대요. 무슨 색이 있는지 한 번 같이 볼까요?"

- 게임방법을 설명한다.
  - "이 종이로 재미있는 색 찾기 놀이를 할 거예요."
    "여기에 있는 네 가지 색의 종이를 차례대로 엄마와 같이 몸에 붙여 보려고 해요. 먼저 초록색은 팔에 붙여 주세요(네 가지 색종이를 몸의 네 부분에 붙이기).
  - "'즐겁게 춤을 추다가 그대로 멈춰라.' 노래 다 알고 있죠? 노래에 맞추어 즐겁게 춤을 추다 선생님이 들고 있는 카드와 같은 색을 찾아서 서로 붙여 주세요. 어떤 가족이 즐겁게 춤을 잘 추는지도 보겠습니다."
- 게임을 진행한다.
  - "빨간색!!" ("가슴-꼭 껴안고 사랑해요." 라고 말해 주세요).
    빨간색을 가슴에 붙인다. 나머지 색도 같은 방법으로 진행한다.
- 게임을 하고 난 느낌을 말한다.
  - "엄마와 같이 놀이해 보니까 어땠나요?"
    "유치원에 오셔서 우리들을 더 신나고 즐겁게 해 주신 부모님께 준비한 선물이 있죠? 모두 큰 소리로 멋지게 불러 보아요."
- 엄마 앞에서 율동과 함께 노래 선물을 한다.
- 사랑을 표현하고 인사를 나눈다.
  - "우리 친구들 모습을 보니 집에서와 다른 모습을 보셨나요? 집에서도 많이 안아 주시고 사랑을 많이 표현해 주세요. 안아 주세요. 부모님들끼리 인사 나누시고, 어린이들과도 인사를 나눠 주세요."

생각해 보기

- 활동 1의 3~5세 누리과정 관련 요소를 찾아보자.

3~5세 누리과정 관련 요소
•
•
•
•
•

활동 2

▶ 관련 생활주제: 이웃, 우리 동네 ▶ 대상 연령: 만 4세

우리도 도울 수 있어요

활동목표

- 도움이 필요한 사람의 마음을 이해한다.
  (사회생활 > 이웃과 더불어 생활하기 > 다른 사람을 이해하고 존중하기)
- 도움을 줄 수 있는 방법을 안다.
  (사회생활 > 이웃과 더불어 생활하기 > 두레의 소중함을 알고 협력하기)
- 도움의 중요성에 대해서 생각한다.
  (언어생활 > 말하기 > 자신의 요구와 생각을 정확하게 말한다.

활동유형

대집단활동(이야기 나누기)

활동자료

- 『아모스와 보리스』 그림책

▸▸ 아모스와 보리스
윌리엄 스타이그 저, 우미경 역/시공주니어/1996

활동방법

- 동화책의 겉표지를 보면서 이야기 내용을 상상해 본다.
- 아모스와 보리스를 소개하고 아모스와 보리스가 자신들의 이야기를 유아들에게 들려 주듯이 직접화법으로 그림책을 읽어 준다.
- 아모스와 보리스가 유아들에게 질문하는 것처럼 연극을 하듯이 이야기를 나눈다.
  - (아모스의 목소리로) "내 소원이 무엇이었는지 기억하니?"
  - (아모스의 목소리로) "내가 바다에 빠졌을 때 내 마음이 어땠을까?"
  - (아모스의 목소리로) "날 구해 준 보리스에게 난 어떤 마음이 들었는지 아니?"
  - (보리스의 목소리로) "나에게 무슨 일이 일어났는지 생각나니?"
  - (보리스의 목소리로) "모래사장에서 꼼짝 못하게 된 내 마음을 너희들은 이해하니? 아모스는 나를 어떻게 도와줬니?"
- 도움이 필요할 때 아무도 도와주지 않는다면 어떻게 될지를 이야기해 본다.
- 들은 이야기에서 가장 기억에 남는 장면을 발표해 본다.
- 가장 행복했던 장면을 그림으로 표현하거나 움직임으로 나타내 본다.
- 가장 행복하다고 생각된 이유를 발표해 본다.
- 다른 사람을 도와주고 행복했던 경험을 이야기해 본다.

생각해 보기

• 활동 2의 3~5세 누리과정 관련 요소를 찾아보자.

3~5세 누리과정 관련 요소
•
•
•
•
•

참고문헌

강영우(2010). 자녀교육과 글로벌 리더십 '원동력'. 서울: 두란노.

곽향림(2011). 자연과 기술이 조화된 유아교육. 한국유아교육학회 2011년 정기학술대회 자료집, 45-60.

교육과학기술부(2008). 유치원교육과정 해설 II.

구인회, 정익중, 김광혁(2009). 경제위기가 아동에게 미치는 영향. 한국가족복지학회 춘계학술대회 자료집, 19-45.

김순정, 김희진(2007). 유아의 사회적 능력에 따른 사회적 놀이의 연속적 변화 패턴 아동학회지, 28(1), 17-36.

김익균, 김혜금, 정원주, 최정선(2005). 아동발달. 파주: 교문사.

김현자, 노희연, 이윤경, 이 영(2009). 놀이지도. 서울: 동문사.

박영아(2010). 아동발달. 서울: 창지사.

방선기(1998). 방선기의 직장설교. 서울: 한세.

새국어사전(1994). 서울: 동아출판.

서진규(1999). 나는 희망의 증거가 되고 싶다. 서울: 북하우스.

신유림, 윤수정(2009). 교사-유아 관계와 유아의 사회적 행동특성 및 유아교육기관 적응의 관련성: 유아 및 교사 지각의 비교. 유아교육연구, 29(5), 6-19.

안영진, 이숙정(2008). 유아사회교육. 경기: 양서원.

유안진, 김혜선(1996). 인간발달. 한국방송대학교 출판부.

이경옥(2003). 가족해체와 유아교육의 역할. 가족해체에 따른 영 · 유아교육. 한국유아교육 · 보육행정학회추계학술대회 자료집, 11-28.

이기숙, 김순환, 김민정(2010). 유아의 성, 연령 및 가정의 사회 · 경제적 요인이 어머니 양육유형과 유아의 사회성에 미치는 영향. 유아교육연구, 제30권 제4호, 187-212.

이영자, 이기숙, 이정욱(1999). 유아교수 · 학습방법. 서울: 창지사.

이한영(2007). 3, 4세 유아를 위한 미디어 교육의 실제. 한국영유아교원교육학회 2007년 춘계학술대회자료집, 43-70.

장영숙, 강경석, 김희정(2003). 유아의 연령 및 성별과 부모의 양육태도에 따른 유아의 친사회적 행동. 아동학회지, 24(1), 41-53.

장혜순(2006). 유아사회교육의 이론과 실제. 서울: 창지사.

전예화, 최미현, 천희영, 서현아, 황해익, 오정녀(2010). 유아사회교육의 이해. 경기: 양서원.

정익중(2011). 방임, 과보호, 사교육이 유아발달에 미치는 영향. 2011년 한국유아교육학회 정기학술대회자료집, 68-103.

조순옥, 이경화, 배인자, 이정숙, 김정원, 민혜영(2002). 유아사회교육. 서울: 창지사.

지옥정(2011). '지속가능성을 위한 유아교육'의 과제. 한국전문대학유아교육과교수협의회 제35회 유아교육 학술대회 및 연수자료집, 73-86.

한 홍(2011). 순간을 위해 평생을 준비한다. 서울: 규장.

홍순정, 김희태(2010). 유아사회교육. 고양: 공동체.

Belsky, J. (1981). Early human experience: A family perspective. *Developmental Psychology, 17*, 3-23.

Gestwicki, C. (2004). *Home, School, and community relatopns* (5th ed.). NY: Delmar.

Ladd, G. W. (1990). Having friends, keeping friends, making friends, and being liked by peers in the classroom: Predictors of children' s early school adjustment. *Child Development, 61*, 1081-1100.

Maslow, A. H., & Mintz, M. L. (1956). Effects of esthetic surroundings: II. Prolonged and repeated experiences in a 'beautiful' and 'ugly' room. *Journal of Psychology, 41*, 459-466.

Murdock, G. P. (1949). *Social Structure.* New York: Free Press.

Rubin, K. H. (1982). Social and social-cognitive development characteristics of young isolate, normal, and sociable children. In K. H. Rubin & H. S. Ross (Eds.), *Peer relationships and social skills in childhood.* NY: Springer Verlay.

Vasta, R., Haith, M. M., & Miller, S. A. (1999). *Child Psychology: The modern science.* New York: Willey.

World Commission on Environment and Development(WCED). (1987). *Our common future.* Oxford: Oxford University Press.

SBS 스페셜(2009). 〈밥상머리의 기적〉 http://wizard 2.sbs.co.kr.

제4장 유아교육과정의 유아사회교육

1. 2012년 이전 유아교육과정의 유아사회교육
2. 2012년 유아교육과정의 유아사회교육
3. 2013년 유아교육과정의 유아사회교육

일상생활 속에서 인생 선배들과의 만남은 매우 소중하다. 그들의 경력뿐만 아니라 인간적 매력에 대해서도 관심을 갖고, 진심을 다해 관계를 지속하려는 마음가짐을 잃지 말아야 한다. '스승이라 부를 수 있는 사람을 많이 가질수록 행복하다.'

–오카츠 후미히토(2002)

우리나라의 유아교육과정을 보면, 유치원은 1969년부터 제1차 유치원교육과정이 적용되었으며, 어린이집에서는 2007년부터 표준보육과정이 적용되어 왔다. 그러다가 2012년 유치원과 어린이집에서 만 5세를 대상으로 공통교육과정인 '5세 누리과정' 이 시작되면서 1년간 유치원에서는 2011년 개정 유치원교육과정을, 어린이집에서는 제2차 표준보육과정을 적용하였다. 2013년 현재, 만 3~5세의 유아를 대상으로는 '만 3~5세 누리과정' 이 적용되었으며, 만 2세의 영아까지는 '만 0~2세 표준보육과정' 이 적용되고 있다.

유아사회교육은 유치원교육과정의 사회생활 영역에서, 표준보육과정의 사회관계 영역에서, 누리과정의 사회관계 영역의 내용과 그에 따른 수준별 내용에 근거하여 계획하고 실행하며, 평가과정에 근거하여 적용하고 있다. 따라서 이 장에서는 2012년 이전 유아교육과정과 2012년 유아교육과정, 2013년 유아교육과정으로 구분하여 유아사회교육의 내용을 살펴보고자 한다.

1 2012년 이전 유아교육과정의 유아사회교육

2012년 이전에는 2009년 개정 유치원교육과정의 사회생활 영역과 제1차 표준보육과정의 사회관계 영역을 통해 유아사회교육의 지도 방향을 중점적으로 살펴볼 수 있다.

표 4-1 ● 2009년 개정 유치원교육과정과 제1차 표준보육과정의 사회교육

2009년 개정 유치원교육과정		제1차 표준보육과정		구분
내용	하위 내용	내용 범주	내용	
나를 알고 사랑하기	• 나를 소중하게 여기기 • 나의 일 스스로 하기 • 나의 감정알고 조절하기	자기존중	• 자신의 소중함을 알기 • 자신감과 독립심 기르기 • 성 정체감과 양성평등 의식 가지기	만 3~5세
가족과 함께 생활하기	• 가족과 화목하게 지내기 • 가족과 협력하기	정서인식과 조절	• 자신과 여러 사람의 여러 가지 정서를 인식하고 표현하기 • 자신의 정서를 조절하고 활용하기	
이웃과 더불어 생활하기	• 예절 바르게 생활하기 • 다른 사람을 이해하고 존중하기 • 질서와 규칙 지키기 • 두레의 소중함을 알고 협력하기	사회적 관계	• 가족과 화목하게 지내기 • 또래와 사이좋게 지내기 • 공동체 정신 기르기	
사회현상에 관심 가지기	• 주변 지역에 관심 가지기 • 경제생활에 관심 가지기 • 우리나라와 우리 전통문화에 관심 가지기 • 다양한 문화에 관심 가지기	사회적 지식	• 지역사회에 관심 가지고 이해하기 • 우리나라와 관심 가지고 이해하기 • 세계와 여러 문화에 관심 가지기 • 경제생활에 관심 가지고 이해하기	
		자기존중	자신의 분리된 존재로서 인식하기	만 2세 미만
		정서인식과 조절	자신의 정서를 느끼고 표현하기	
		사회적 관계	• 다른 사람에게 관심 가지기 • 양육자와 애착 형성하기	
		자기존중	• 자신을 다른 사람과 구별하기 • 자신에 대해 긍정적으로 생각하기 • 독립적으로 행동하기	만 2세
		정서인식과 조절	• 자신의 정서를 적절하게 표현하기 • 다른 사람의 정서에 관심 가지기	
		사회적 관계	• 가족관계 이해하기 • 또래관계에 관심 가지기 • 자신이 속한 집단 알기	

1) 2009년 개정 유치원교육과정의 유아사회교육

2009년 개정 유치원교육과정에서는 다음의 목표에 따라 3, 4, 5세를 1, 2수준으로 수준별 내용으로 구성하였다.

[목표]
자신과 다른 사람을 존중하고, 더불어 살아가는 능력을 기른다.

- 자신을 소중하게 여기고 스스로 생각하여 행동하며 감정을 조절한다.
- 가족과 화목하게 지내며 서로 협력한다.
- 예절 바르게 행동하고 질서를 지키며 이웃과 더불어 생활한다.
- 우리가 살고 있는 사회현상에 대하여 관심을 가진다.

2) 제1차 표준보육과정의 유아사회교육

제1차 표준보육과정에서는 다음의 목표에 따라 1, 2, 3수준으로 나누어 수준별 내용으로 구성하였다.

[목표]
자기존중감을 키우고, 자신과 다른 사람의 정서를 이해하고 표현하며, 다른 사람과 더불어 생활하고, 자신을 둘러싼 사회현상에 관심을 가지며 이해한다.

- 자신의 독특한 자아에 대해 인식하고 자신감을 가지며 이해한다.
- 자신과 다른 사람의 정서를 이해하고 표현하며, 자신의 정서를 조절하고 활용한다.
- 다른 사람과의 관계를 이해하고 더불어 살아가는 능력을 기른다.
- 자신을 둘러싼 사회현상에 관심을 가지며 이해한다.

2 2012년 유아교육과정의 유아사회교육

2012년에는 2011년 개정 유치원교육과정과 제2차 표준보육과정을 통해 사회교육의 중점 내용이 다루어졌다. 또한 만 5세의 경우 5세 누리과정이 적용되었다. 누리과정과 표준보육과정에서는 정서조절을 포함하고 있으며, 유치원교육과정의 '이웃과 더불어 생활하기' 가 누리과정에서는 '다른 사람과 더불어 생활하기' 로 되어 있다. 또한 유치원교육과정의 '사회현상에 관심 가지기' 가 표준보육과정에서는 '사회적 관계' '사회적 지식' 으로, 누리과정에서는 '사회에 관심 갖기' 로 되어 있다. 결국 유치원교육과정에서는 자신을 알고 존중하는 것에서 가족, 이웃과 더불어 생활하며, 사회에 관심을 갖게 되는 위계적인 범주체계가 이루어짐을 알 수 있다. 이에 대한 비교표를 정리하면 〈표 4-2〉와 같다.

표 4-2 ● 유아교육과정, 누리과정, 제2차 표준보육과정

2011년 개정 유치원교육과정	누리과정	제2차 표준보육과정
나를 알고 사랑하기	나를 알고 존중하기	자기존중
가족과 함께 생활하기	나와 다른 사람의 감정 알고 조절하기	정서인식과 조절
이웃과 더불어 생활하기	가족을 소중히 여기기	사회적 관계
사회현상에 관심 가지기	다른 사람과 더불어 생활하기	사회적 지식
	사회에 관심 갖기	

1) 2011년 개정 유치원교육과정

2011년 개정 유치원교육과정(교육과학기술부 고시)은 만 5세 누리과정과 만 3~4세 교육과정으로 바뀌었으며, 2012년 3월부터 시행되었다. 2011년 개정 유치원교육과정은 21세기 지식정보화 시대를 주도할 '사람과 자연을 존중하고 사랑하는 한국인 육성' 을 기본 방향으로 하며, 만 3~4세 교육과정의 구성방침은 다음과 같다.

- 사람과 자연을 존중하고 사랑하는 세계관을 바탕으로 구성한다.
- 유아의 기본 생활습관과 전통문화, 창의성을 강조하여 구성한다.
- 지역과 유치원의 자율성을 확대하도록 구성한다.
- 유치원교육의 정체성을 살리며 초·중등학교와 연계하여 구성한다.
- 유아의 발달 특성을 고려하여 수준별 교육과정을 구성한다.
- 교육과정 평가체제를 통하여 교육에 대한 질 관리를 강화하도록 구성한다.

2011년 개정 유치원교육과정은 만 3~4세 교육과정으로 사회생활 영역의 목표와 내용을 살펴보면 다음과 같다.

(1) 사회생활 영역의 목표

사회생활 영역의 총괄적 목표는 자신과 다른 사람을 존중하고, 더불어 살아가는 능력을 기르는 데 있다.

- 자신을 소중하게 여기고 스스로 생각하여 행동하며 감정을 조절한다. 유아는 외모, 가족관계, 성별, 연령 등 자신을 구성하고 있는 요소들을 인식하고 수용함으로써 다른 사람을 이해하고 존중함을 안다.
- 가족과 화목하게 지내며 서로 협력한다. 사회구조의 변화에 따라 핵가족, 한부모가족, 조손가족, 결혼이민자가족 등 다양한 형태의 가족이 구성될 수 있음을 안다.
- 예절 바르게 행동하고 질서를 지키며 이웃과 더불어 생활한다. 예절 바르게 행동하고, 질서를 지키며, 다른 사람과 협력하는 일은 집단생활에서 가장 기본적으로 요구되는 태도이며, 이를 실천한다.
- 우리가 살고 있는 사회현상에 대하여 관심을 가진다. 사회적으로 유능한 시민으로 성장하기 위해서 유아가 그들을 둘러싼 지역사회, 경제, 역사, 문화 등 사회과학적 지식을 함양하도록 한다.

(2) 사회생활 영역의 내용

2011년 개정 유치원교육과정에서는 사회성 발달을 돕는 내용이 다른 생활 영역에 비해 사회생활 영역에 가장 많은 비중을 차지하고 있으며, '나를 알고 사랑하기' '가족과 함께 생활하기' '이웃과 더불어 생활하기' '사회현상에 관심 가지기' 의 네 가지 내용으로 구성되어 있다. 이는 유아 자신에서 시작하여 가족과 이웃 그리고 사회현상에 관심을 갖도록 하여 긍정적인 자아개념을 형성하고, 화목한 가정의 소중함을 알게 하며, 사회적 관계와 사회현상에 대한 이해와 문제 해결능력을 기르고자 하는 데 있다.

표 4-3 ● 사회생활 영역의 내용

<table>
<tr><th rowspan="2">내 용</th><th rowspan="2">하위 내용</th><th colspan="2">수준별 내용</th></tr>
<tr><th>I</th><th>II</th></tr>
<tr><td rowspan="9">나를 알고 사랑하기</td><td rowspan="2">나를 소중하게 여기기</td><td colspan="2">• 나에 대해 알아보고 소중하게 생각한다.</td></tr>
<tr><td colspan="2">• 내가 하는 일에 자신감을 가진다.</td></tr>
<tr><td rowspan="5">나의 일 스스로 하기</td><td colspan="2">• 내가 할 수 있는 일을 스스로 한다.</td></tr>
<tr><td colspan="2">• 해야 할 일을 책임 있게 한다.</td></tr>
<tr><td>• 하고 싶은 일을 스스로 선택하고 해 본다.</td><td>• 하고 싶은 일을 계획하고 실천한다.</td></tr>
<tr><td rowspan="2">• 하루 일과에 적응한다.</td><td>• 하루 일과를 알고 생활한다.</td></tr>
<tr><td>• 규칙적인 생활을 한다.</td></tr>
<tr><td rowspan="2">나의 감정 알고 조절하기</td><td>• 여러 가지 감정이 생길 수 있음을 안다.</td><td>• 상황에 따라 감정이 변할 수 있음을 안다.</td></tr>
<tr><td>• 나의 감정을 조절해야 할 필요성을 안다.</td><td>• 나의 감정을 조절하여 적절하게 표현한다.</td></tr>
<tr><td rowspan="4">가족과 함께 생활하기</td><td rowspan="2">가족과 화목하게 지내기</td><td colspan="2">• 가족의 소중함을 알고 화목하게 지낸다.</td></tr>
<tr><td colspan="2">• 부모, 형제 등 가족과 사이좋게 지낸다.</td></tr>
<tr><td rowspan="2">가족과 협력하기</td><td>• 가족 구성원을 안다.</td><td>• 다양한 가족구조에 대해 알아본다.</td></tr>
<tr><td>• 가정에서 내가 할 수 있는 일을 찾아보고 해 본다.</td><td>• 가족을 위해 할 수 있는 일을 알아보고 실천한다.</td></tr>
<tr><td rowspan="4">이웃과 더불어 생활하기</td><td rowspan="4">예절 바르게 생활하기</td><td colspan="2">• 정직하게 말하고 행동한다 .</td></tr>
<tr><td colspan="2">• 친구와 어른께 바르게 인사한다.</td></tr>
<tr><td>• 도움을 받거나, 잘못했을 때 표현하는 말을 안다.</td><td>• 도움을 받거나, 잘못했을 때 적절한 말과 태도로 표현한다.</td></tr>
<tr><td colspan="2">• 옷차림을 바르게 한다.</td></tr>
</table>

이웃과 더불어 생활하기	다른 사람을 이해하고 존중하기	• 친구와 사이좋게 지낸다.	
		• 사람은 서로 다르다는 것을 안다.	• 사람의 서로 다른 점을 존중하며 함께 지낸다.
	질서와 규칙 지키기	• 다른 사람과 한 약속을 지킨다.	
		• 질서를 지켜야 함을 안다.	• 질서를 지킨다.
		• 공공장소에서 지켜야 할 규칙을 알고 지킨다.	
	두레의 소중함을 알고 협력하기	• 친구와 함께 활동에 참여해 본다.	• 친구의 의견을 존중하며 집단활동에 참여한다.
		• 다른 사람을 도와주는 경험을 해 본다.	• 다른 사람과 협력한다.
		• 물건을 함께 사용해 본다.	• 물건을 나누어 쓰고 양보한다.
사회 현상에 관심 가지기	주변 지역에 관심 가지기	• 우리 동네의 이름과 집의 위치를 알아본다.	• 우리 동네의 특징을 알아본다.
		• 우리 동네에 있는 여러 기관을 알아본다.	• 우리 동네에 있는 여러 기관의 역할을 알아본다.
	경제생활에 관심 가지기	• 물건을 잘 간수하고 아껴 쓴다.	
		• 다시 쓸 수 있는 물건을 재활용한다.	
		• 물건을 살 때 돈이 필요함을 안다.	• 필요한 물건을 계획해서 사 본다.
		• 우리 가족의 직업에 대해 알아본다.	• 여러 가지 직업에 대해 알아보고 모든 직업이 소중함을 안다.
	우리나라와 우리 전통문화에 관심 가지기	• 태극기, 애국가, 무궁화 등 우리나라 상징에 관심을 가진다.	• 태극기와 애국가에 대한 예절을 알고 지킨다.
		-	• 통일에 관심을 가진다.
		• 전통문화에 관심을 가진다.	• 전통문화를 존중하고 친밀감을 가진다.
	다양한 문화에 관심 가지기	• 여러 나라 사람에 대해 관심을 가진다.	• 여러 나라의 사람에 대해 알아보고 존중한다.
		• 여러 나라의 문화에 관심을 가진다.	• 여러 나라의 문화를 알아보고 존중한다.

생각해 보기

• 다양한 사회적 관계를 경험할 수 있도록 가정과 연계할 수 있는 활동에는 어떤 것이 있는지 생각해 보자.

●그림 4-1● 생일축하판

2) 제2차 표준보육과정

2012년 2월 보건복지부 고시로 제2차 표준보육과정이 시행되었으며, 만 2세 미만, 만 2세, 만 3~4세의 세 연령집단으로 나누어 구성하였다. 세 연령집단의 내용 범주 간 연계는 다음과 같다.

표 4-4 ● 사회관계 내용 범주

내용 범주	만 2세 미만	만 2세	만 3~4세
자기존중	• 나를 다른 사람과 구별된 존재로 인식하기	• 나와 다른 사람을 구별하기 • 나에 대해 긍정적으로 생각하기	• 나를 알고 소중히 여기기 • 나의 일 스스로 하기
정서인식과 조절	• 나의 감정을 느끼고 표현하기	• 나의 감정을 적절하게 표현하기 • 다른 사람의 감정에 관심 갖기	• 나와 다른 사람의 감정 알고 표현하기 • 나의 감정 조절하기
사회적 관계	• 다른 사람에게 관심 갖기 • 양육자와 애착형성하기	• 가족관계 이해하기 • 또래관계 경험하기 • 자신이 속한 집단 알기	• 가족과 화목하게 지내기 • 가족과 협력하기 • 또래와 사이좋게 지내기 • 공동체에서 화목하게 지내기
사회적 지식	-	-	• 지역사회에 관심 갖고 이해하기 • 우리나라에 관심 갖고 이해하기 • 세계와 여러 문화에 관심 갖기

사회관계의 연령별 목표와 내용을 살펴보면 다음과 같다.

(1) 사회관계 영역의 목표

자신에 대한 긍정적인 존중감을 형성하고, 자신과 타인의 다양한 정서를 인식하여 이를 다양한 사회적 관계에서 적절하게 조절하여 활용할 수 있도록 한다. 또한 가족, 또래, 공동체에서의 긍정적인 관계를 형성하고, 유능한 사회 구성원으로서 능동적인 역할을 수행하기 위해 필요한 사회적 지식을 습득하도록 한다.

- 긍정적인 자아개념을 바탕으로 자기존중감 및 주도성을 형성한다.
- 자신과 타인에게 다양한 정서가 있음을 이해하고 적절하게 표현하며, 이를 이용하여 자신의 정서를 조절한다.
- 양육자와의 안정적인 애착관계를 바탕으로 가족과의 긍정적인 상호관계를 발전시켜 나감으로써 공동체에서 필요한 태도와 기술을 습득한다.
- 자신을 둘러싼 사회환경과의 지속적인 상호작용을 통해 사회적 지식을 습득한다.

(2) 사회관계 영역의 연령별 내용

사회관계 영역은 영유아가 성장함에 따라 새롭게 경험하고 습득해야 할 내용이 많아지므로 내용과 수준별 내용이 보다 다양하게 구성되었으며, 내용 범주는 연령이 증가함에 따라 내용 수가 많아지며 수준별 내용 수도 많다. 사회관계에서 다루는 내용 범주는 '자기존중' '정서인식과 조절' '사회적 관계' 와 '사회적 지식' 으로, 이들 내용 범주는 위계적으로 구성된다. 이는 자신을 인식하기 전에 타인의 정서를 알 수 없으며, 지역사회와 우리나라에 관심을 가질 수 없음을 의미한다. 영유아는 자신을 인식하고 소중하게 여기는 '자기존중' 에서 시작하여 자신과 타인의 정서를 알고 조절하는 '정서인식과 조절' 을 거쳐서 가족, 또래, 공동체와의 '사회적 관계' 를 형성하게 된 후에 지역사회와 우리나라, 세계 여러 나라에 관심을 갖고 이해하는 '사회적 지식' 을 습득하게 된다.

① 만 2세 미만

만 2세 미만의 사회관계 영역은 '자기존중' '정서인식과 조절' '사회적 관계'로 세 개의 내용 범주로 구분되고, 4개의 수준으로 나누어져 있으며, 수준별 내용을 살펴보면 다음과 같다.

표 4-5 ● 만 2세 미만 수준별 내용

<table>
<tr><th>내용 범주</th><th>내 용</th><th>1수준</th><th>2수준</th><th>3수준</th><th>4수준</th></tr>
<tr><td rowspan="3">자기존중</td><td rowspan="3">나를 다른 사람과 구별된 존재로 인식하기</td><td>-</td><td colspan="3">거울 속의 자신을 보고 웃거나 알아본다.</td></tr>
<tr><td>-</td><td>-</td><td colspan="2">자신의 모습과 다른 사람의 모습을 구별한다.</td></tr>
<tr><td colspan="2">자신의 몸을 적극적으로 탐색한다.</td><td colspan="2">자신의 몸을 스스로 움직일 수 있음을 안다.</td></tr>
<tr><td rowspan="3">정서인식과 조절</td><td rowspan="3">나의 감정을 느끼고 표현하기</td><td>-</td><td colspan="3">여러 가지 표정에 반응한다.</td></tr>
<tr><td>-</td><td>-</td><td colspan="2">자신에게 여러 가지 다양한 정서가 있음을 안다.</td></tr>
<tr><td colspan="2">다양한 음성과 소리를 듣고 반응한다</td><td colspan="2">자신의 감정과 욕구를 다른 사람이 알도록 표현한다.</td></tr>
<tr><td rowspan="3">사회적 관계</td><td rowspan="2">다른 사람에게 관심 갖기</td><td>친숙한 사람의 목소리를 인식한다.</td><td colspan="2">친숙한 사람에게 애정을 표현한다.</td><td>친숙한 대상의 관심을 끌기 위해 다양한 시도를 한다.</td></tr>
<tr><td>다른 사람과 시선을 맞춘다.</td><td colspan="2">다른 사람을 관찰한다.</td><td>다른 사람의 행동을 적극적으로 모방한다.</td></tr>
<tr><td>양육자와 애착 형성하기</td><td>양육자와 시선을 맞추거나 목소리를 인식한다.</td><td colspan="2">양육자에게 적극적으로 애정, 관심 및 욕구를 표현한다.</td><td>양육자와 안정적인 애착을 형성한다.</td></tr>
</table>

② 만 2세

만 2세의 사회관계 영역은 '자기존중' '정서인식과 조절' '사회적 관계'로 세 개의 내용 범주로 구분되고, 2개의 수준으로 나누어져 있으며, 수준별 내용을 살펴보면 다음과 같다.

표 4-6 ● 만 2세 수준별 내용

<table>
<tr><th>내용 범주</th><th>내 용</th><th>1수준</th><th>2수준</th></tr>
<tr><td rowspan="4">자기존중</td><td rowspan="2">나와 다른 사람을 구별하기</td><td colspan="2">자신의 신체 부분 명칭을 안다.</td></tr>
<tr><td>다른 사람이 자신을 부를 때 반응한다.</td><td>다른 사람과 구별되는 자신에 대해 안다.</td></tr>
<tr><td rowspan="2">나에 대해 긍정적으로 생각하기</td><td colspan="2">자신의 생김새와 신체적 능력에 대해 긍정적인 느낌을 갖는다.</td></tr>
<tr><td>스스로 할 수 있는 일에 대해 즐거움을 갖는다.</td><td>자신이 노력해서 성취한 일에 대해 자부심을 갖는다.</td></tr>
<tr><td rowspan="3">정서인식과 조절</td><td rowspan="2">나의 감정을 적절하게 표현하기</td><td colspan="2">자신의 욕구와 감정을 안다.</td></tr>
<tr><td>자신의 감정을 동작과 언어로 표현한다.</td><td>긍정적 감정과 부정적 감정을 적절한 방법으로 표현한다.</td></tr>
<tr><td>다른 사람의 감정에 관심 갖기</td><td>다른 사람의 감정에 관심을 보인다.</td><td>다른 사람의 감정에 반응을 보인다.</td></tr>
<tr><td rowspan="5">사회관계</td><td>가족관계 이해하기</td><td>자신에게 가족이 있음을 안다.</td><td>가족 구성원을 안다.</td></tr>
<tr><td rowspan="2">또래관계 경험하기</td><td>또래에게 관심을 보인다.</td><td>또래의 모습과 행동을 모방한다.</td></tr>
<tr><td>또래의 이름을 안다.</td><td>또래와 의사소통을 하며 놀이활동에 참여한다.</td></tr>
<tr><td rowspan="2">자신이 속한 집단 알기</td><td>자신이 속한 반과 보육교사를 안다.</td><td>자신이 속한 반의 활동에 참여한다.</td></tr>
<tr><td>–</td><td>다른 사람에게 인사하고 고마움을 표시한다.</td></tr>
</table>

생각해 보기

- 일상생활에서 영아의 정서표현을 격려하기 위한 방법에는 어떤 것이 있는지 생각해 보자.
- 영아가 자신의 가족 구성원을 알도록 하기 위한 방법에는 어떤 것이 있는지 생각해 보자.

③ 만 3~4세

만 3~4세의 사회관계 영역은 '자기존중' '정서인식과 조절' '사회적 관계' '사회적 지식' 으로 네 개의 내용 범주로 구분되고, 2개의 수준으로 나누어져 있으며, 수준별 내용을 살펴보면 다음과 같다.

표 4-7 ● 만 3~4세 수준별 내용

<table>
<tr><th>내용 범주</th><th>내 용</th><th>1수준</th><th>2수준</th></tr>
<tr><td rowspan="5">자기존중</td><td rowspan="3">나를 알고 소중히 여기기</td><td colspan="2">자신의 건강, 사회적 및 문화적 상태를 안다.</td></tr>
<tr><td colspan="2">자신과 다른 사람의 같은 점과 다른 점을 안다.</td></tr>
<tr><td colspan="2">자신에 대해 긍정적으로 생각하고, 자신의 소중함을 안다.</td></tr>
<tr><td rowspan="2">나의 일 스스로 하기</td><td>자신이 할 수 있는 일을 알고 해 본다.</td><td>자신이 할 수 있는 일을 스스로 한다.</td></tr>
<tr><td colspan="2">자신이 원하는 것을 알고 선택한다.</td></tr>
<tr><td rowspan="3">정서인식과 조절</td><td rowspan="2">나와 다른 사람의 감정 알고 표현하기</td><td colspan="2">자신의 감정을 알고 표현한다.</td></tr>
<tr><td colspan="2">다른 사람의 감정을 안다.</td></tr>
<tr><td>나의 감정 조절하기</td><td colspan="2">자신의 감정을 긍정적으로 조절한다.</td></tr>
<tr><td rowspan="9">사회관계</td><td rowspan="2">가족과 화목하게 지내기</td><td colspan="2">가족의 소중함을 안다.</td></tr>
<tr><td colspan="2">가족과 사이좋게 지낸다.</td></tr>
<tr><td rowspan="2">가족과 협력하기</td><td>가족 구성원을 안다.</td><td>가족의 다양한 역할에 대해 안다.</td></tr>
<tr><td>가족을 위하여 내가 할 수 있는 일을 한다.</td><td>가족은 서로 도우며 살아야 하는 것을 안다.</td></tr>
<tr><td rowspan="2">또래와 사이좋게 지내기</td><td>다양한 상황에서 또래와 놀이하는 것을 즐긴다.</td><td>또래와 협동하며 놀이한다.</td></tr>
<tr><td>-</td><td>자신과 또래의 의견에 차이가 있음을 안다.</td></tr>
<tr><td rowspan="3">공동체에서 화목하게 지내기</td><td colspan="2">자신이 속한 집단의 구성원으로서 소속감을 갖는다.</td></tr>
<tr><td colspan="2">도움이 필요할 때 다른 사람과 도움을 주고받는다.</td></tr>
<tr><td colspan="2">교사 및 주변 사람과 화목하게 지낸다.</td></tr>
<tr><td rowspan="10">사회적 지식</td><td rowspan="3">지역사회에 관심 갖고 이해하기</td><td>우리 동네의 이름을 안다</td><td>우리 동네에 대해 알아본다.</td></tr>
<tr><td colspan="2">다양한 직업의 특성을 알고 고마움을 갖는다.</td></tr>
<tr><td colspan="2">일상생활에서 돈의 쓰임에 대해 안다.</td></tr>
<tr><td rowspan="4">우리나라에 관심 갖고 이해하기</td><td>우리나라를 상징하는 것을 안다.</td><td>우리나라를 상징하는 것을 알고 예절을 지킨다.</td></tr>
<tr><td colspan="2">우리나라 명절과 풍습 등의 전통문화에 관심을 갖는다.</td></tr>
<tr><td>-</td><td>우리나라의 역사와 문화에 관심을 갖는다.</td></tr>
<tr><td colspan="2">우리나라에 대해 자부심을 갖는다.</td></tr>
<tr><td rowspan="3">세계와 여러 문화에 관심 갖기</td><td colspan="2">세계 여러 나라에 대해 관심을 갖는다.</td></tr>
<tr><td>우리나라가 세계에 소속되어 있음을 안다.</td><td>세계 여러 나라는 서로 협력해야 함을 안다.</td></tr>
<tr><td>-</td><td>다양한 인종과 문화의 공통점과 차이점을 안다.</td></tr>
</table>

3) 만 5세 누리과정

만 5세 공통과정으로 도입 발표된 '만 5세 누리과정' 은 현재 유치원과 어린이집으로 이원화되어 있는 교육 · 보육과정을 통합해 만 5세의 모든 어린이가 새로운 공통과정을 배울 수 있도록 하는 데 의의를 두었다(육아정책연구소, 2011). 만 5세 누리과정은 교육과학기술부와 보건복지부에서 공동 고시(2011. 9. 5)하여 2012년 3월부터 유치원과 어린이집에서 적용하였다. 만 5세 누리과정에서는 기본 생활습관과 질서, 배려, 협력 등 바른 인성을 기르고 사람과 자연을 존중하며 우리 문화를 이해하는 데 중점을 두었기 때문에 교육과정에서 사회교육을 강조하며, 영유아의 연계를 고려하여 바른 인성을 강조하였다. 사회교육의 중요한 지침이 될 수 있었던 만 5세 누리과정의 사회관계 영역의 목표와 내용은 다음과 같다.

(1) 사회관계 영역의 목표

유아 자신에 대한 긍정적인 자아존중감을 형성하고, 자신 및 다른 사람의 정서가 나와 다를 수 있음을 느끼거나 이해하여 자신의 감정을 조절하여 적절한 방법으로 표현함으로써 더불어 살아가는 능력을 기르는 데 있다.

- 자신을 소중히 여기며, 스스로 행동한다.
- 자신의 감정을 알고 조절하며 바르게 표현하고, 다른 사람을 이해한다.
- 가족과 화목하게 지내며 서로 협력한다.
- 친구, 교사, 이웃 등 다른 사람들과 서로 도우며 함께 살아간다.
- 우리가 살고 있는 사회에 대하여 관심을 갖고 필요한 사회적 지식을 습득하며, 예절 바르게 행동하고 질서를 지키며 다른 사람을 배려하는 태도를 기른다.

(2) 사회관계 영역의 내용

표 4-8 ● 만 5세 누리과정의 사회관계 영역

내용 범주	내 용	세부 내용
나를 알고 존중하기	나를 알고 소중히 여기기	나에 대해 알아본다.
		나와 다른 사람의 신체적 · 사회적 · 문화적 차이를 존중한다.
		나에 대해 긍정적으로 생각하고 나를 소중하게 여긴다.
	나의 일 스스로 하기	내가 할 수 있는 일을 스스로 한다.
		하고 싶은 일을 계획하고 해 본다.
나와 다른 사람의 감정 알고 조절하기	나와 다른 사람의 감정 알고 표현하기	자신의 감정을 알고 표현한다.
		다른 사람의 감정을 알고 공감한다.
	나의 감정 조절하기	자신의 감정을 상황에 맞게 조절한다.
가족을 소중히 여기기	가족과 화목하게 지내기	가족의 의미와 소중함을 안다.
		가족과 화목하게 지낸다.
	가족과 협력하기	다양한 가족구조에 대해 알아본다.
		가족은 서로 도와야 함을 알고 실천한다.
다른 사람과 더불어 생활하기	친구와 사이좋게 지내기	친구와 협동하며 놀이한다.
		친구와의 갈등을 긍정적인 방법으로 해결한다.
	공동체에서 화목하게 지내기	다른 사람과 도움을 주고받고, 서로 협력한다.
		교사 및 주변 사람과 화목하게 지낸다.
	사회적 가치를 알고 지키기	정직하게 말하고 행동한다.
		다른 사람을 배려하여 행동한다.
		친구와 어른께 예의 바르게 행동한다.
		다른 사람과 한 약속이나 공공규칙을 지킨다.
		자연과 자원을 아끼는 습관을 기른다.
사회에 관심 갖기	지역사회에 관심 갖고 이해하기	우리 동네에 대해 알아본다.
		다양한 직업에 관심을 갖는다.
		일상생활에서 돈의 쓰임에 대해 안다.
	우리나라에 관심 갖고 이해하기	우리나라를 상징하는 것을 알고 예절을 지킨다.
		우리나라의 전통, 역사, 문화에 관심을 갖는다.
		우리나라에 대해 자부심을 갖는다.
	세계와 여러 문화에 관심 가지기	세계 여러 나라에 대해 관심을 갖고, 서로 협력해야 함을 안다.
		다양한 인종과 문화를 알아보고 존중한다.

생각해 보기

- 자신의 다양한 감정에 대해 이해하고 그와 관련한 욕구를 자유롭게 표현할 수 있는 활동에는 어떤 것이 있는지 생각해 보자.
- 공동체의 구성원으로서 소속감을 느낄 수 있도록 하는 방법에는 무엇이 있는지 생각해 보자.

● 그림 4-2 ●

다른 사람과 함께하기

나는 무슨 일에 도전하기에 앞서 항상 세 가지 리스트를 작성한다.
첫째, 나에게 꼭 필요한 것은 무엇인가?
둘째, 내가 가지고 있는 것은 무엇인가?
셋째, 나는 무엇을 준비해야 하는가?

이 세 가지 문제에 답할 수 있다면, 현재의 나를 정확히 파악하고 있는 것이다. 희망에 도전하려는 나를 알고 있다면, 그 희망은 이미 절반은 이룬 셈이다

* 출처: 서진규(1999).

3 2013년 유아교육과정의 유아사회교육

제2차 표준보육과정에서는 만 2세 미만, 만 2세, 만 3~4세, 만 5세로 구분되어 있으며, 2011년 개정 유치원교육과정에서는 만 3~4세, 만 5세로 내용이 구분되어 적용되었다. 하지만 2013년부터는 만 3~4세까지 누리과정이 확대 · 도입됨에 따라 유아교육 · 보육과정이 통합된 만 3~5세 누리과정이 적용되고 있다. 제3차 어린이집 표준보육과정에서는 만 0~2세와 만 3~5세 보육과정으로 구분하고 있으며, 2012년 개정 유치원교육과정에서는 만 3~5세 누리과정을 적용하고 있다.

1) 만 0~2세 제3차 표준보육과정의 사회관계 영역

만 0~2세 표준보육과정은 만 0~1세, 만 2세로 구분되며 기본 생활습관, 신체운동, 의사소통, 사회관계, 예술경험, 자연탐구 영역으로 총 6개 영역이며, 18개의 내용 범주로 구성되어 있다. 그중에서 사회관계 영역은 내용 범주 8개의 내용으로 구성되어 있으며, 이를 구체적으로 살펴보고자 한다.

(1) 사회관계 영역의 목표

사회관계 영역의 목표를 달성하기 위해서는 연령 집단별로 보육 목표와 내용을 계열성 있게 경험하도록 하여야 한다. 사회관계 영역의 목표는 다음과 같다.

표 4-9 ● 만 0~2세 사회관계 영역의 목표

만 0~1세 사회관계 영역의 목표	만 2세 사회관계 영역의 목표
친숙한 사람과 관계를 형성한다.	나를 인식하고 다른 사람과 더불어 생활하는 경험을 한다.
• 자신과 다른 사람을 구별된 존재로 인식한다. • 기본 정서를 표현하고 다른 사람의 감정에 주의를 기울인다. • 안정적인 애착을 형성하고 또래와 교사와 함께 지낸다.	• 자기존중감을 형성한다. • 자신의 감정을 알고 다른 사람의 감정에 반응을 보인다. • 가족을 사랑하고 또래, 교사와 즐겁게 지내며 간단한 규칙 등을 지킨다.

출처: 중앙보육정보센터(2013). p. 56.

(2) 사회관계 영역의 내용

① 만 0~1세 사회관계 영역의 내용

만 0~1세 영아는 자신이 다른 사람과 분리된 개체라는 것을 인식하고, 자기 이름에 반응하며, 자주 보는 자기 물건을 알아본다. 또한 자신의 욕구와 감정을 표현하고, 점차 다른 사람의 감정에도 주의를 기울인다. 주 양육자와 애착을 형성하고, 다른 영아와 함께 지내며, 친숙한 상황에서 안정감을 느낄 수 있다.

표 4-10 ● 만 0~1세 사회관계 영역의 세부 내용

<table>
<tr><th>내용 범주</th><th>내 용</th><th>1수준</th><th>2수준</th><th>3수준</th><th>4수준</th></tr>
<tr><td rowspan="3">나를 알고 존중하기</td><td>나를 구별하기</td><td colspan="2">거울 속의 나에게 관심을 가진다.</td><td colspan="2">거울 속의 나를 알아본다.</td></tr>
<tr><td rowspan="2">나의 것 인식하기</td><td colspan="4">자기 이름을 부르는 소리에 반응한다.</td></tr>
<tr><td colspan="2">-</td><td colspan="2">친숙한 자기 물건을 안다.</td></tr>
<tr><td rowspan="2">나와 다른 사람의 감정 알기</td><td>나의 감정을 나타내기</td><td colspan="4">나의 욕구와 감정을 나타낸다.</td></tr>
<tr><td>다른 사람에게 주의 기울이기</td><td colspan="2">다른 사람의 말과 표정, 몸짓에 주의를 기울인다.</td><td colspan="2">다른 사람이 나타내는 여러 가지 감정에 주의를 기울인다.</td></tr>
<tr><td rowspan="6">더불어 생활하기</td><td rowspan="2">안정적인 애착 형성하기</td><td>양육자와 시선을 맞춘다.</td><td colspan="3">양육자에게 적극적으로 관심과 욕구를 표현한다.</td></tr>
<tr><td colspan="2">주변의 친숙한 사람의 얼굴과 목소리를 인식한다.</td><td colspan="2">주변의 친숙한 사람에게 애정을 표현한다.</td></tr>
<tr><td>또래에 관심 갖기</td><td colspan="4">다른 영아와 함께 지내는 것을 경험한다.</td></tr>
<tr><td>자신이 속한 집단 알기</td><td colspan="2">담임교사를 구별한다.</td><td colspan="2">자기 반에서 지내며 안정감을 가진다.</td></tr>
<tr><td rowspan="2">사회적 가치를 알기</td><td colspan="2">-</td><td colspan="2">친숙한 물건의 자리를 안다.</td></tr>
<tr><td colspan="4">만나고 헤어지는 인사를 해 본다.</td></tr>
</table>

② 만 2세 사회관계 영역의 내용

만 2세 영아들은 자신과 타인의 모습을 구분할 수 있게 되며, 자신의 요구와 선호가 생겨서 자기가 좋아하는 것을 알고 스스로 선택하고 싶어 한다. 또한 여러 감정이 분화되면서 표현 방법이 발달하며 다른 사람의 감정에도 반응을 보이며, 특히 가족에게 애정을 보이고 점차 다른 영아에게도 관심을 보인다.

표 4-11 ● 만 2세 사회관계 영역의 세부 내용

<table>
<tr><th>내용 범주</th><th>내 용</th><th>1수준</th><th>2수준</th></tr>
<tr><td rowspan="3">나를 알고 존중하기</td><td>나를 구별하기</td><td colspan="2">나와 다른 사람의 모습을 구별한다.</td></tr>
<tr><td rowspan="2">좋아하는 것 해 보기</td><td colspan="2">내가 좋아하는 것을 찾아본다.</td></tr>
<tr><td>좋아하는 놀이나 놀잇감을 선택해 본다.</td><td>스스로 선택한 놀이나 놀잇감을 즐긴다.</td></tr>
<tr><td rowspan="2">나와 다른 사람의 감정 알기</td><td>나의 감정을 나타내기</td><td colspan="2">여러 가지 감정을 말과 행동으로 나타낸다.</td></tr>
<tr><td>다른 사람의 감정에 반응하기</td><td colspan="2">다른 사람이 나타내는 여러 가지 감정에 반응을 보인다.</td></tr>
<tr><td rowspan="8">더불어 생활하기</td><td>내 가족 알기</td><td>내 가족에게 애정을 표현한다.</td><td>내 가족에게 다른 사람과는 구별된 특별한 감정을 갖는다.</td></tr>
<tr><td rowspan="2">또래와 관계하기</td><td>또래에게 관심을 보인다.</td><td>또래의 모습과 행동을 모방한다.</td></tr>
<tr><td>또래의 이름을 안다.</td><td>또래가 있는 곳에서 놀이를 한다.</td></tr>
<tr><td>자신이 속한 집단 알기</td><td>자신이 속한 반과 교사를 안다.</td><td>자신이 속한 반의 활동에 즐겁게 참여한다.</td></tr>
<tr><td rowspan="4">사회적 가치를 알기</td><td>도움 받아 물건을 정리한다.</td><td>스스로 물건을 정리한다.</td></tr>
<tr><td>자기 순서를 안다.</td><td>순서를 기다린다.</td></tr>
<tr><td colspan="2">바른 태도로 인사한다.</td></tr>
<tr><td colspan="2">간단한 약속을 지킨다.</td></tr>
</table>

(3) 사회관계 영역의 교사역할

제2차 표준보육과정의 교사지침(보건복지부, 2012)과 제3차 표준보육과정의 이해(중앙보육정보센터, 2013)를 토대로 교사의 역할을 정리하면 다음과 같다.

※ 만 2세 미만의 영아들은 주 양육자와 신체적 접촉이나 상호작용을 통해 자신을 다른 사람과 구별된 존재로 인식한다. 또한 여러 가지 표정에 반응하고, 양육자에게 애정을 표현하며, 안정적인 애착을 형성한다.

- 영아가 거울을 통해 자기모습을 시각적으로 인식하여 자신이 타인과 분리된 존재라는 것을 인지하도록 한다. 이러한 경험은 영아 초기의 사회성 발달에 중요한 영향을 미친다.

- 영아와 개별적인 접촉을 자주 갖고 민감하게 상호작용한다.
- 일대일로 눈맞춤을 하면서 이름을 자주 불러 준다.

• 교사는 영아가 자신의 모습과 표정에 관심을 가질 수 있도록 언어적 자극 및 적절한 환경 구성을 제공해 줌으로써 영아 자신에게 여러 가지 다양한 정서가 있음을 인식하도록 돕는다. 또한 영아 자신의 다양한 감정과 욕구를 자연스럽게 표현할 수 있도록 교사가 이를 적극적으로 수용해 주고, 민감하게 반응해 줌으로써 타인의 다양한 감정을 인식하고 이를 적절하게 반응하는 방법을 배울 수 있다.
- 영아와 자주 눈을 맞추고 영아가 바라보고 있는 사물이나 행동을 교사가 말로 표현해 준다.
- 친근한 사람과 시선을 맞추거나 다른 사람의 목소리를 풍부하게 듣는 경험을 제공해 준다.

▪ 만 0~1세반 교사의 역할
- 안전 거울을 제공해 주고, 영아 물품에 사진과 이름을 붙여 주며, 영아와 상호작용할 때는 영아의 이름을 친근하게 부르면서 신체적 접촉과 언어적 표현으로 자주 애정을 표현해 준다.
- 영아의 언어적 · 비언어적 신호를 민감하게 파악하여 이에 반응해 주고, 영아의 부정적 정서 표현도 따뜻하게 수용해 주며, 영아가 다른 사람의 감정을 이해할 수 있도록 도와준다.

▪ 만 2세반 교사의 역할
- 영아가 스스로 하고자 하는 것을 시도해 볼 수 있도록 허용해 주고, 영아의 시도를 인내심 있게 기다려 준다.
- 영아가 나타내는 정서를 말로 다시 표현해 주며, 영아가 자신의 감정을 표현하거나 다른 사람의 감정에 반응하는 행동을 적절하게 할 수 있도록 직접 모델링을 제시하며 따뜻하게 설명해 준다.
- 영아와 개별적인 상호작용을 통해 놀이를 지원하고, 영아가 또래와 함께

놀이하는 과정도 격려해 준다.

- 영아가 하루 일과 속에서 자연스럽게 기본적인 사회적 가치를 익힐 수 있도록 영아의 발달 수준에 적합한 방법으로 지원해 준다.

2) 만 3~5세 누리과정의 사회관계 영역

(1) 사회관계 영역의 성격

사회관계 영역은 유아가 자신을 알고 소중하게 여기며 가족, 또래와 함께 원만하게 지내는 방법뿐 아니라 공동체에서 함께 살아가는 방법을 익히고 사회에 관심을 가지며 적응해 나갈 수 있는 기초 능력과 인성을 기르기 위한 영역이다(육아정책연구소, 2012). 사회관계 영역은 유아가 자신을 존중하는 태도를 기르고, 자신과 타인의 감정을 알고 조절하며, 타인과의 원활한 관계 형성을 위한 기초 교육의 성격을 갖는다. 또한 타인과의 협력 및 배려와 함께 문제를 해결할 줄 아는 능력을 배워가며, 우리나라의 전통문화에 자부심을 갖고 세계문화에 관심을 가지며 사회의 구성원으로서 정체성을 갖고 살아가도록 인성교육에 중점을 두고 있다.

(2) 사회관계 영역의 목표

사회관계 영역의 목표는 자신을 존중하고, 자신과 타인의 감정을 알고 적절하게 표현하며, 다른 사람과 더불어 지내기 위해 필요한 능력과 기본적인 태도를 기르는 데 있다(육아정책연구소, 2012). 이를 위해서는 다음의 세부 목표가 실천되어야 한다.

① 자신을 소중히 여기며 자율성을 기른다

유아가 자신에 대해서 스스로 소중히 여기며, 스스로 해야 할 일을 알아보고 계획하여 실천해 보도록 한다.

② 자신과 타인의 감정을 알고, 자신의 감정을 적절하게 표현하고 조절한다

유아가 자신의 감정을 알고 표현하며, 타인의 감정에도 관심을 갖고 자신의

감정을 상황에 적합하게 조절할 수 있도록 한다.

③ 가족과 화목하게 지내며 서로 협력한다

유아가 가족에 대한 이해를 바탕으로 가족을 기쁘게 하는 일을 찾아보고, 가족이 어려움에 처해있을 때 서로 위로하고 협력할 수 있도록 한다.

④ 친구, 공동체 구성원들과 서로 돕고, 예의 · 규칙 등 사회적 가치를 알고 지킨다

유아가 가족 외에 친구, 교직원, 이웃과 화목하게 지내도록 하고, 사회적으로 중요한 가치를 실천하며 공동체의식을 갖춘 민주시민으로 성장하는 데 중점을 둔다.

⑤ 우리 동네, 우리나라, 다른 나라에 관심을 가진다

유아가 자신이 사는 동네, 우리나라에 대한 이해를 바탕으로 우리나라의 전통에 대한 이해와 자부심을 토대로 편견 없이 다양한 나라, 인종, 문화에 관심을 갖고 존중하도록 한다.

(3) 사회관계 영역의 내용

사회관계 영역은 유아가 자신을 알고 존중하기부터 시작하여 다른 사람의 감정을 알고 조절하며, 가족을 소중히 여기고 나아가 다른 사람과 더불어 생활하기를 알고 실천하도록 구성되어 있다. 나아가 지역사회 및 우리나라와 세계 여러 문화에도 관심을 갖도록 하는 내용을 목표로 하고 있다. 이러한 사회관계 영역의 다섯 가지 범주에 따른 내용체계는 [그림 4-3]과 같다.

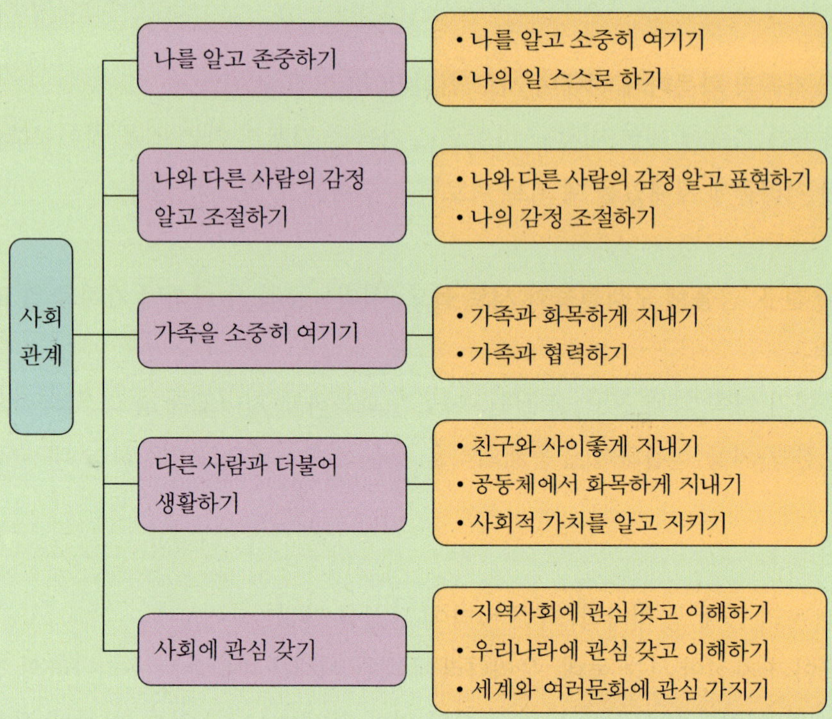

그림 4-3

사회관계 영역의 내용체계

사회관계 영역의 연령별 세부내용은 3세가 20개, 4세가 28개, 5세가 29개로 구성되어 있으며 질서, 배려, 협력 등 일상생활에서 지도할 수 있는 내용이 많이 포함되어 있다. 사회관계 영역의 만 3~5세의 연령별 세부내용을 전체적으로 살펴보면 다음과 같다.

표 4-12 ● 사회관계 영역의 연령별 세부내용

<table>
<tr><th>내용 범주</th><th>내 용</th><th>3세</th><th>4세</th><th>5세</th></tr>
<tr><td rowspan="5">나를 알고 존중하기</td><td rowspan="3">나를 알고 소중히 여기기</td><td>나에 대해 관심을 갖는다.</td><td colspan="2">나에 대해 알아본다.</td></tr>
<tr><td>나와 다른 사람의 차이에 관심을 갖는다.</td><td>나와 다른 사람의 차이점을 알아본다.</td><td>나와 다른 사람의 신체적 · 사회적 · 문화적 차이를 존중한다.</td></tr>
<tr><td>나를 소중하게 여긴다.</td><td colspan="2">나에 대해 긍정적으로 생각하고 나를 소중하게 여긴다.</td></tr>
<tr><td rowspan="2">나의 일 스스로 하기</td><td>내가 할 수 있는 일을 알아본다.</td><td>내가 할 수 있는 일을 해 본다.</td><td>내가 할 수 있는 일을 스스로 한다.</td></tr>
<tr><td>내가 하고 싶은 일을 선택해 본다.</td><td colspan="2">하고 싶은 일을 계획하고 해 본다.</td></tr>
<tr><td rowspan="3">나와 다른 사람의 감정 알고 조절하기</td><td rowspan="2">나와 다른 사람의 감정 알고 표현하기</td><td>자신에게 여러 가지 감정이 있음을 안다.</td><td colspan="2">자신의 감정을 알고 표현한다.</td></tr>
<tr><td>다른 사람의 감정에 관심을 갖는다.</td><td>다른 사람의 감정을 안다.</td><td>다른 사람의 감정을 알고 공감한다.</td></tr>
<tr><td>나의 감정조절하기</td><td colspan="2">자신의 감정을 조절해 본다.</td><td>자신의 감정을 상황에 맞게 조절한다.</td></tr>
<tr><td rowspan="4">가족을 소중히 여기기</td><td rowspan="2">가족과 화목하게 지내기</td><td colspan="2">가족의 소중함을 안다.</td><td>가족의 의미와 소중함을 안다.</td></tr>
<tr><td>-</td><td>-</td><td>가족과 화목하게 지낸다.</td></tr>
<tr><td rowspan="2">가족과 협력하기</td><td>가족 구성원을 알아본다.</td><td>가족 구성원의 역할에 대해 알아본다.</td><td>다양한 가족구조에 대해 알아본다.</td></tr>
<tr><td>가족을 위하여 내가 할 수 있는 일을 알아본다.</td><td>가족을 위하여 내가 할 수 있는 일을 알아보고 실천한다.</td><td>가족은 서로 도와야 함을 알고 실천한다.</td></tr>
<tr><td rowspan="2">다른 사람과 더불어 생활하기</td><td rowspan="2">친구와 사이좋게 지내기</td><td>친구와 함께 놀이한다.</td><td colspan="2">친구와 협동하며 놀이한다.</td></tr>
<tr><td>나와 친구의 의견에 차이가 있음을 안다.</td><td colspan="2">친구와의 갈등을 긍정적인 방법으로 해결한다.</td></tr>
</table>

다른 사람과 더불어 생활하기	공동체에서 화목하게 지내기	-	도움이 필요할 때 다른 사람과 도움을 주고받는다.	다른 사람과 도움을 주고받고, 서로 협력한다.
		교사 및 주변사람과 화목하게 지낸다.		
	사회적 가치를 알고 지키기	-	정직하게 말하고 행동한다.	
		다른 사람의 소유물을 존중한다.	다른 사람의 생각, 행동을 존중한다.	다른 사람을 배려하여 행동한다.
		-	친구와 어른께 예의 바르게 행동한다.	
		약속과 규칙을 지켜야 함을 안다.	다른 사람과 한 약속이나 공공규칙을 지킨다.	
		-	자연과 자원을 아끼는 습관을 기른다.	
사회에 관심 갖기	지역사회에 관심 갖고 이해하기	우리 동네의 이름을 안다.	우리 동네에 대해 알아본다.	
		우리 동네 사람들에게 관심을 갖는다.	우리 동네 사람들이 하는 일에 관심을 갖는다.	다양한 직업에 관심을 갖는다.
		-	물건을 살 때 돈이 필요함을 안다.	일상생활에서 돈의 쓰임에 대해 안다.
	우리나라에 관심 갖고 이해하기	우리나라를 상징하는 것에 관심을 가진다.	우리나라를 상징하는 것을 안다.	우리나라를 상징하는 것을 알고 예절을 지킨다.
		우리나라의 전통놀이와 풍습에 관심을 갖는다.		우리나라의 전통, 역사, 문화에 관심을 갖는다.
		-	우리나라에 대해 자부심을 갖는다.	
	세계와 여러 문화에 관심가지기	-	세계 여러 나라에 대해 관심을 갖는다.	세계 여러 나라에 대해 관심을 갖고, 서로 협력해야 함을 안다.
		-	다양한 인종과 문화에 관심을 갖는다.	다양한 인종과 문화를 알아보고 존중한다.

① 3세의 사회관계 영역

만 3세를 위한 사회관계 영역의 세부내용을 살펴보고, 그에 따른 적합한 활동을 모색해 볼 수 있다.

표 4-13 ● 3세 사회관계 영역의 세부내용

내용 범주	내 용	세부내용	활동예시
나를 알고 존중하기	나를 알고 소중히 여기기	나에 대해 관심을 갖는다.	
		나와 다른 사람의 차이에 관심을 갖는다.	
		나를 소중하게 여긴다.	
	나의 일 스스로 하기	내가 할 수 있는 일을 알아본다.	
		내가 하고 싶은 일을 선택해 본다.	
나와 다른 사람의 감정 알고 조절하기	나와 다른 사람의 감정 알고 표현하기	자신에게 여러 가지 감정이 있음을 안다.	
		다른 사람의 감정에 관심을 갖는다.	
	나의 감정 조절하기	자신의 감정을 조절해 본다.	
가족을 소중히 여기기	가족과 화목하게 지내기	가족의 소중함을 안다.	
	가족과 협력하기	가족 구성원을 알아본다.	
		가족을 위하여 내가 할 수 있는 일을 알아본다.	
다른 사람과 더불어 생활하기	친구와 사이좋게 지내기	친구와 함께 놀이한다.	
		나와 친구의 의견에 차이가 있음을 안다.	
	공동체에서 화목하게 지내기	교사 및 주변 사람과 화목하게 지낸다.	
	사회적 가치를 알고 지키기	다른 사람의 소유물을 존중한다.	
		약속과 규칙을 지켜야 함을 안다.	
사회에 관심 갖기	지역사회에 관심 갖고 이해하기	우리 동네의 이름을 안다.	
		우리 동네 사람들에게 관심을 갖는다.	
	우리나라에 관심 갖고 이해하기	우리나라를 상징하는 것에 관심을 가진다.	
		우리나라의 전통놀이와 풍습에 관심을 갖는다.	

② 4세의 사회관계 영역

만 4세를 위한 사회관계 영역의 세부내용을 살펴보고, 그에 따른 적합한 활동을 모색해 볼 수 있다.

표 4-14 ● 4세 사회관계 영역의 세부내용

내용 범주	내 용	세부내용	활동예시
나를 알고 존중하기	나를 알고, 소중히 여기기	나에 대해 알아본다.	
		나와 다른 사람의 차이점을 알아본다.	
		나에 대해 긍정적으로 생각하고 나를 소중하게 여긴다.	
	나의 일 스스로 하기	내가 할 수 있는 일을 해 본다.	
		하고 싶은 일을 계획하고 해 본다.	
나와 다른 사람의 감정 알고 조절하기	나와 다른 사람의 감정 알고 표현하기	자신의 감정을 알고 표현한다.	
		다른 사람의 감정을 안다.	
	나의 감정 조절하기	자신의 감정을 조절해 본다.	
가족을 소중히 여기기	가족과 화목하게 지내기	가족의 소중함을 안다.	
	가족과 협력하기	가족 구성원의 역할에 대해 알아본다.	
		가족을 위하여 내가 할 수 있는 일을 알아보고 실천한다.	
다른 사람과 더불어 생활하기	친구와 사이좋게 지내기	친구와 협동하며 놀이한다.	
		친구와의 갈등을 긍정적인 방법으로 해결한다.	
	공동체에서 화목하게 지내기	도움이 필요할 때 다른 사람과 도움을 주고받는다.	
		교사 및 주변 사람과 화목하게 지낸다.	
	사회적 가치를 알고 지키기	정직하게 말하고 행동한다.	
		다른 사람의 생각, 행동을 존중한다.	
		친구와 어른께 예의 바르게 행동한다.	
		다른 사람과 한 약속이나 공공규칙을 지킨다.	
		자연과 자원을 아끼는 습관을 기른다.	
사회에 관심 갖기	지역사회에 관심 갖고 이해하기	우리 동네에 대해 알아본다.	
		우리 동네 사람들이 하는 일에 관심을 갖는다.	
		물건을 살 때 돈이 필요함을 안다.	
	우리나라에 관심 갖고 이해하기	우리나라를 상징하는 것을 안다.	
		우리나라의 전통놀이와 풍습에 관심을 갖는다.	
		우리나라에 대해 자부심을 갖는다.	
	세계와 여러 문화에 관심 가지기	세계 여러 나라에 대해 관심을 갖는다.	
		다양한 인종과 문화에 관심을 갖는다.	

③ 5세의 사회관계 영역

만 5세를 위한 사회관계 영역의 세부내용을 살펴보고, 그에 따른 적합한 활동을 모색해 볼 수 있다.

표 4-15 ● 5세 사회관계 영역의 세부내용

내용 범주	내 용	세부내용	활동예시
나를 알고 존중하기	나를 알고, 소중히 여기기	나에 대해 알아본다.	
		나와 다른 사람의 신체적·사회적·문화적 차이를 인정한다.	
		나에 대해 긍정적으로 생각하고 나를 소중하게 여긴다.	
	나의 일 스스로 하기	내가 할 수 있는 일을 스스로 한다.	
		하고 싶은 일을 계획하고 해 본다.	
나와 다른 사람의 감정 알고 조절하기	나와 다른 사람의 감정 알고 표현하기	자신의 상황에 맞게 표현한다.	
		다른 사람의 감정을 알고 공감한다.	
	나의 감정 조절하기	자신의 감정을 긍정적으로 조절한다.	
가족을 소중히 여기기	가족과 화목하게 지내기	가족의 의미와 소중함을 안다.	
		가족과 화목하게 지낸다.	
	가족과 협력하기	다양한 가족구조에 대해 알아본다.	
		가족은 서로 도우며 살아야 하는 것을 알고 실천한다.	
다른 사람과 더불어 생활하기	친구와 사이좋게 지내기	친구와 협동하며 놀이한다.	
		친구와의 갈등을 긍정적인 방법으로 해결한다.	
	공동체에서 화목하게 지내기	다른 사람과 도움을 주고받고, 서로 협력한다.	
		교사 및 주변 사람과 화목하게 지낸다.	
	사회적 가치를 알고 지키기	정직하게 말하고 행동한다.	
		다른 사람을 배려하여 행동한다.	
		친구와 어른께 예절 바르게 행동한다.	
		다른 사람과 한 약속이나 공공규칙을 지킨다.	
		자연과 자원을 아끼는 습관을 기른다.	
사회에 관심 갖기	지역사회에 관심 갖고 이해하기	우리 동네에 대해 알아본다.	
		다양한 직업에 관심을 갖는다.	
		일상생활에서 돈의 쓰임에 대해 안다.	
	우리나라에 관심 갖고 이해하기	우리나라를 상징하는 것을 알고 예절을 지킨다.	
		우리나라의 전통, 역사, 문화에 관심을 갖는다.	
		우리나라에 대해 자부심을 갖는다.	
	세계와 여러 문화에 관심 가지기	세계 여러 나라에 대해 관심을 갖고, 서로 협력해야 함을 안다.	
		다양한 인종과 문화를 알아보고 존중한다.	

지금까지 3~5세의 사회관계 영역의 세부내용을 살펴보았으나, 자신을 존중하고 다른 사람과 더불어 생활하는 능력과 태도를 기를 수 있도록 하는 내용은 다른 영역에서도 그 관련성을 찾아볼 수 있다. 〈표 4-16〉과 같으며, 이는 통합적인 활동을 계획할 때 참고자료로 활용할 수 있다.

표 4-16 ● 3~5세 누리과정의 통합적 접근

내용 범주	내 용	세부내용
• 신체운동 · 건강 영역		
신체활동에 참여하기	자발적으로 신체활동에 참여하기	• 다른 사람과 함께 신체활동에 참여한다(3~5세).
건강하게 생활하기	몸과 주변을 깨끗이 하기	• 주변을 깨끗이 하는 습관을 기른다(4~5세). • 음식을 소중히 여기고 식사예절을 지킨다(4~5세).
안전하게 생활하기	교통규칙 지키기	• 교통안전 규칙을 알고 지킨다(4~5세).
	비상 시 적절히 대처하기	• 학대, 성폭력, 실종, 유괴상황 시 도움을 요청하는 방법을 알고 행동한다(4~5세).
• 의사소통 영역		
듣기	이야기를 듣고 이해하기	• 다른 사람의 이야기를 듣고 이해한다(4~5세).
	바른 태도로 듣기	• 말하는 사람을 바라보며 듣는다(3세).
말하기	상황에 맞게 바른 태도로 말하기	• 듣는 사람의 생각과 느낌을 고려하여 말한다(4~5세).
• 예술경험 영역		
예술적으로 표현하기	미술활동으로 표현하기	• 협동적인 미술활동에 참여하여 즐긴다(5세).
예술 감상하기	다양한 예술 감상하기	• 나와 다른 사람의 예술표현을 소중히 여긴다(3~5세).
	전통예술 감상하기	• 우리나라의 전통예술에 관심을 갖는다(3~4세).
• 자연탐구 영역		
과학적 탐구하기	생명체와 자연환경 알아보기	• 나의 출생과 성장에 대해 관심을 갖는다(3~4세). • 생명체가 살기 좋은 환경과 녹색환경에 대해 알아본다(5세).

(4) 사회관계 영역의 교사역할

3~5세 연령별 누리과정 해설서(교육과학기술부, 2013)를 토대로 사회관계 영역의 연령별 지도 방법을 제시하면 다음과 같다(한성심 외, 2013).

① 나를 알고 존중하기

• 만 3세

- 유아가 자신의 이름, 나이, 성별이나 모습 등 자신에 대해 관심을 갖고 다른 사람들의 모습이나 성격, 생각의 차이에 관심을 갖도록 한다.
- 유아의 장점과 능력을 다른 사람들 앞에서 격려해 주어 자신을 존중하고 소중한 사람이라는 자존감을 형성하도록 한다.

• 만 4~5세

- 자신의 출생에 대한 과정과 신체에 대한 특징, 생각과 마음 등에 관심을 가지며, 남녀의 신체적 차이, 양성평등, 다문화 등에 대한 활동을 통해 자신은 물론이고 다른 사람의 신체적 · 사회적 · 문화적 차이를 존중하도록 한다.

② 나와 다른 사람의 감정 알고 조절하기

• 만 3세

- 자신에게 슬프고, 기쁘고, 화나는 등 다양한 감정이 있으며, 때로는 복합적인 감정이 있음을 알고, 다른 사람의 감정에도 관심을 가질 수 있는 활동을 경험하도록 한다.

• 만 4세

- 다른 사람이 기쁘거나 슬픈 감정을 표현하는 것을 알며, 슬프거나 기쁠 때에 우는 등의 다양한 감정과 표현의 실제 상황에 대해 이해할 수 있는 활동을 경험하도록 한다.

• 만 5세
- 상대방의 정서 이해와 공감, 표현에 관한 활동이나 상황을 통해 사회적 상호작용에 중요한 능력을 기르도록 한다.

③ 가족을 소중히 여기기

• 만 3~4세
- 가족이 행복했던 때와 가족의 자랑거리 등을 알고 표현해 보는 경험을 통해 가족의 소중함을 느껴보도록 한다.

• 만 5세
- 가족에게 고마움과 소중한 마음을 표현하거나 전달하는 구체적인 방법에 대한 경험을 통해 가족에 대한 고마움과 사랑에 대한 표현이 가족관계의 증진이 도움이 될 수 있음을 느껴보도록 한다.

④ 다른 사람과 더불어 생활하기

• 만 3세
- 자신과 친구의 의견이 다를 때에는 친구와 함께 하는 과정에서 갈등이 생길 수 있으며, 자신의 의견도 중요하지만 친구의 의견도 존중받아야 함을 수용할 수 있는 경험을 하도록 한다.

• 만 4~5세
- 친구와 다툼이나 갈등이 생겼을 때 긍정적인 방법으로 문제를 해결할 수 있도록 도우며, 다양한 활동과 놀이 상황을 통해 배려, 양보, 타협 등의 사회적 기술을 익히도록 한다.

⑤ 사회에 관심 갖기

• 만 3세
- 가족뿐 아니라 자신이 살고 있는 동네의 사람들에게 관심을 갖고, 존중할 수 있도록 역할놀이와 견학 활동 등을 통해 예절과 친절한 표현의 중요성

을 알도록 한다.

• 만 4세
- 일상생활 속에서 만나는 다양한 사람 중에 우리를 도와주는 일과 그 역할의 고유성 및 기능이 있음을 알며, 사회의 일원으로서 지켜야 할 규칙과 예의범절의 중요성을 알도록 한다.
- 시장놀이나 물건을 구입해 보는 경험과 물건의 가치에 따라 지불하는 값이 달라짐을 인식하는 경험을 하도록 한다.

• 만 5세
- 다양한 직업에 대한 관심을 갖고 직업과 우리 생활의 연관성을 생각해 보고, 직업의 소중함과 직업을 갖는 이유 등에 대해 이해할 수 있는 경험을 통해 장래희망을 생각해 보는 경험을 하도록 한다.
- 시장놀이나 물건을 구입해 보는 등의 다양한 활동과 놀이를 통해 돈의 사용법을 알고, 바람직한 소비습관과 절약하는 태도를 기르도록 한다.

지금까지 유아교육과정(유치원교육과정, 누리과정, 표준보육과정)을 살펴보았다. 여기에 덧붙여 초등교육과정과의 연계를 간단히 그림으로 제시하면 다음과 같다. 물론 유아교육과정의 한 영역이 초등교육과정의 한 영역과만 연계되는 것은 아니며, 가장 많이 관련 있는 영역을 연결한 것이다. [그림 4-4]를 토대로 각 영역별의 관련성을 살펴볼 수 있다.

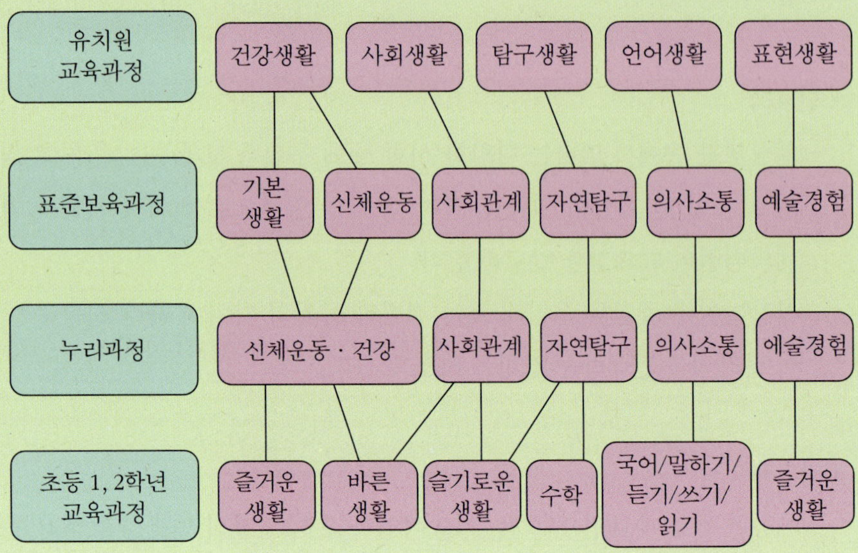

그림 4-4 유아교육과정과 초등교육과정의 연계

생각해 보기

- 유아교육과정(표준보육과정과 누리과정)의 세부내용을 토대로 활동의 예시를 생각해 보자.
- 3~5세 누리과정과 5세 누리과정의 세부내용에는 어떠한 차이가 있는지 살펴보고, 각 내용에 적합한 활동의 예를 생각해 보자.

구분	만 5세	만 3~5세	차이점
내용	• 나를 알고 소중히 여기기 • 나의 일 스스로 하기	• 나를 알고 존중하기	
	• 다른 사람과 더불어 생활하기	• 사회적 가치를 알고 지키기	
세부 내용	• 자신의 감정을 긍정적으로 조절한다.	• 자신의 감정을 상황에 맞게 조절한다.	
	• 가족과 사이좋게 지낸다.	• 가족과 화목하게 지낸다.	
	• 옳고 그름을 이해한다. • 친구와 어른께 예절 바르게 행동한다.	• 친구와 어른께 예의 바르게 행동한다.	
	-	• 자연과 자원을 아끼는 습관을 기른다.	

활동

▶ 관련 생활주제: 이웃, 우리 동네 ▶ 대상 연령: 만 4세

왜 이렇게 되었을까?

활동목표

- 환경오염 문제가 발생하는 이유에 대해 안다.
  (자연탐구 > 과학적 탐구하기 > 생명체와 자연환경 알아보기)
- 환경을 보호하기 위해 일상생활에서 실천할 수 있는 방안을 생각해 본다.
  (의사소통 > 말하기 > 느낌, 생각, 경험 말하기)

활동유형

대집단활동(동화, 이야기 나누기)

활동자료

- 『이건 꿈일 뿐이야』 그림책

▸▸ 이건 꿈일 뿐이야
크리스 반 알스버그 저, 손영미 역/베틀북/2006

활동방법

- 겉표지의 그림이 어떤 느낌이 드는지 느낀 대로 이야기한다.
  - 겉표지에는 어떤 것들이 보이니?
  - 어떤 상황인 것 같니?
- 함께 책을 읽고 책 속에 나온 내용에 대해 이야기를 나눈다.
  - 월터는 처음에 쓰레기를 어떻게 했니?
  - 너희들이라면 어떻게 할 것 같니?
  - 꿈에서 본 미래의 모습은 어떠했니?
  - 왜 그렇게 되었을까?
  - 월터가 잠에서 깨자마자 한 행동은 무엇이니?
  - 월터가 생일선물로 나무를 받기로 한 이유는 무엇일까?
- 환경오염의 원인과 결과 및 해결책을 생각해 본다.
- 환경오염을 막을 수 있는 방법이 담겨진 그림책 찾기를 한다.
- 그림책에 나온 미래처럼 되지 않기 위해서 우리들이 무엇을 할 수 있는지 이야기를 나눈다.

생각해 보기

• 활동의 3~5세 누리과정 관련 요소를 찾아보자.

3~5세 누리과정 관련 요소
•
•
•
•
•

참고문헌

교육과학기술부(2008). 유치원교육과정 해설 II.

교육과학기술부(2011). 2011년 개정 유치원교육과정.

보건복지부(2012). 제2차 표준보육과정.

서진규(1999). 나는 희망의 증거가 되고 싶다. 서울: 북하우스.

오카츠 후미히토(2002). 나를 변화시키고 업무효율을 높이는 정리의 기술 69(정윤아 역). 서울: 파라북스.

육아정책연구소(2011). 5세 누리과정 지도를 위한 유치원 · 어린이집 교사 연수 자료집, 74-91.

중앙보육정보센터(2013). 어린이집 표준보육과정 및 02세 영아보육프로그램의 이해. p. 56.

한성심, 김현자, 서지영(2013). 보육과정. 서울: 태영출판사.

제5장

애 착

1. 애착 이해하기
2. 안정-애착 형성하기

그는 왜 모두가 좋아할까?

밝고 명랑한 사람은 업무나 사생활에도
충실해 보여 상대에게 호감을 얻기 쉽다.
표정이 밝은 사람은 그 주변의 분위기까지
밝게 만들어 어디에서든 환영을 받는다.
그에 비해 무뚝뚝한 표정, 우울한 표정, 화난 표정으로
있는 사람은 주변의 분위기까지 어둡게 만든다.
자신의 인상을 찡그리고 있으면 상대도
똑같이 찡그린 표정으로 대응하게 마련이다.

– 감바 와타루(2005)

1 애착 이해하기

1) 애착의 정의

태어난 지 5주 된 아기는 끊임없이 소리 내어 운다.
아빠가 우유를 주고 안아줘도 울고, 할머니가 안아줘도 울고,
언니들이 딸랑이를 흔들어도 울음은 그치지 않는다.

그런데 어찌 된 일인가?
엄마가 안아주니 아기는 언제 울었나 싶을 정도로 금세 울음을 그치며,
엄마에게 옹알이를 하며 미소를 짓는다.

이렇게 아기와 엄마는 애착이 형성된 관계다.

유아는 엄마 뱃속에서부터 무한한 능력을 가지고 태어나지만 일정 기간 동안 누군가의 보살핌을 받는다. 즉, 유아는 자신을 지속적이며 일관성 있게 보호하고 돌봐 주는 사람이 필요하다. 애착이란 사람이나 동물이 어떤 특정 개체와 형성하는 정서적 유대관계다.

> 인류가 수백만 년의 진화를 거쳐 얻어 낸 아기의 유전인자 속에는 어떻게 살아야 생존할 수 있는지가 각인되어 있고, 엄마의 유전인자 속에는 자식을 어떻게 길러야 한다는 인식이 각인되어 있습니다. 애착은 이러한 유전인자를 가진 두 사람이 만나서 만들어 가는 관계입니다.
>
> – 성균관대학교 신경정신과 노경선 교수 〈EBS 아기 성장 보고서 3편〉

애착은 1950년대 영국의 정신과 의사이자 정신분석학자였던 Bowlby(1958)가 유아와 어머니 사이에 형성되는 친밀한 정서적 유대관계를 설명하면서 최초로 정의한 개념이다. 그는 제2차 세계대전 때 부모와 헤어진 고아들을 관찰하면서 유

아와 엄마는 태어나기 이전부터 생물학적으로 밀접한 정서적 유대관계를 형성하도록 입력되어 있다는 이론을 정립하였다. Bowlby는 애착을 다른 사람에게 접근추구(proximity-seeking)를 하고, 접근유지(proximity-maintaining)를 하려는 행동 혹은 그 접근이 손상되었을 때 그것을 회복시키려는 행동이라고 정의하였다.

그 이후에도 많은 학자에 의해 애착이론이 정의되었다. Cohen(1974)은 애착을 두 사람 간의 특수한 애정적 관계이며, 상호 특별한 관심을 가짐으로써 애착대상은 다른 사람이 대신할 수 없는 심리적 기능을 한다고 보았다. 그리고 Klaus와 Kennell(1978)은 애착을 시간이 흐름에 따라 계속되는 두 사람의 독특한 관계로 정의하였으며, Schaffer(1988)는 애착을 유아들이 그 종(species)의 어떤 다른 사람에게 접근을 추구하는 성향이라고 정의하였다.

Hay(1980)는 이러한 애착의 개념을 정리하여 특정인과의 애착을 알아볼 수 있는 몇 가지 준거를 제시하였는데, 첫째, 유아가 보호본능을 일으켜 애착을 형성한 사람이 자신의 곁으로 오도록 유도하는 것, 둘째, 애착을 형성한 사람에게 가까이 가려는 행동을 자주 나타내야 하며, 셋째, 애착을 형성한 특정인에게 접촉과 접근추구의 행동이 상당 기간 지속적으로 나타나야 한다고 하였다.

이와 같이 애착을 정의하는 여러 가지 견해를 종합해 보면, 애착이란 특정인과 형성하는 능동적인 정서적 유대관계로 상호작용적이며, 지속적인 관계로 두 사람 간의 결속을 강화하는 것이라고 할 수 있다. 즉, 시간이 지남에 따라 애착은 점점 발달된다.

유아를 돌보는 대상이 어머니가 아닌 다른 성인이라도 애착의 중요한 대상이 될 수 있을까?

맞벌이 가정의 유아인 경우, 한부모가정의 유아인 경우, 사정상 부모가 돌볼 수 없는 유아의 경우 등에서 유아는 조부모와 친척 그리고 유아교육기관의 교사로부터 보살핌을 받을 수 있다. 이러한 상황에서 유아는 부모 외에도 다른 성인에게서 애착을 형성한다. 유아와 부모 사이의 애착은 생물학적으로 밀접하고 강력하지만, 한 명이 아닌 여러 성인과 애착을 형성할 수 있다.

2) 애착이론

애착이론은 Bowlby에 의해 시작되었으며, 이는 정신분석학자들에게 소개되면서 지금까지 알려지고 있다.

유아는 태어나서 몇 년간 애착의 중요한 인물인 자신을 돌보아 주는 어른과의 상호작용을 통하여 서서히 자신과 다른 이들과의 관계에 대한 그림을 그리게 된다(Bowlby, 1973, 2000). 여러 학자들은 유아가 한 명의 특정한 양육자와 지속적이며 특별한 관계를 형성하고 발달하는지의 그 과정과 원인에 대하여 각기 다른 견해를 가지고 있다. 이러한 견해는 크게 정신분석이론, 사회학습이론, 인지발달이론, 동물행동이론으로 나누어 살펴볼 수 있다.

(1) 정신분석이론

정신분석학자 Freud의 이론에 따르면, 유아는 엄마가 자신의 구강기적 욕구를 충족시켰기 때문에 엄마에게 애착을 갖는다고 보았다. 즉, 애착은 빨고 깨물거나 입에 집어넣는 활동으로 구강기부터 형성된다.

Freud는 수유상황에서 유아와 어머니와의 유대관계를 중요시하여 어머니 혹은 다른 애착대상과의 관계를 맺으려고 하는 생물학적 특징을 가진다고 한다. 이것을 자기보존 본능 또는 성적 본능이라고 한다. 정신분석학적 용어로 '성적

●그림 5-1●

수유상황

(sexual)' 이란 말은 '사회적(social)' 이라는 말로 대치될 수 있다. 또한 어머니는 양육을 통하여 유아의 기본적인 욕구를 충족시켜 주기 때문에 자신의 성적 욕구를 만족시킨다. 그리하여 인간의 애착행동은 성적 본능과 관련된 것이며, 애착 대상은 다른 사람, 사물(동물, 무생물) 또는 자기 자신일 수도 있다.

Erikson 또한 수유상황이 애착 형성에 중요한 영향을 미친다고 주장하였다. 유아가 배고플 때 수유하지 않거나, 울거나 보챌 때 방치하면 유아는 신뢰감을 형성하지 못한다. 따라서 유아의 기본적인 욕구인 수유와 부모의 양육행동은 애착 형성의 중요한 요인이자 신뢰감의 기초가 된다.

(2) 사회학습이론

사회학습이론에 의하면, 애착은 학습경험의 축적으로 보았다(Perry & Bussey, 1984). 즉, 애착은 본능이 아니라 학습된 행동이다. 유아는 태어날 때부터 기본적인 욕구를 느끼는데, 이를 양육자가 충족시켜 준다. 예를 들어, 양육자는 유아에게 맛있는 음식을 주고 깨끗한 기저귀를 갈아 주며 따뜻하고 안전하게 보호해 준다. 이때 유아는 음식물과 기저귀 그리고 따뜻함을 일차적인 강화물로 연상하고, 자신의 욕구를 충족해 주는 양육자를 이차적인 강화자로 연상한다. 따라서 유아는 자신을 보살펴 주는 양육자와 밀접한 관계를 갖고, 애착을 형성하게 된다. 유아의 애착 행동은 양육자로부터 강화된 것이며, 애착은 양육자와 초기 접촉을 통해서 발달된다. 그리고 유아는 기본적인 욕구 외 다른 종류의 자극에 의해, 즉 그들과 상호작용하는 것에 대해 만족함으로써, 애착을 발달시킨다고 하였다(Maccoby & Masters, 1970).

이처럼 사회학습이론가들은 일차적인 욕구충족을 통해 애착을 발달시키고, 이 애착을 다른 사람에게 일반화시킨다고 설명하였다(홍계옥, 정옥분, 1995).

(3) 인지발달이론

인지발달이론의 관점에 따르면, 사회적 애착을 형성하는 유아의 능력은 인지발달과 관련이 있다. 일반적으로 유아가 엄마에 대한 애착을 확실히 형성하는 시기는 보통 생후 6~8개월 사이에 나타난다. 이 시기가 되면 유아는 친숙한 사람과 낯선 사람을 구별할 수 있고, 낯선 이에 대해 두려움을 느끼기 시작한다.

이 시기에 유아는 친숙한 사람에게는 미소를 짓고 옹알이를 한다. 그리고 친숙한 사람이거나 자신의 애착인물이 자리를 뜰 때에는 당황하며 울음을 터뜨린다. 이때 유아는 대상 영속성 개념을 습득하는 시기이며, 대상 영속성 개념의 발달이 필요하다. 자신을 돌봐 주는 주 양육자이자, 친숙한 사람이 갑자기 사라지더라도 계속 존재함을 인지한다.

유아가 대상 영속성의 개념을 이해하는 것과 거의 같은 시기에 애착을 형성하고, 분리불안을 나타내는데 이를 위해서는 저장된 정보를 회상하는 인지적 능력이 필요하다고 제안하였다(이영, 조연순, 1990). 즉, 애착이 형성되는 시기와 인지발달과도 관련이 있다.

따라서 인지발달이론가들은 유아가 대상 영속성을 획득하기 전에는 애착을 형성할 수 없다고 하였다(Schaffer & Emerson, 1964). 그러나 애착을 형성하기 전에 반드시 대상 영속성을 습득해야 하는지에 대해서는 아직 밝혀진 바가 없다. 이는 대상 영속성이 획득되는 시기와 애착이 형성되는 시기가 유사하다는 점을 시사한다.

(4) 동물행동이론

동물행동이론에 의하면, 생존을 위해 유아는 큰 소리로 울고, 돌보아 주는 양육자에게 매달리고, 놀랄 만큼 크게 웃거나 소리 치고, 팔을 들어 안아 달라고 하며, 기어다니고, 그 자리에서 사라지는 어른 및 양육자를 쫓아가는 본능적인 능력을 갖추고 태어난다고 한다. 이런 기초적인 몸짓과 소리로 유아는 자기를 돌보는 사람에게 더 가까이 가고, 더 많은 관심을 갖게 함으로써 생존의 가능성을 높이는 것이다(Honig, 1993). 유아는 자신의 생존에 필요한 애착 대상의 보살핌과 보호를 이끌어 낼 수 있는 유발자극을 선천적으로 가지고 있다는 것이다.

애착은 유아가 가깝고 반응적인 어른과의 유대를 통하여 유아에게 안전감을 느끼게 한다. 유아는 자기 곁에 존재하는 애착 대상의 반응을 예측하는 능력이 늘어 가면서 신뢰감을 점차 키워 간다(Honig, 2004).

따라서 유아는 단순히 보살핌을 받는 수동적인 존재가 아니라, 스스로 보살핌을 이끌어 내는 적극적이고 능동적인 역할로 양육자와의 관계를 유지해 나간다.

3) 애착의 발달단계

Bowlby의 애착이론에 따르면, 일상적으로 반복되는 양육자와의 경험은 유아가 양육자에 대한 내적 표상을 발달시키는 데 기여한다. Bowlby에 의하면 애착은 네 단계를 거쳐 발달하는데, 그 발달단계는 다음과 같다.

(1) 1단계: 무분별한 사회적 반응단계(출생~3개월)

출생 후 약 8~12주까지에 해당되는데, 이 시기의 영아는 사람들에게 사회적 신호로서 응시하기, 미소 짓기, 울기, 소리내기, 잡기 등으로 애착 행동을 나타낸다. 이 시기에 나타나는 행동은 성인으로 하여금 자신에게 접근이나 접촉을 하게 하므로 울음, 미소 등의 사회적 반응 및 반사를 통하여 성인의 행동을 활성화시킨다. 그러나 아직까지 낯익은 사람과 낯선 사람을 구분하지는 못하며 유사한 반응을 보일 뿐이다.

(2) 2단계: 변별적인 사회적 반응단계(3~6개월)

출생 후 3개월이 되면, 영아의 애착 행동이 세분화된다. 이 시기의 영아는 친숙한 사람과 덜 친숙한 사람에 대한 반응이 다르며, 첫 단계에 비해 보다 적극적인 접근추구와 접촉유지 행동을 보인다. 예를 들어, 친숙한 사람에게 옹알이를 자주하며 미소 짓는다. 그러나 아직까지 친숙한 사람에게 완전한 애착이 형성된 단계는 아니므로 영아는 낯선 사람에게도 비교적 다정하게 대하는 시기다.

(3) 3단계: 능동적 접근 추구 단계(6개월~2세)

이 시기의 유아는 애착 인물에 대한 접근추구와 접촉유지 행동이 빈번해짐은 물론, 적극적인 시도를 하게 된다. 또한 애착 대상을 인지적으로 표상할 수 있으며, 이동이 가능하다. 그러므로 유아는 애착 대상이 떠나려 할 때 능동적으로 접근하고(기어가기, 따라가기 등), 애착 대상자를 기점으로 하여 탐색하며, 특히 자신이 곤경에 빠졌을 때는 그 누구보다도 애착 대상을 찾는다. 이 단계의 애착현상을 잘 나타내는 두 가지 특징은 낯선 사람에 대한 불안과 분리불안이다. 다른 낯선 사람보다 애착 대상자를 더 좋아하고 이로부터 격리될 때 불안을 느끼며

격렬한 반응을 보인다.

(4) 4단계: 수정적인 동반자적 단계(2세 이후)

이 시기의 유아는 애착 대상이 잠시 눈에 보이지 않더라도 애착 대상의 계획을 이해함으로써 자기 곁을 떠나는 것을 기꺼이 허용하게 된다. 이는 애착 대상자의 행동을 조금씩 예측하게 되며, 애착 대상자의 행동과 그 행동에 영향을 주는 것이 무엇인지 알게 되어 애착 대상자가 설정한 목표를 깨닫게 된다. 따라서 이 시기의 유아는 애착 대상과 협조적인 관계를 맺게 되어 애착 대상과 동반자 관계를 형성한다.

유아는 애착관계를 통하여 자신과 타인에 대한 기본적인 개념을 배울 수 있다. 또한 유아는 특정인(일차적인 양육자나 교사, 부모 등)에 대한 강한 정서적 애착을 형성한다는 특징을 가질 수 있다. 대부분의 유아는 양육자 및 교사와의 상호작용을 통하여 애착을 형성한다. 이처럼 유아가 발달함에 따라 애착 형태가 조금은 달라질 수 있지만 그 본질이나 지속성에 있어서는 변함이 없으며, 이러한 애착은 인지발달이나 사회성과 같은 다른 영역의 기능에도 영향을 미친다 (Matas, Arend, & Sroufe, 1978).

4) 애착 형성의 유형

일반적으로 유아들은 비슷한 애착의 발달과정을 거치지만, 그들이 형성하는 애착 유형과 질은 양육자에 따라 각각 다르게 나타난다. 1983년 심리학자 Ainsworth는 '낯선 상황 실험' 을 통해 애착 형성 유형을 분류하였다.

낯선 상황 실험이란 생후 12개월에서 18개월 된 유아를 대상으로 엄마와 낯선 사람이 교대로 나타나고 사라지는 상황에서 유아의 행동을 관찰하여 애착의 형성 유형을 측정한 실험이다(Ainsworth, Blehar, Waters, & Wall, 1978). 여기서 가장 주목해야 할 점은 엄마가 방을 나갔다가 돌아왔을 때 유아의 반응이다.

이 연구결과에서 여러 종류의 애착을 발견하였는데, 구체적인 애착 형성 유형과 그 특징을 살펴보면 다음과 같다.

(1) 안정-애착

가장 많은 비율을 차지하는 유형은 안정된 애착이다. 여기에 속하는 유아들은 주위 환경을 비교적 자유롭게 탐색하며 낯선 사람과도 관계를 유지한다. 또 엄마가 곁에 없을 때 당황하거나 울기도 하지만, 엄마가 돌아오면 반가워하고 빨리 울음을 그친다. 안정된 애착을 형성한 유아들은 부모 및 양육자와 다시 만나기를 간절히 바란다. 즉, 유아들은 안전지대에 도달하며 금세 부모 및 양육자를 떠나 가지고 놀던 장난감을 다시 가지고 논다.

안정된 애착을 보이는 유아의 부모 및 양육자는 민감하고 반응력이 뛰어나다고 볼 수 있다. 예를 들어, 유아의 스트레스에 즉각적이고 적절한 반응을 보인다. 또한 유아를 부드럽고 조심스럽게 안아 준다.

(2) 불안정-회피애착

회피애착이 형성된 유아들은 엄마와 함께 있어도 반응이 없고 엄마가 자신의 곁을 떠나도 당황하거나 슬퍼하지 않는다. 이뿐 아니라 엄마가 돌아와도 이를 무시하고 회피하거나 낯선 사람에게도 반응을 보이지 않는다. 또한 엄마가 돌아오는 것을 기대하지 않는 유아들도 있다. 이 유아들은 엄마를 무시하고 장난감만 가지고 논다.

이러한 유아들은 떨어져 있는 것에 대하여 성숙하게 대처하는 듯 보이지만, 사실은 집에서 자주 화를 내고 적대적이며 유아교육기관에서 친구들에게도 냉담하다(Honig, 1993: 71). 회피 경향의 불안정한 애착을 가진 유아들은 애착의 중심인물에 대한 분노와 불신을 가지고 있어 나중에 사회생활에 어려움을 겪고, 순응, 협력하지 못하며 난폭해져서 다른 유아들을 지배하려는 위험으로 확산될 가능성이 있다(Belsky, 1988).

(3) 불안정-저항애착

저항애착이 형성된 유아들은 엄마가 있어도 불안해하고, 엄마와 한시라도 떨어지지 않으려고 안간힘을 쓴다. 이 유형의 유아들은 주변 환경에 탐색하는 일에 흥미를 보이지 않는다. 잠시 엄마와 떨어졌다가 다시 만났는데도 유아는 화를 내며 돌아서고 짜증을 낸다. 그리고 안아 주면 발버둥치는 행동을 하며, 쉽게 울음을 그치지 않는다. 즉, 엄마에게 다가가고 싶지만 화로 분출하는 양면성을 나타낸다.

유아가 이러한 반응을 보인다는 것은 분명히 엄마가 유아와의 관계에서 유아의 상태, 리듬 그리고 스트레스를 받는 상황을 잘 이해하지 못하고 있는 경우다. 예를 들면, 부모 및 양육자는 기분 내킬 때에만 유아를 안아 주거나 돌봐 준다거나 유아가 도움을 요청할 때 변덕스럽게 돌아서는 경우다. 그리고 그들은 유아들에게 정서적이고 긍정적인 표현을 잘 하지 않고 엄격한 편이다.

(4) 불안정-혼란애착

애착 유형 중 혼란애착은 가장 큰 불안정성을 보이는 유형이다. 회피애착과 저항애착이 결합된 형태다. 이 유형의 유아들은 여러 가지 형태의 모순되고 혼란스러운 행동을 보인다. 평상시에도 멍한 상태이거나 목표를 잃은 것처럼 보이기에 무슨 생각을 하는지 알 수가 없다. 엄마와 떨어졌다가 다시 만났을 때 유아들은 모순되는 행동을 보여 준다. 예를 들어, 재회를 철저히 무시하다가도 친밀감을 몹시 원한다. 또는 화를 내다가 모른 척하다가 혼란스러운 양극적인 반응을 보인다. 애착 인물에게 다가가다가도 마치 혼란스럽거나 염려되고 풀이 죽은 듯한 모습으로 갑자기 멈춰 서기도 한다(Main & Solomon, 1990).

엄마: (낮은 목소리 톤으로) 아가 이리 오렴. 엄마가 책 읽어 줄게.
(페이지를 넘기며) 이것 봐, 와 이것 좀 봐 봐.
유아: (엄마 무릎에 잠시 앉아 있다.)
엄마: (낮은 목소리 톤으로) 이것 봐라. 여기에 자동차도 있네.
유아: (책 밑으로 빠져나가 이리저리 돌아다닌다.)
엄마: (화난 목소리로) 너 읽고 싶지 않아? 그럼 보지 마.

엄마는 책을 읽어 주는 동안 유아의 관심을 끌기 위해 목소리 톤이나 스타일을 바꾸지 않았다. 또한 유아가 그림이나 이야기에 집중할 수 있도록 내용을 조절하지도 않았다. 그리고는 단지 유아가 책에 관심을 가지지 않는 것에 대하여 비난하였다.

앞의 사례처럼 불안정한 애착을 보이는 유아의 엄마들은 유아의 필요나 행동에 민감하게 반응하기보다는 일관성 없이 자기중심적으로 행동한다. 이처럼 부모 및 양육자와 유아 사이의 애착이 저마다 다르게 형성되는 이유는 무엇일까?

많은 연구자들이 부모의 양육 태도를 아동의 애착 형성에 영향을 미치는 가장 중요한 변인으로 보고 있다(박찬옥 외, 2001; Ainsworth, Stayton, & Bell, 1971). 따라서 애착 대상과의 관계에서 어떤 유형의 애착이 형성되는가는 애착의 질이 결정적인 요소가 된다. 애착관계는 부모 및 양육자가 유아의 곁에 오래 머무느냐가 아니라 유아의 신호에 얼마나 민감하게 반응하느냐에 따라 달라진다.

2 안정–애착 형성하기

1) 안정-애착의 중요성

안정-애착은 인간발달의 여러 양상에 결정적인 영향을 주는 중요한 요소다(조순옥 외, 2003). 유아의 생의 초기 몇 년 동안, 유아는 자기에게 안정감과 안락감 그리고 확신을 주는 것으로 믿는 특정 양육자에 대해 애착을 형성한다(Honig, 2004). 이는 양육자와의 관계에서 형성된 기본적인 신뢰감이 모든 사람들에게 확대된다. 개인이 어린 시절에 가지는 양육자와의 경험과 상호작용이 행동 양식을 형성하고 다른 사람들과의 조화로운 관계를 맺는 데 많은 영향을 미친다(Karen, 1994).

영유아기 때 주 양육자와 지속적이고 긴밀한 관계를 형성하지 못한 유아의 경우에는 신체적 · 정서적으로 문제를 경험하고 다른 사람을 보살피거나 사랑할 수 있는 능력을 상실하게 된다(Bowlby, 1980, 2000). 반면 하루의 대부분을 주 양육자와 떨어져 있어도 애착이 약화되지 않는 것은 주 양육자와 유아가 같이 보내는 시간의 양보다는 질, 즉 관계의 내용이 더 중요하다는 것을 알 수 있다. 이와 같이 영유아기 때 주 양육자와의 관계에서 형성되는 안정적인 애착의 중요성은 매우 크다.

엄마가 유아에게 주는 최고의 선물은 '애착' 이다. 이 애착을 주제로 발행한

'EBS 아기 성장 보고서' (2009)에서는 다음과 같이 애착의 중요성을 밝혔다.

부모에 대한 긍정적인 애착을 형성한 유아는 다른 사람에게 더 친절하게 반응하고 상대방의 입장을 더 잘 이해하며, 타인을 잘 보살피는 동시에 긴밀한 관계를 유지한다. 뿐만 아니라 엄마와 긴밀한 애착을 형성한 유아는 엄마를 안전기지 삼아 두려움 없이 세상을 자유롭게 탐색한다. 이러한 탐색욕구는 지적 발달을 도와 유아가 자란 후에도 학습 능력에 적지 않은 영향을 미친다. 여기서 더 나아가 그들은 양육자와의 상호작용을 하는 기술을 익혔기 때문에 자신의 의견도 잘 표현할 줄 알며, 타인의 의견에 대해 조정 및 타협을 잘한다. 이러한 특성을 가진 유아들은 집단 속에서 리더가 될 가능성이 있다.

더불어 애착 형성이 잘 된 유아는 새로운 것에 대해 긍정적인 생각을 가지고 있기 때문에 낯선 환경에 잘 적응하고 도전적인 과제를 쉽게 해결한다. 뿐만 아니라 실패를 하더라도 좌절감을 잘 극복하고 자기감정을 잘 억제하며, 특별한 문제 행동 없이 부모에게서 자연스럽게 독립한다.

그러나 불안정 애착을 형성한 유아는 사람과의 관계 형성에 극도의 불안감을 표현하며, 사회성 발달이 지체되고 더 나아가 심지어는 뇌발달까지 영향을 미친다. 애착의 질이 두뇌발달에 영향을 미친다는 사실은 여러 차례 과학적으로도 검증되었다. 애착이 제대로 형성되지 않으면 뇌발달을 방해할 뿐 아니라 뇌손상까지 가져온다.

따라서 유아와 양육자 사이의 안정적인 애착관계가 정서발달, 사회성 발달, 지적 발달 등 유아의 전반적인 발달을 좌우한다고 볼 수 있다.

2) 안정-애착 형성 방법

애착은 유아를 돌보는 사람이면 누구나 가장 우선시하고 관심을 가져야 하는 일이다. 안정된 애착 형성에 필요한 사랑과 안정감, 관심을 가정에서 받을 수 없었다 하더라도 유아교육기관에서 교사의 애정 어린 지원과 세심한 보살핌이 커다란 변화를 가져다줄 수 있다. 교사의 지속적이고 일관성 있는 보살핌이 이루어진다면 유아의 애착은 증진된다.

따라서 교사 및 양육자가 애착관계를 형성할 때 필요한 교수-학습 방법, 교사의 역할, 환경 구성을 다음과 같이 제시할 수 있다. 교사 및 양육자는 유아의 최적 발달을 촉진시키는 데 도움이 되는 애착 형성의 기술을 익히고 여러 가지 특별한 방법을 사용할 수 있다.

(1) 교수-학습 방법

① 일상생활에서 상호작용하기

교사 및 양육자는 유아들과 상호작용하는 시간을 일과 중에 따로 떼어 두는 것보다 일상생활에서 나누는 것이 좋다. 유아들과 일상생활을 거듭하는 동안 교사 및 양육자는 신뢰와 공감대가 형성된다. 예를 들어, 유아의 기저귀를 갈아 줄 때, 더러워진 손을 닦아 줄 때, 옷을 갈아입혀 줄 때, 밖에 나갈 때, 신발을 신을 때, 식사할 때 등에서 상호작용을 많이 하는 것이 좋다. 이때 영아는 옹알거리며 들을 것이며, 유아는 진정으로 대답할 것이다.

② 유아의 오감에 반응하기

출생 후 2세까지 유아는 사물을 오감으로 파악한다. 오감이란 시각, 청각, 미각, 후각, 촉각을 말한다. 특히 생후 3개월까지는 시각, 청각, 후각 등의 감각이 가장 민감하게 발달한다. 대뇌의 시냅스를 고루 발달하도록 여러 감각을 자극해 주는 것은 곧 두뇌발달로 이어진다. 유아의 오감을 통한 자극은 애착을 증진시키는 데에 중요한 역할을 한다.

③ 유아의 감정에 민감하기

교사 및 양육자는 유아들의 슬픔, 걱정, 두려움과 분노의 감정을 다룰 수 있도록 도와주어야 한다. 그러기 위해서 다양한 감정이 묘사되어 있는 책을 보여 주고 읽어 주면 도움이 된다. 책을 통해 다양한 감정을 배우게 되고, 도움을 받기도 한다. 그뿐 아니라 유아의 웃음과 슬픔, 목소리의 높낮이, 표정 그리고 몸짓의 모든 것까지 교사 및 양육자는 민감하게 반응해 주어야 한다. 민감하고 반응적인 교사는 유아의 언어적 및 비언어적 신호를 잘 읽고 이해한다.

④ 또래친구들과 어울리도록 지도하기

애착은 어느 정도 유아가 또래친구들과 편안히 관계를 맺을 수 있는지와 관련되어 있다(Honig, 2004). 교사 및 양육자는 유아가 또래친구들과 관계 맺는 것을 어려워하는 것을 발견해 낼 수 있어야 한다. 여러 유아들이 놀고 있는 집단의 주변에서 기웃거리고만 있는 유아, 같이 놀고 싶어도 물어볼 줄 모르는 유아, 어떻게 하면 같이 놀 수 있는지 방법을 모르는 유아 등이 있다. 이럴 때 교사 및 양육자는 또래친구들과 어울리는 법을 가르쳐 주거나 사회성 능력을 키워 주어야 한다.

(2) 교사의 역할

① 사랑에서 출발하기

애착의 첫 번째 요소는 사랑이다. 교사 및 양육자는 유아의 본능적 욕구를 채워 주는 차원을 넘어, 유아의 신호에 빠르고 적절하게 반응하여 유아가 '나는 사랑을 받고 있구나' '나는 정말 소중한 존재이구나' 하는 느낌을 받게 하는 것이야말로 유아에게 안정감을 심어 주는 것이다.

유아들은 자신을 돌봐 주고 보호해 주며, 적극적으로 늘 자기를 위해 존재하는 교사 및 양육자와의 관계에서 점점 안정감을 느끼게 된다. 오늘날 많은 유아가 부모와 떨어져 유아교육기관에서 생활하므로 더욱더 그들에게 사랑으로 교육이 이루어져야 한다.

② 유아를 존중하기

안정된 애착을 형성할 두 번째 요소는 존중이다. 교사 및 양육자는 어린 유아들에게 존중한다는 것을 어떻게 표현할 수 있을까? 유아 한 명마다 특별하게 대하고, 사랑받고 있다고 느끼게끔 하고, 유아의 이름을 자주 부르는 것과 같이 사소한 예의를 갖추고, 유아 위에 군림하려는 목소리 톤보다는 차분한 톤으로 말하고, 짓궂게 굴거나 혼란스럽게 행동하는 유아에게 존중을 표하는 것 등이 예가 될 수 있을 것이다(Honig, 1989). 교사의 음성, 태도에서 유아들은 자신의 가치에 대한 메시지를 전달받는다(Honig, 1993).

대부분의 교사 및 양육자들은 어떠한 볼 일을 잠깐이면 해결할 수 있다는 생각에 잠시 유아들의 곁을 떠나 다녀올 때가 허다하다. 잠시 교실에서 나갈 때, 결코 갑작스럽게 나가 버리면 안 된다. 유아들에게 자신이 어디에 가며 곧 돌아올 것이라는 이야기를 하는 습관을 들이는 것이 좋다. 영아들은 그 이야기를 완전히 이해하지는 못할지라도 교사 및 양육자가 곧 돌아올 것이라고 안심할 것이다. 특히 유아들은 교사 및 양육자의 말을 이해하고, 그들이 곧 돌아올 것을 알고 안심하게 된다. 이는 유아들에게 관심과 존중을 가지고 있음을 표현하는 것이 된다.

(3) 환경 구성

① 정서적으로 안정된 분위기 만들기

유아는 부모 및 양육자와 떨어져 유아교육기관에서 하루 일과의 절반 이상의 시간을 보낸다. 때문에 집처럼 편안하고 즐거우면서도 발달에 적합한 경험을 할 수 있는 분위기를 만들어 주어야 한다.

정서적으로 안정된 분위기는 애착에 도움이 된다. 유아에게 안전하고 정서적인 환경은 신뢰감을 쌓아 자율성을 증진시켜 주며, 유아의 인지 · 사회 · 정서 · 언어 발달에 결정적 역할을 한다(서영숙, 김경혜, 2006). 따라서 유아는 정서적으로 안정된 환경 안에서 즐거워야 하고 모든 감각을 경험하고 탐색할 수 있어야 한다.

② 반응적이고 흥미로운 환경 만들기

반응적이고 흥미로운 물리적 환경을 형성하는 것은 애착을 증진시키는 데 도움이 된다. 교사 및 양육자는 유아들이 유아교육기관에 있을 때 편안함을 느낄 수 있도록 환경을 구성해야 한다. 푹신한 베개 및 쿠션, 부드러운 매트리스, 양탄자 등은 안락함과 따뜻함을 느끼게 해 준다. 흥미로운 교재 및 교구들은 유아들이 새로운 교실에 익숙해지는 데 도움이 되며 유아들의 여러 가지 감정을 해소시키는 좋은 방법이다.

교실에 여러 가지 색의 꽃을 꽂아 두거나 녹색 화초를 갖다 놓으면 활기를 더

한다. 또는 다양한 색깔의 모빌을 천장에 매달아 놓으면 유아들의 관심을 끌 수 있다. 그리고 조용히 책을 볼 수 있는 아늑한 공간과 부드러운 소재로 꾸며져 쉴 수 있는 공간을 마련해야 한다. 이는 유아들이 심리적인 안정을 되찾을 수 있기 때문이다.

3) 안정-애착 형성 실천하기

안정적이고 긍정적인 애착관계의 시작은 아주 작은 실천에서 비롯된다. 유아의 신호에 적극적으로 반응하고 아낌없는 사랑을 주는 것이다. 그리고 무엇보다 중요한 것은 유아와의 접촉이다.

Harlow

미국의 심리학자 Harlow는 몇 가지 실험을 통해 '신체적 접촉'이 애착 형성의 결정적인 요인이라는 사실을 밝혀냈다.

Harlow의 실험에서 알 수 있듯이, 접촉은 애착 형성에 지대한 영향을 미친다. 따라서 접촉 없이 유아를 오랫동안 방치했을 경우, 유아는 엄마와의 정서적 유대감을 느끼지 못할 뿐 아니라 전반적인 발달장애를 초래할 수 있다.

아기가 엄마에게 친밀감을 느끼게 되는 결정적인 요인

새끼 원숭이들이 먹이를 먹을 때 어떤 것을 선택하는지를 통해 아기와 엄마 사이에 애착관계가 형성되는 결정적 요인을 알아보는 실험이다.

1950년 15~100마리까지 대가족을 이루고 사는 습성을 지닌 원숭이 종족의 새끼들을 실험실로 데려와 생명이 없는 원숭이 모형의 대리모를 이용해 키웠다.

Harlow의 애착관계 실험

이 대리모 중 하나는 젖병은 달았지

만 차가운 철망으로 몸통을 만들었고, 또 하나는 몸통에 부드러운 천을 씌웠지만 젖병은 달지 않았다. 그리고 두 대리모가 있는 우리 안으로 새끼 원숭이를 넣었다. 새끼 원숭이들의 반응은 확연했다. 모든 새끼 원숭이들이 젖을 먹을 수 있는 철사 대리모보다 천으로 된 대리모에게 달라붙어 더 많은 시간을 보냈다.

새끼 원숭이들은 젖을 먹을 때만 철사 대리모를 찾았고, 그 외의 시간은 천으로 덮인 대리모 곁에서 보냈다. 어미에게 친밀감을 느끼게 하는 것은 먹이가 아니라 부드러운 접촉이라는 사실을 확인하는 순간이었다.

애착은 부모와 교사의 사랑이 담긴 부드러운 손길에 의해 안정적으로 시작된다. 적어도 애착 형성의 결정적 시기인 생후 1년 정도까지는 많이 어루만져 주고, 토닥여 주며, 안아 주어야 한다. 유아와 함께 보내는 시간이 부족하더라도 부모와 교사는 양육하는 시간 동안 유아를 어루만져 주고 안아 준다면 안정적인 애착관계를 맺을 수 있다.

이와 같이 애착을 증진시키는 데에 중요한 역할인 '오감발달' 이라는 주제로 실천할 수 있는 활동을 제시하였다.

(1) 촉각발달 지도

아기는 세상에 태어나기 전부터 촉각을 느껴 임신 7주 반 정도 되었을 때 탯줄을 살짝 건드려도 반응을 보이고 14주 정도 되면 온몸으로 반응을 보인다. 태어나자마자 엄마 뱃속과는 다른 차가운 공기나 엄마의 몸과 손의 따스한 접촉에 민감하게 반응한다.

유아와 신체적인 접촉을 많이 하면 애착 형성과 같은 정서발달은 물론 두뇌발달에 도움을 주는 '베타 엔돌핀' 의 분비를 촉진시킨다. 따라서 유아가 기분 좋은 시간에 몸을 마사지해 주거나 유아의 촉각을 다양한 방법으로 경험할 수 있게 해 주어야 한다. 이를 위한 다양한 활용방법은 다음과 같다.

표 5-1 ● 유아의 촉각을 발달시키는 활동

활동명	활동방법
다양한 촉감의 물건을 만질 수 있도록 해요	• 고무장난감, 나무나 플라스틱, 다양한 감촉의 헝겊인형(합성섬유로 된 제품은 NO), 모래 등 여러 가지 감각의 물질을 만지며 놀 수 있도록 지도한다. • 풍선에 물을 조금 넣고 단단히 묶어 물풍선을 만들고 유아가 만져 보게 한다. 유아는 말랑말랑한 느낌을 경험할 수 있게 된다. 또한 큰(박스) 테이프의 끈적한 부분을 유아가 느끼도록 해 본다.
피부끼리 접촉을 해요	• 유아를 발가벗겨 양육자의 몸 위에 올려놓는 것도 촉감발달에 많은 도움이 된다. 유아에게 피부끼리의 접촉은 가장 훌륭한 자극이라고 할 수 있다. 그리고 유아에게 마사지를 규칙적으로 해 주면 성장에 도움이 된다.
모래놀이와 손가락을 이용해요	• 손가락 사이로 빠져나가는 작은 알갱이의 모래는 매우 훌륭한 촉감 놀이 재료다. • 어른의 손가락은 유아가 가장 쥐기 쉬운 굵기다. 누워 있는 유아의 손 안에 어른의 손가락을 살짝 넣어 보자.
맨발로 걸어요	• 맨발로 양탄자나 타일바닥, 마루바닥 등을 걷도록 하고 볕이 좋은 날이면 모래밭 또는 풀밭 위를 걷도록 한다. • 모래를 밟고 걷게 하거나, 발가락 사이로 모래를 퍼올리거나 흘러내리게 하기 등 다양할수록 좋다.
소리 나는 재질을 이용해요	• 유아에게 은박지나 신문지, 셀로판지 등 느낌이 다양한 종이를 구기거나 찢게 한다. 흥미 유발을 위해 소리가 잘 나는 사탕 껍질이나 과자 봉지 같은 것을 주면 좋다.
물건 이름을 알아요	• 유아의 눈을 가리고 물건을 만져 보게 하여 어떤 물건인지 알아맞히도록 하는 놀이도 좋다.
함께 요리해요	• 유아들과 함께 요리를 하면서 밀가루 반죽을 하거나 달걀을 푸는 등 여러 가지를 하며 촉각과 손재주를 개발할 수 있다. • 밀가루 반죽 놀이는 밀가루의 감촉을 느끼는 것뿐 아니라 주무르고, 뜯고, 양손으로 둥글게 만드는 손기술이 요구되는 놀이가 된다. • 촉감과 함께 미세운동을 발달시키기 위해서는 과일의 큰 씨앗 등을 이용하여 유아가 집거나 바나나처럼 미끈거리는 음식을 만져 보도록 유도할 수 있다.
다양한 모양의 재료를 이용해요	• 스펀지나 화장솔 등 촉감이나 모양이 다양한 여러 재질을 피부에 대 주거나 갖고 놀게 한다. 바닥에 여러 재질을 깔아, 발바닥을 통해 다양한 촉감을 느낄 수 있도록 해 준다.

(2) 시각발달 지도

유아들은 전체보다는 부분을, 정지된 것보다는 움직이는 물체를, 흑백보다는 컬러를, 직선보다는 곡선을 더 좋아한다. 그리고 단순한 도형보다는 복잡한 도형을 더 좋아한다. 유아들은 단순한 장난감보다 사람의 얼굴을 더 좋아하고 교사 및 양육자와의 상호작용을 즐기는 것도 이러한 특징 때문이다. 따라서 교사 및 양육자는 유아에게 웃는 얼굴과 다양한 표정이 담긴 얼굴을 많이 보여 주는 것이 좋다. 이러한 과정을 통해서 유아들은 감정과 정서를 배우게 된다.

유아는 세상의 정보를 시각을 통해 감지하며, 이는 곧 지능발달과 연결된다. 따라서 유아들에게는 다양한 환경을 보여 주는 것이 좋다. 공원을 산책하거나 마트, 시장, 백화점의 모습을 구경하고, 놀이동산, 박물관 등을 함께 가면 유아들

표 5-2 ● 유아의 시각을 발달시키는 활동

활동명	활동방법
모양이 달라요	• 공원에 나가 꽃과 나무를 보여 주자. 유아는 길고 가는 나뭇잎도 있고, 넓고 두꺼운 나뭇잎도 있다는 것을 알게 될 것이다. 유아 스스로 가만히 지켜보고 느낄 수 있도록 해 주는 것이 좋다.
	• 여러 가지 과일이나 채소를 잘라서 유아와 함께 비교해 보자. 자르는 방법에 따라서도 나타나는 모양이 달라지는 것을 배우게 된다. 잘려진 과일과 채소의 단면에 물감을 묻혀 찍어 보는 것도 좋다.
색깔이 달라요	• 유아들은 색채로 사물을 인지한다. 이는 색을 색 자체로만 받아들이는 것이 아니라 자신이 좋아하는 기호에 따라 사물을 좋아하게 된다. 예를 들어, 유아가 소방차를 좋아하는 것을 보고 부모 및 교사는 소방차를 좋아하는 것일 수도 있지만, 빨간색을 좋아하는 의미일 수도 있다.
	• 자연의 색을 비교하게 함으로써 색감을 키워 주고, 색의 다양성을 느끼게 해 준다. 같은 계열의 색이라도 생활 속에서 어떻게 다른지 느껴보게 한다. 옷감의 붉은색과 잘 익은 빨간 사과색 등을 보여 준다.
표정이 달라요	• 유아들이 가장 즐겨 그리는 그림은 사람의 얼굴이다. 유아에게 엄마와 가족의 얼굴을 살펴보게 하고, 코나 입 모양, 눈 등을 세심하게 관찰한 후, 그림을 그리도록 도와준다. 화난 얼굴, 웃는 얼굴, 우는 얼굴 등 표정을 보여 주는 것도 놀이방법 중 하나다.
	• 집에서 부모와 함께 거울보기 놀이를 해 보자. 거울 놀이를 할 때는 유아와 함께 거울 앞에 앉아 신체 부위의 특징을 말해 주면서 유아에게 각 부위를 짚어 보도록 주문한다. 엄마의 표정을 맞춰 보도록 하자.

은 다양한 경험을 할 수 있을 뿐 아니라 상호작용에도 도움이 된다. 예를 들어, 책에 나오는 그림을 보고 이야기를 하거나, 유아가 그린 그림이나 만든 작품을 보고 설명할 수 있도록 교사 및 양육자가 기회를 줘야 한다. 이러한 활동은 곧 유아의 자신감과 리더십 그리고 창의력을 키우는 데도 도움이 되기 때문이다.

(3) 청각발달 지도

우리는 수많은 정보를 소리를 통해서 듣게 되며, 소리는 본질적으로 움직임과 관련이 있다. 소리를 탐지하는 능력은 태아부터 가능하며, 인간의 음성은 유아

표 5-3 ● 유아의 청각을 발달시키는 활동

활동명	활동방법
일상의 소리를 들어 봐요	• 유아에게 책을 읽어 줄 때는 '동화구연가' 처럼 해 보자. 소리의 높낮이를 구분해 주고, 책 내용에는 없더라도 중간 중간에 의성어와 의태어를 넣어서 읽어 준다. 그리고 발음을 정확히 해 주며, 아주 천천히 그리고 반복적으로 들려준다. 유아들이 어른보다 영어습득이 빠른 이유는 반복학습을 즐기기 때문이다. 유아들은 이미 들었던 카세트 소리, TV와 비디오 프로그램을 듣고 또 보기를 반복하면서도 흥미롭고 즐거워한다.
자연의 소리를 들어 봐요	• 유아들과 직접 자연의 소리를 만들어 보자(마라카스). 페트병이나 작은 생수병에 쌀, 콩, 옥수수, 모래, 돌멩이 등의 다양한 재료를 넣고 흔들어 보자. 느리게, 천천히, 빨리, 강하게, 약하게……. • 무궁무진한 소리를 들을 수 있을 것이다. 유아들은 자신이 만든 소리에 민감해하며, 몸소 체험할 수 있다. • 장화를 신고 우산을 쓰고 비옷을 입고서 비오는 날이나 바람 부는 날, 밖에 나가 날씨를 직접 느껴 보게 하고, 소리에 대한 느낌을 표현해 보게 한다.
음악의 소리를 들어 봐요	• 유아 스스로 카세트를 사용할 수 있도록 하자. 기질이나 성격적으로 유아 각자가 좋아하는 음악이 있다. 클래식, 재즈, 댄스, 발라드, 동요 등 여러 종류의 음악을 들려주며, 좋아하는 장르를 찾아보게 한다. • 이때 다른 놀이는 잠시 중단하고, 유아와 함께 편안한 자세로 앉거나 누워 보자. 유아를 무릎에 앉혀 스킨십을 할 수 있고, 리듬에 따라 춤을 출 수 있다. 그리고 탬버린, 트라이앵글, 캐스터네츠, 피아노 등 다양한 악기를 연주하게 하자. 악기뿐 아니라, 냄비와 숟가락 등 집안에 있는 물건들을 활용해 본다면 유아들의 창의력을 키우는 데 도움이 된다.

에게 감정을 움직이게 하고 언어와 관련된 정보를 전달한다. 주변에서 흔히 들을 수 있는 소리에 교사 및 양육자는 민감하게 반응하여야 한다.

(4) 미각발달 지도

출생 후 24개월이 되면, 미각은 매우 예민해지며 음식에 대한 선호가 급격히 발달한다. 이 시기에 다양한 미각 경험을 한다면, 성인이 되어서도 편식 예방 및

표 5-4 ● 유아의 미각을 발달시키는 활동

활동명	활동방법
음식을 아름답게 만들자	• 유아들은 원색 및 밝은 색을 좋아하고, 예쁜 것을 더 좋아하기 때문에 유아에게 줄 음식은 다채롭고 예쁘게 꾸미거나 모양을 내어 담아주도록 한다. • 매일같이 똑같은 그릇과 컵을 사용하기 보다는 주기적으로 유아들이 좋아하는 캐릭터가 있거나 귀여운 그릇으로 바꿔 주면 좋다. 이는 먹기 싫은 음식에 관심을 가지게 되며, 골고루 영양을 섭취할 수 있는 자극이 된다. 그리고 다양한 음식을 유아가 먹을 만큼, 먹기 알맞은 크기, 예쁜 모양을 만들어 개별 그릇이나 한 접시에 담아 주면, 여러 가지 음식의 맛을 쉽게 구별할 수 있다. 때로는 가위와 칼을 사용할 수 있는 유아들은 음식을 직접 자신이 원하는 모양과 크기로 만들어 먹게끔 하자.
맛을 놀이로 훈련시키자	• 유아들이 싫어하는 신맛, 쓴맛, 짠맛, 매운맛을 알고 이를 발달시키기 위해서는 놀이를 통해 배울 수 있게 한다. • 물, 설탕, 소금, 주스, 과일, 채소, 과자, 사탕 등을 이용하여 맛을 보고 이름을 맞추는 놀이, 여러 가지 재료를 혼합하여 맛을 찾아내는 놀이, 예를 들어 비빔밥과 김밥 등과 같이 재료를 모두 혼합했을 때의 맛과 색깔의 차이를 얘기할 수 있다. • 리듬을 넣어 "초록초촉 초록이~ 오이는 무슨 맛일까?, 주홍주홍 주홍이~ 당근은 무슨 맛일까?, 길쭉길쭉 길쭉이~ 파는 무슨 맛일까?, 우리 아가의 아픈 곳을 낳게 해 주는 이 약은~ 무슨 맛일까?" 등 유아들이 여러 가지 맛을 표현해 보거나 음미할 수 있도록 유도하며, 맛의 차이를 알 수 있게 한다. • 맛에 따라 유아들은 각기 다른 얼굴표정을 짓는데, 이들 표정을 거울이나 사진을 통해 놀이할 수도 있다. 그리고 여러 가지 재료 및 음식을 먹기 전, 냄새를 맡아 보는 훈련과 손으로 만져 보는 훈련을 잊지 않도록 한다. 음식을 먹는 데에는 다양한 도구를 사용하거나(포크, 나이프, 젓가락) 즐겁게 대화하면서 먹는 식습관이 미각발달에 도움이 된다.

올바른 식습관을 형성할 수 있다. 그리고 건강한 신체와 정신이 깃든 유아로 성장하기 위해서는 균형 잡힌 영양공급이 필수다. 따라서 미각이 발달하여 다양한 음식을 섭취하도록 지도해야 한다.

(5) 후각발달 지도

생후 6개월 이전에 이미 유아는 모든 냄새를 추리하고 좋아하는 냄새를 알아낼 수 있어서 좋아하는 냄새를 풍기는 사람에게는 기쁨을 표현하지만, 고약한 냄새를 맡으면 불쾌한 듯 얼굴을 찌푸리기도 한다. 각각 다른 향을 구별한다는 것은 깊이 생각하고 반응하는 것이 아니라 반사적인 것이다. 과일이나 버터, 바닐라 향과 같이 유아들이 좋아하는 향을 통해 수시로 자극을 줄 수 있다.

표 5-5 ● 유아의 후각을 발달시키는 활동

활동명	활동방법
인위적인 냄새보다는 자연의 향을 좋아해요	• 우유, 모유, 과일 등 자연의 향이 더 후각발달을 돕는다. 인위적인 향보다는 자연의 향을 맡을 수 있도록 한다. 요리를 할 때에도 자연스럽게 음식의 냄새를 맡도록 하며, 산책할 때에도 솔잎이나 꽃잎 등을 따서 유아에게 향기를 맡을 기회를 자주 주도록 한다. • 향수를 묻힌 손수건을 유아의 코밑에 스치게 하여 향을 맡는 놀이를 할 수 있다. 이때 향은 너무 진하지 않은 것이 좋다. 그리고 향수가 뿌려진 공이나 장난감을 찾는 놀이도 해 보도록 한다.
물고 빨게 해 주고, 표현해 주세요	• 유아들은 입을 통해 사물을 인식하고, 정서적으로 안정감을 느낀다. 위험하지 않은 것이라면 물건을 입에 넣어 보는 경험의 기회를 제공해 준다. • 음식을 물고 빨면서 향을 맡으며, 무슨 맛인지? 맛의 종류를 인지하게 된다. 이때 향에 대한 표현을 해 준다.

생각해 보기

- 애착의 중요성에 대해 생각해 보자.
- 유아의 안정된 애착을 증진시킬 수 있는 활동을 생각해 보자.

참고문헌

감바 와타루(2005). 그는 왜 모두가 좋아할까? . 서울: 아라크네.

박찬옥, 김영중, 황혜경, 엄정례, 조경서(2001). 유아사회교육. 파주: 정민사.

서영숙, 김경혜(2006). 보육학개론. 파주: 양서원.

이영, 조연순(1990). 영 · 유아발달. 파주: 양서원.

조순옥, 이경화, 배인자, 이정숙, 김정원, 민혜영(2003). 유아사회교육. 서울: 창지사.

홍계옥, 정옥분(1995). 유아의 기질 및 어머니의 양육행동과 모자 애착행동 간의 관계. 아동학회지, 17(1), 101-114.

Ainsworth, M. D., Blehar, M., Waters, E., & Wall, S. (1978). *Patterns of attachment.* Hillsdale, NJ: Erlbaum.

Anisworth, M. D. S., Stayton. D. J., & Bell, M. V. (1971). Individual difference in the strange situation behavior of one-year-olds. In The origins of human social relations, ed. H. R. Schaffer. London: Academic.

Belsky, J. (1988). The 'effects' of infant day care reconsidered. *Early Childhood Research Quarterly, 3*, 235-72.

Bowlby, J. (1958). The nature of child's tie to his mother. *International Journal of Psychoanalysis, 39*(3), 350-373.

Bowlby, J. (1973, 2000). Separation: Anxiety and anger. Vol. 2 in Attachment and loss. New York: Basic.

Bowlby, J. (1980, 2000). Loss: Sadness and depression. Vol. 3 in Attachment and loss. New York: Basic.

EBS 제작팀(2009). 아기 성장 보고서. 서울: 예담.

Hay, D. F. (1980). Multiple functions of proximity seeking in infancy. *Child Development, 51*, 635-645.

Hoing, A. S. (1989). Quality infant/toddler caregiving: Are there magic recipes? *Young Children, 44*(4), 4-10.

Hoing, A. S. (1993). Mental health for babies: What do theory and research teach us? *Young children, 48*(3), 69-76.

Hoing, A. S. (2004). 안정애착(서영숙, 김영옥 역). 서울: 양실회.

Karen, R. (1994). Becoming attached: Unfolding the mystery of the infant mother bond and its impact on later life. New York: Warner.

Maccoby, E. E., & Masters, J. C. (1970). 'Attachment and dependency. In P. H. Mussen (Ed.).' Carmichael' s manual of child.

Main, M., & Solomon, J. (1990). Procedures for identifying infants as disorganized/disoriented during the Ainsworth Strange Situation. In Attachment in the preschool years, eds. M.T. Greenberg, D. Cicchetti, & E.M Cummings, 89-160. Chicago: University of Chicago Press.

Matas, L., Arend, R. A., & Sroufe, L. A. (1978). Continuity of adaptation in the second year. The relationship between quality of attachment and later competence. *Child Development, 49*, 547-556.

Perry, D. G., & Bussey, K. (1984). *Social Development*. N.J: Prentice Hall.

Schaffer, D. R. (1988). *Social and personality development*. Belmont, Californial: Wadsworth, Inc.

Schaffer, H. R., & Emerson, P. E. (1964). The development of social attachments in infancy. *Monograps of the Society for Research in Child Development, 29*(3, Serial No. 94).

제6장 자아개념

1. 자아개념 이해하기
2. 긍정적인 자아개념 지도하기

인생은 끊임없는 자아 찾기의 과정이다. 올바른 자아 찾기 여정을 위해 인생 초기에 맺는 인간과의 관계는 매우 중요하다.

자아 찾기는 자신이 누구이며 무엇을 원하는지 인식하는 것이다. 한 인간이 자아를 찾는 과정에서 만나게 되는 좋은 부모와 교사 등은 삶의 멘토로서 진정한 자아를 발견하는 촉매역할을 한다.

–임양미

1 자아개념 이해하기

1) 자아개념의 정의

자아개념은 자신을 타인과 구별하여 인식하는 것, 즉 신체적 특징, 가치관, 역할, 사회적 신분 등 다양한 측면에서의 자기평가를 의미한다(김연진, 이경화, 송주미, 장미경, 2005). 자아개념은 연령이 증가함에 따라 단순하고 외형적인 형태에서 추상적이고 복잡한 형태로 발달한다.

2) 자아개념의 요소

자아개념은 두 가지 요소를 포함한다. 첫 번째 요소인 자아상(self-image)은 자신의 특성에 대한 개인의 인지적 평가이며, 지각된 자아(perceived self)와 이상적 자아(ideal self)로 구분된다. 지각된 자아는 자신이 실제로 갖고 있는 특성에 대해 갖는 평가인 반면 이상적 자아는 앞으로 되기를 원하는 자신의 모습이다(김수희, 전대성, 나용선, 김지현, 2006). 두 번째 요소인 자아존중감은 자아에 대한 평가적 측면과 더불어 자신의 가치와 중요성에 대한 정서적인 인식을 포함한다. 자아존중감은 중요한 타인으로부터 받는 애정과 관심, 인정을 받는 정도, 개인이 중요하게 생각하는 분야의 목표를 성취할 수 있는 능력, 타인에게 미치는 영향력, 윤리적이고 도덕적인 규범을 지키는 정도에 의해서 결정된다. 이러한 기준에 대해 스스로 평가하는 점수가 높을수록 자아존중감은 높아진다(김정희, 김현주, 손은경, 송연숙, 2007).

3) 자아개념의 발달

인간은 자신이 타인과 독립된 존재라는 인식을 하게 되면서 자아개념을 갖게 되며, 만 5세까지는 주로 개인의 신체적 외모, 소유물 등의 외적으로 관찰할 수 있는 특성을 기초로 자신을 인식하다가 초등학교에 입학하면서 점차 자신의 능력, 가치관, 사고 또는 심리적 특성 등의 추상적 차원에서 자신을 평가하게 된다.

(1) 영아기

다른 대상과 분리하여 자신을 인식하기 시작하는 시기는 생후 3~6개월이며 생후 24개월 정도에 이르면 자신의 몸을 타인과 구별하며 자신의 몸을 스스로 통제할 수 있는 초보적인 수준의 자아개념이 형성된다(박찬옥, 서동미, 엄은나, 2010; 윤혜경, 민하영, 2005). 특히 생후 2세 전후로 실시되는 대소변 훈련을 통해 영아는 스스로 자신의 신체를 조절하고 통제할 수 있다는 인식이 형성되며, 주변 사람과 언어적 의사소통이 활발해지면서 자아개념이 보다 명확해진다.

(2) 유아기

유아기에는 영아기에 비해 인지 및 언어 능력이 정교화되면서 신체 특징과 소유물 등과 같은 외현적 특성을 토대로 자신을 여러 측면에서 진술하는 '범주적 자아(categorical self)'를 발달시키며, 점차 심리적인 측면에서 자신을 기술하고 현재 속해 있는 집단 내 위치(역할)에 대한 사회적 자기인식이 발달하게 된다.

① 자아인식

2세 이후에 급격한 언어발달이 이루어지면서 유아는 언어로 자신에 대해 기술하기 시작한다. 이 시기의 유아는 대체적으로 외모, 소유물, 집, 가족과 친구, 좋아하는 활동과 같이 외현적이고 객관적인 속성을 토대로 자신을 기술하며 심리적 특성에 대해서는 거의 언급하지 않는다. 그러나 유아는 외현적인 자아 외에 남들이 볼 수 없는 사적인 자아가 존재한다는 점을 깨닫게 되며, 만 3세가 되면 신체적 자아와 생각을 관장하는 사적인 자아를 구분할 수 있다(Flavell, Shipstead, & Croft, 1978).

② 사회적 자아

유아는 자신과 타인 간의 차이점을 구분하면서 현재 속해 있거나 장차 속하기 원하는 사회집단의 특성에 일치하는 방향으로 자아개념을 발달시키게 된다. 즉,

유아는 사회적 관계(예: 가족, 유아교육기관)에서 자신(예: 자녀, 친구)을 정의하며 자신이 속한 사회적 특성에 맞추어 자신의 행동과 표현을 조절하면서 사회적 자아를 발달시킨다(윤혜경, 민하영, 2005).

한편 유아는 자신이 타인과 분리되는 존재라는 점을 인식하면서 자신과 타인이 어떠한 점에서 다른지를 주목하고 그 차원에 따라 분류하기 시작한다. 연령과 성별은 유아가 자아 및 타인을 구분하는데 적용하는 최초의 사회적 범주다. 유아는 점차 연령에 따라 사람을 세부적으로 구분(예: 어린아이, 나이 든 아이, 엄마와 아빠, 할아버지와 할머니)하며 만 2~3세 정도에 사람들의 성별을 구분할 수 있다(Brooks-Gunn, & Lewis, 1981).

③ 타인 지각의 발달

유아는 자신과 마찬가지로 외현적이고 객관적인 속성을 토대로 타인을 기술함으로써 외적인 특성에 주목하는 경향이 있다. 또한 유아의 타인에 대한 인식은 자기에게 어떻게 대해 주느냐에 따라 결정되므로 타인을 자기중심으로 기술하는 경향이 있다(예: "그 친구는 내게 사탕을 주니까 좋은 아이야"). 유아가 5세가 되면서 심리적 특성을 사용하여 자신과 타인을 묘사하고 자기중심적 사고에서 벗어나 타인의 사고, 느낌, 의도 등을 묘사하기 시작한다(윤혜경, 민하영, 2005).

④ 가족과 친족 지각의 발달

출생과 더불어 소속되는 가족과 친족은 유아의 사회적 자아개념을 발달시키는 최초의 집단이라고 볼 수 있다. 따라서 가족과 친족에 대한 유아의 개념은 유아의 자아개념 발달을 이해하는 데 중요하다. 가족과 친족에 대한 유아의 인식 또한 구체적인 범주에서 추상적인 수준으로 발달한다(김수영, 김향자, 이현옥, 허선자, 1995). 우선 3세가 되면 유아는 성별과 연령의 사회적 범주에 따라 친족관계 용어를 사용하기 시작하지만 친족관계를 이해하지는 못한다. 예를 들어, 엄마, 아빠, 할아버지 등과 같은 가장 기본적인 친족관계 용어를 사용할 수 있으나 가족 이외의 낯선 사람에게도 이러한 용어를 사용한다. 예를 들어, 젊은 낯선 남자에게 삼촌이라고 부르거나 낯선 여자에게 이모라고 부르기도 한다. 또한 4~5세가 되면 성별과 연령의 두 가지 사회적 범주를 연합하여 친족관계를 이해한다.

즉, 나이 든 여자가 아이를 가지면 어머니가 되고 어머니의 어머니는 할머니라는 관계를 연결시킬 수 있게 된다. 그러나 4~5세는 여전히 가까이 살거나 친밀한 감정을 느끼는 사람을 친족의 범주에 포함하고 그렇지 않은 경우는 친족이 될 수 없다고 생각한다. 예를 들어, 언니가 자신과 싸우고 방 밖을 나갔을 때 동생은 언니를 더 이상 자기의 언니라고 생각하지 않으며, 자기를 잘 따르는 애완용 강아지를 자기 동생 또는 가족이라고 생각할 수 있다. 6~7세가 되면 유아는 친족의 실질적인 관계를 토대로 물리적으로 가깝지 않은 지역에 사는 삼촌도 친족이라고 생각할 수 있다. 또한 친족관계를 제3의 인물과 연결시켜 설명할 수 있는데, 예를 들어, 고조 할머니를 '할머니의 할머니' 라고 대답할 수 있다. 청소년기에 접어들면서 친족관계를 추상적인 수준에서 정의할 수 있다. 즉, 친족 중 혈연관계로 이루어진 자연적인 관계는 친척이며, 배우자와의 결혼을 통해 법적으로 획득된 관계는 인척이라는 사실을 구분할 수 있게 된다.

4) 자아개념에 영향을 주는 요인

인간의 자아개념은 타인과의 상호작용을 통해 받게 되는 다양한 피드백을 통해 발달하게 된다. 즉 부모, 교사, 또래집단의 반응 및 평가를 반복적으로 경험하면서 긍정과 부정의 자아개념을 형성해 간다(박찬옥, 서동미, 엄은나, 2010).

(1) 부모의 정서적 반응

주 양육자인 부모와의 의사소통은 유아의 자아개념 발달에 가장 주요한 영향을 미친다. 부모는 자녀에게 알맞은 기대를 제시하고 다양한 시도와 노력을 격려하며 자녀가 원하는 목표를 성취할 수 있도록 적절한 지원을 제공할 경우 자녀의 자아존중감이 높아지는 반면, 사소한 잘못에도 자꾸 꾸짖는 경우 자아존중감이 낮아진다. 또한 부모는 유아의 감정을 수용해 주고 표현하게 하며 부정적인 감정을 건설적으로 다루도록 도와야 하는데 부모가 자녀의 감정표현을 억압할 경우 자아존중감은 저해될 수 있다(홍순정, 최석란, 신은수, 1999).

양육자와의 안정적 애착은 유아의 자아개념에 매우 중요한 영향을 미친다. 특히 부모와 안정적 애착을 형성한 유아일수록 자신을 긍정적인 시각으로 바라보므로, 긍정적인 자아개념 발달의 출발점은 양육자와의 안정적 애착이다(문정화, 나귀옥, 박경빈, 오선영, 김은영, 2008).

(2) 교사 및 또래와의 상호작용

영유아가 가정 다음으로 많은 시간을 보내는 유아교육기관 및 학교 교사와 또래 역시 자아존중감 발달에 중요한 영향을 미치는 요인이다. 구체적으로 영유아의 능력에 대해 교사가 갖는 신념과 기대는 교사의 말과 행동을 통해서 표현되고 전달되어 영유아의 자아개념에 영향을 미친다(정명숙, 2007). 실질적으로 교사가 유아에 대해 높은 기대를 가지고 더 많은 선택 기회를 제공할 때 유아의 자아존중감이 높아지며, 교사의 지시적 행동과 부정적인 피드백은 자아존중감에 부정적인 영향을 미친다(손미정, 2007).

또한 연령이 증가할수록 다양한 영역에서의 또래 간 비교는 영유아의 자아존중감 발달에 영향을 미친다. 또래로부터 좋은 반응을 얻고 인기 있는 유아들은 그렇지 않은 유아들보다 자아존중감이 높다(김윤하, 2006). 유아가 다른 또래와 사회적 관계를 맺으면서 자신과 또래의 행동을 비교하는 과정을 사회적 비교(social comparison)라고 한다(Festinger, 1954 재인용). 3~4세가 되면서 유아는 유아교육기관에서 또래와 상호작용하면서 사회적 비교가 내포된 말(예: "내가 너보다 키가 크다." "내 자동차가 네 것보다 크다.")을 자주 사용한다. 유아는 사회적 비교를 통해 자신의 유능성을 평가하며 자신의 능력을 높게 평가하는 유아일수록 긍정적인 자아개념을 형성하게 된다(윤혜경, 민하영, 2005).

(3) 지적 능력이나 학업성취도

유아의 능력과 자아개념은 상호적으로 영향을 준다. 즉, 영유아의 성공경험은 긍정적인 자아개념 형성에 영향을 미치며, 긍정적인 자아개념이 형성된 영유아일수록 성공 기회를 더 많이 갖게 된다. 반면 영유아가 과제수행에서 실패를 자주 경험하게 되면 자아개념이 낮아지고 자신의 능력에 대한 불신이 깊어져 새로운 시도를 하고자 하는 동기가 적어지므로 성공의 기회도 적어진다(유효순, 2007). 특히 초등학교에 입학하여 고학년이 되어 갈수록 지적 능력이나 학업성취도는 긍정적인 자아개념 형성에 큰 영향을 미친다. 즉, 학업성적이 높고 호기심이 많은 아동은 높은 자아존중감을 보이는 반면 자신의 능력에 대한 낮은 자아존중감을 가진 아동은 학습동기가 낮고 새로운 과제나 주변에 대한 흥미와 탐색하려는 노력이 부족하다.

(4) 가정의 사회 · 경제적 상황

가정의 경제적 지위가 낮은 경우, 부모는 생활고나 직업에 대한 불만족과 가정불화로 인해 자녀에게 적대적인 양육행동을 수행할 가능성이 있다. 이러한 부모의 양육태도는 자녀의 긍정적인 자아개념 발달을 저해하는 요인이며, 자신이 또래보다 가난하다고 지각하는 것 역시 낮은 자아개념의 원인이 된다(문정화, 나귀옥, 박경빈, 오선영, 김은영, 2008).

5) 자아발달이론

자아를 다루는 대표적인 이론으로, 정신분석이론과 사회적 자아이론, 현상학적 이론이 있다. 각 이론의 특징을 살펴보면 다음과 같다.

(1) 정신분석이론

① Freud의 이론

Freud는 인간의 성격을 원초아(id), 자아(ego), 초자아(superego)로 구성된다고 보았으며, 행동은 이러한 요소들의 상호작용의 결과로 보았다. 원초아는 무의식의 대부분을 차지하며 쾌락의 원리(pleasure principle)에 지배를 받으므로, 재채기나 눈 깜박임과 같은 반사작용, 배고플 때 음식물을 상상하는 등 긴장을 제거해 주는 물체의 영상을 떠올림으로써 편하고 안정된 수준으로 돌아가도록 작용한다. 자아는 인간의 본능적 욕구를 현실에 맞추어 조정하고 통제하는 과정으로 행동을 통제하며, 본능을 어떠한 합리적인 방법으로 만족시킬지 결정하는 역할을 한다. 초자아는 부모의 명령이나 가치관이 내면화된 상태다. 성격의 도덕적 측면으로 현실보다 이상을 나타내며 쾌락보다는 자기통제와 완벽함을 추구하기 위해 노력하는 부분이다.

인간의 행동은 이러한 세 가지 요소가 상호작용하며 발현되지만, 인간의 행동을 지배하는 근본적인 동기는 무의식적인 본능으로 주로 성욕과 공격욕이다(김수희, 전대성, 나용선, 김지현, 2006).

② Erikson의 이론

Erikson은 인간의 성격발달에 있어 사회와의 관계를 강조하며 부모뿐 아니라, 가족, 친구, 사회, 문화 등 전반적인 사회적 영향을 다루고 있다. Erikson은 인간의 성격발달을 8단계로 나누고 각 단계별로 발달과업과 극복해야 할 위기를 제시하며, 이 위기 동안 발달과업의 성취 여부에 따라 형성되는 성격의 특성을 언급하고 있다. 각 단계에서 제시되는 발달과업이 성취될 경우 개인은 긍정적인 자아개념을 형성하고 건강한 성격이 형성될 수 있는 반면, 그렇지 못할 경우 부정적인 자아개념과 건강하지 못한 성격이 형성된다(김수희, 전대성, 나용선, 김지현, 2006). 자아는 성격발달의 핵심이므로, Erikson의 이론은 자아발달이론으로 이해 가능하다.

- 제1단계(0~1세): 기본적인 신뢰감 VS. 불신감

영아는 부모의 보살핌을 통하여 기본적인 욕구가 충족되면 환경, 부모, 자신 등에 대해 기본적인 신뢰감을 가지게 된다. 그러나 부모로부터 기본적인 욕구가 충족되지 못하면 주변 환경에 대한 불신감을 갖게 된다.

- 제2단계(1~3세): 자율성 VS. 수치심과 회의

이 시기에 영아는 신체발달 등으로 인해 스스로 먹고, 입기 시작하며 배변훈련도 하게 된다. 따라서 영아는 신체운동의 발달로 적극적으로 환경과 상호작용하기를 바라며, 이러한 욕구가 충족되면 영아는 자율성을 획득하게 되는 반면 부모가 영아의 자발적인 행동을 제재할 경우 자기행동에 대한 의심이나 수치심을 느끼게 된다.

- 제3단계(3~6세): 주도성 VS. 죄책감

이 시기의 유아는 스스로 활동을 계획하고 주도적으로 행동하기를 좋아한다.

이러한 주도적 행동을 부모가 지원해 줄 경우 새로운 것에 대한 도전감, 정복감 등을 갖고 스스로 자랑스러워하지만, 반대로 부모가 이러한 행동을 제재할 경우 죄책감을 형성하게 된다.

- 제4단계(6~12세): 근면성 VS. 열등감

초등학교에 입학하는 이 시기에 아동은 학교생활에서 성취동기에 의해 행동이 유발된다. 아동의 성취기회와 성취과업이 격려받고 인정을 받는다면 성취감이 길러지며, 그렇지 못할 경우 좌절감과 열등감을 갖게 된다.

- 제5단계(청소년기): 정체감 VS. 역할혼미

청소년은 자신이 어떤 사람이 될 것인가에 깊은 관심을 가진다. 따라서 자신에 대한 통찰을 통해 미래의 자아상을 찾기 위한 노력을 하게 되며, 그 결과 자아정체감이 형성된다. 그렇지 못할 경우 역할 혼란과 자아정체성 혼미가 발생하며, 결국 직업선택이나 성역할 등에 혼란을 가져오고 인생관과 가치관 확립에 심한 갈등을 경험하게 된다.

- 제6단계(청년기): 친밀감 VS. 고립감

청소년기에 자아정체감이 확립되면 타인과 친밀한 관계를 형성하게 되는 반면 그렇지 못할 경우 타인으로부터 고립된 외로운 생활을 하게 된다.

- 제7단계(장년기): 생산성 VS. 침체감

타인과 원만한 관계를 형성하게 되면 중년기에는 생산적인 일 또는 자녀양육에 몰두한다. 그렇지 못할 경우 직업, 가족 등에 별다른 관심을 쏟지 않고, 자신의 이익에만 치중하게 된다.

- 제8단계(노년기): 통합성 VS. 절망감

죽음을 앞둔 노년기에 자아통합감을 갖는 노인은 지나온 세월에 대해 별다른 불만이나 회한을 갖지 않고 죽음까지도 수용한다. 그렇지 못할 경우 인생의 짧음을 탓하고 직업 등에서의 역할 상실, 경제적 어려움, 시대적 역경 등에 대해 불만을 갖고 우울해하거나 괴로워한다.

(2) 사회적 자아이론

사회적 자아(social-self)이론을 주장하는 학자들은 타인과의 상호작용을 통해 자아개념이 형성된다고 공통적으로 주장한다. Cooley(1902)는 용모, 목표, 행위, 성격 등에 대한 타인의 평가를 통해 개인의 자아가 형성된다고 주장함으로써 타인을 자신의 거울로 비유한 '거울자아(looking glass self)' 의 개념을 제시하였다. 영유아 행동에 대한 부모나 교사의 긍정적 반응은 사회적 거울의 역할을 하므로, 영유아는 긍정적 자아개념을 발달시킬 수 있다(윤혜경, 민하영, 2005).

Mead(1934) 역시 개인의 자아개념은 특히 부모 및 형제 · 자매, 또래와 같이 중요한 타자와의 사회적 상호작용에서 형성된다고 주장하였다(김정희, 김현주, 손은경, 송연숙, 2007). Mead는 자아를 'I' 와 'Me' 로 구분하였으며 'Me' 는 사회적 상호작용을 통해 자신에게 부여된 역할을 객관적으로 내면화한 측면이며, 'I' 는 현재 내면화된 'Me' 를 외부로 표현하며 사물을 평가하는 주체적인 측면을 의미한다. Mead에 의하면 인간이 한 사회의 구성원으로 살아가기 위해서는 'Me' 의 역할이 중요하다.

Mead는 사회적 자아, 즉 'Me' 가 다음과 같은 단계를 거쳐서 발달해 나간다고 주장한다. 첫 번째 단계는 준비단계(preparatory stage)로, 이 단계의 영아는 타인의 행동을 단순히 모방하는 수준에 머문다. 두 번째 단계는 놀이단계(play stage)로, 이 단계의 유아는 놀이를 통해 타인의 역할을 이해할 수 있게 된다. 즉, 타인의 역할을 수행해 봄으로써 타자의 입장에서 자신을 객관적으로 바라볼 수 있게 된다. 그러나 특정한 타자(예: 어머니, 아버지) 입장에서 자신을 객관화할 뿐 조직적 맥락에서 여러 사람의 역할을 이해하지는 못한다. 세 번째 단계는 게임단계(game stage)로, 이 단계의 아동은 여러 사람과의 관계에서 자신을 객관화할 수 있게 된다. 즉, 사회 구성원의 역할을 인식하고 다른 조직 구성원과의 관계 속에서 자신의 역할을 객관적으로 파악함으로써 사회적 규범을 내면화하여 이에 따라 행동할 수 있게 된다. 이러한 과정은 타인과의 지속적인 상호작용을 통해 이루어지며, 이러한 과정을 통해 인간은 결국 사회적 자아를 형성한다(조정문, 2001).

(3) 현상학적 이론

현상학적 이론의 대표적인 학자인 Rogers는 성격의 핵심을 이루는 것이 자아이며, 인간을 자신의 의지로 자기의 삶을 영위해 나가는 자아실현적 존재로 본다. 즉, 인간은 세상에 대한 지각과 주관적 경험을 토대로 행동을 결정지으며, 자아실현의 목표를 이루기 위해 발전을 지향하는 속성이 있다. 특히 Rogers에 의하면 자아개념은 인간의 현재 모습에 대한 지각뿐 아니라 미래에 되고자 하는 모습까지도 포함하며, 타인으로부터 받는 관심과 지원이 긍정적인 자아개념 형성에 중요한 영향을 미친다(김연진, 이경화, 송주미, 장미경, 2005). 따라서 Rogers 또한 자아개념에 미치는 타인의 영향력을 지지하고 있다.

생각해 보기

- 부모가 원하는 진로 및 직업을 선택한 사람이 뒤늦게 자신의 모습을 찾는 경우가 있다. 부모 및 가족이 원하는 진로와 직업을 선택한 삶과 부모 및 가족의 반대와 갈등에도 불구하고 자신의 진로와 직업을 선택한 삶 중에 어느 쪽이 더 행복한지 생각해 보자.
- 자신의 삶의 목표와 진로를 결정하는 데 있어 누구의 역할이 가장 컸는지 생각해 보자.

* 자아 찾기 여정을 다룬 도서와 영화

『딥스』

〈굿윌 헌팅〉

〈무소의 뿔처럼 혼자서 가라〉

2 긍정적인 자아개념 지도하기

1) 긍정적인 자아개념을 위한 지도 계획하기

현재 유아교육 및 보육과정은 만 3~5세 공통과정('3~5세 누리과정')과 어린이집에 다니는 만 0~2세아 보육을 위한 표준보육과정으로 구별된다. 자아개념은 3~5세 누리과정 및 표준보육과정의 경우 사회관계 영역에서 다루고 있다.

(1) 교육목표

표준보육과정에서는 자아개념 형성과 관련된 목표로 '자아인식' 및 '자아존중감' 형성을 제시하며 '3~5세 누리과정' 역시 긍정적인 자아개념 및 자율성 형성을 강조한다.

(2) 교육내용

표준보육과정의 자아개념과 관련된 내용 범주는 '나를 알고 존중하기'이며 만 2세 미만, 만 2세로 나누어 구체적인 내용을 제시하였다(〈표 6-1〉 참조). '나를 알고 존중하기'와 관련된 교육내용으로 만 2세 미만의 경우 자신을 구별하고 본인 소유물을 인식하는 교육내용이 포함되며, 만 2세부터 자신을 구별하고 자신이 좋아하는 것을 해 보는 내용을 다루고 있다.

표준보육과정에서는 이러한 내용을 토대로 각 연령 범주에 영유아의 개인특성을 고려하여 수준별 내용(만 2세 미만: 4수준, 만 2세: 2수준)을 제시하고 있다. 만 2세 미만의 경우 '나를 구별하기' '나의 것 인식하기'라는 세부내용을 수준

표 6-1 ● 표준보육과정의 '나를 알고 존중하기' 영역의 연령별 내용

구분	내용
만 2세 미만	• 나를 구별하기 • 나의 것 인식하기
만 2세	• 나를 구별하기 • 좋아하는 것 해 보기

별로 제시하고 있다(〈표 6-2〉 참조). 만 2세의 경우 '나를 구별하기' '좋아하는 것 해 보기' 의 두 가지 세부내용(〈표 6-3〉 참조)을 수준별로 제시하고 있다.

표 6-2 ● 만 2세 미만 '나를 알고 존중하기' 영역 수준별 내용

내 용	1수준	2수준	3수준	4수준
나를 구별하기	거울 속의 나에게 관심을 가진다.		거울 속의 나를 알아본다.	
나의 것 인식하기	자기 이름을 부르는 소리에 반응한다.			
	-		친숙한 자기 물건을 안다.	

표 6-3 ● 만 2세 '나를 알고 존중하기' 영역 수준별 내용

내 용	1수준	2수준
나를 구별하기	나와 다른 사람의 모습을 구별한다.	
좋아하는 것 해 보기	내가 좋아하는 것을 찾아본다.	
	좋아하는 놀이나 놀잇감을 선택해 본다.	스스로 선택한 놀이나 놀잇감을 즐긴다.

표 6-4 ● 만 3세 '나를 알고 존중하기' 세부내용

내 용	세부내용
나를 알고 소중히 여기기	나에 대해 관심을 갖는다.
	나와 다른 사람의 차이에 관심을 갖는다.
	나를 소중하게 여긴다.
나의 일 스스로 하기	내가 할 수 있는 일을 알아본다.
	내가 하고 싶은 일을 선택해 본다.

출처: 보건복지부 · 교육과학기술부(2012). 3~5세 연령별 누리과정 완성고시 보도자료.

한편 3~5세 누리과정의 경우 '나를 알고 존중하기' 를 두 가지 내용('나를 알고 소중히 여기기' '나의 일 스스로 하기')으로 나누어 각 내용별 세부내용을 제시하고 있다(〈표 6-4〉, 〈표 6-5〉, 〈표 6-6〉 참조).

표 6-5 ● 만 4세 '나를 알고 존중하기' 세부내용

내용	세부내용
나를 알고 소중히 여기기	나에 대해 알아본다.
	나와 다른 사람의 차이점을 알아본다.
	나에 대해 긍정적으로 생각하고 나를 소중하게 여긴다.
나의 일 스스로 하기	내가 할 수 있는 일을 해 본다.
	하고 싶은 일을 계획하고 해 본다.

출처: 보건복지부 · 교육과학기술부(2012). 3~5세 연령별 누리과정 완성고시 보도자료.

표 6-6 ● 만 5세 '나를 알고 존중하기' 세부내용

내용	세부내용
나를 알고 소중히 여기기	나에 대해 알아본다.
	나와 다른 사람의 신체적 · 사회적 · 문화적 차이를 존중한다.
	나에 대해 긍정적으로 생각하고 나를 소중하게 여긴다.
나의 일 스스로 하기	내가 할 수 있는 일을 스스로 한다.
	하고 싶은 일을 계획하고 해 본다.

출처: 보건복지부 · 교육과학기술부(2012). 3~5세 연령별 누리과정 완성고시 보도자료.

(3) 교사역할 및 교수전략

영유아의 긍정적인 자아개념 발달을 위해서는 교사의 역할이 매우 중요하다. 교사는 계획된 활동 이외에도 일상적인 상호작용을 통해 영유아의 자아개념 발달에 중요한 영향을 미칠 수 있다는 점을 인식하고 보육활동을 수행하여야 한다. 중앙의 표준보육과정 영역에서는 앞서 제시한 자기존중 영역에 있어 연령별로 교사의 역할을 제시하고 있다(〈표 6-7〉 참조). 영유아의 긍정적인 자아개념을 조장하는 교사의 역할은 영유아 개개인에게 충분한 사랑과 관심을 표현하고, 영유아를 인정하고 격려해 주며, 영유아가 선택과 결정, 책임을 경험하는 기회를 제공하는 내용으로 요약할 수 있다.

한편 박찬옥 등(2010)은 영유아의 긍정적인 자아존중감을 조장하는 교사의 역할을 구체적으로 제시하고 있다. 영유아가 충분한 사랑과 관심을 받고 있다고 느끼기 위해서는 영유아의 이름과 사진을 활용한 출석 확인 또는 생일축하 코너의 게시물, 영유아의 경험이 담겨 있는 다양한 활동사진, 영유아가 완성해 낸 작품과 그 밖의 성취결과를 반영한 교실환경을 구성할 필요가 있다. 또한 교사는 개별 영유아와 함께하는 시간을 계획하여 실행함으로써 현재 영유아의 발달이나 적응상황을 파악하고, 개별적인 요구를 주기적으로 확인하는 과정을 가질 필요가 있다. 특히 교사 대 영유아의 비율이 일 대 다수인 교실상황에서 모든 영유아를 매일 개별적으로 만나는 일이 어렵다면, 주 1~2회씩 계획하여 번갈아 가면서 만나는 방식으로 계획하여 운영한다. 교사는 영유아를 칭찬해 줄 때 '착하다' '예쁘다' '잘했다' 와 같이 과장되고 모호한 평가 중심적인 칭찬을 지양하고 영유아 행동의 구체적인 결과와 과정의 노력을 함께 인정해 주고 격려해 줄 수 있어야 한다.

표 6-7 ● 긍정적인 자아개념 형성을 위한 연령별 교사역할

구분	세부내용
만 2세 미만	• 영아가 자신을 인식할 수 있도록 개별적인 침대, 침구, 서랍장, 그 밖의 개인 소지품에 영아의 얼굴사진을 붙여 주고 이름을 적어 준다. • 영아가 자신을 볼 수 있도록 거울을 제공한다. • 영아에게 신체적 접촉과 언어적 표현으로 자주 애정을 표현한다. • 영아와 일대일로 얼굴을 마주보며 상호작용을 한다. • 간식시간, 기저귀 갈기나 낮잠시간 등의 일상생활 중에 대화하면서 영아들과 함께 하루 일과를 진행한다. • 영아가 몸을 움직이는 것을 스스로 알 수 있도록 관련 물품(예: 손목에 차는 영아용 딸랑이, 방울 달린 영아용 슬리퍼)을 제공한다. • 영아기에 친근한 대상이나 물건을 선호하고 선택하는 것을 존중해 준다.
만 2세	• 영아 자신의 이름, 얼굴사진, 가족사진 등을 곳곳에 붙여 준다. • 영아의 성취에 대해 칭찬해 주고, 영아가 스스로 능력이 있다고 느끼고 자신을 조절할 수 있도록 도와준다. • 영아가 친근한 물건이나 음식을 선호하고 친근한 사람을 선택하는 것을 존중해 준다. • 영아가 혼자서 편안하게 쉬거나 놀 수 있는 독립적인 여유공간을 따로 마련해 준다. • 영아 스스로가 다양한 일을 시도하고 경험하게 하려면 많은 인내가 필요하다는 것을 인식한다. • 영아가 하루 일과 내에서 스스로 할 수 있는 일을 시도할 기회를 많이 제공해 준다. • 영아가 독립적으로 수행하는 행동에 대해 지켜보고 기다려 주며 이를 성공적으로 수행한 경우에는 긍정적으로 반응해 준다.

만 3~5세	• 유아 스스로가 자신에 대해 알아 가며 자아를 형성하는 과정에서 자신은 남과 다른 독특하고 소중한 존재임을 깨달을 수 있도록 도와준다. • 유아의 있는 모습 그대로를 수용해 주고 욕구나 필요, 그에 따른 행동을 가능한 한 존중해 주어 유아 자신이 인정받고 존중받고 있음을 느끼도록 한다. • 유아가 노력을 기울여 이루어 놓은 행동이나 활동의 결과물에 대하여 수시로 칭찬과 격려를 해 준다. • 유아와 대화할 때에는 이해하기 쉽도록 발달에 적합한 내용과 어휘, 문장 등으로 이야기한다. • 유아의 이야기를 잘 들어주며 따뜻하고 친절한 표정으로 대한다. • 훈육이 필요할 경우에는 어떤 행동이 좋고 나쁜지 유아가 의견을 말하고 상황을 판단할 수 있도록 돕는다. • 유아의 모든 소지품에는 자신의 이름을 적어 주고, 일과 중에 다양한 활동을 진행하면서 이름을 다정하게 불러 준다. • 보육실에 큰 거울을 준비하여 유아가 자신의 신체를 관찰할 수 있는 기회를 주고, 자신과 또래의 모습을 비교하여 자신만의 독특함과 소중함을 알 수 있도록 한다. • 보육실 내에 일과표를 만들어 걸어 주고, 전이시간에는 신호 음악이나 악기를 정하여 유아가 자발적으로 활동을 마무리하고 다음 활동을 시작할 수 있도록 돕는다. • 교구장에는 분류 표시를 해 주어 놀잇감을 스스로 제자리에 정리할 수 있도록 해 준다. • 유아가 자신의 신체나 성에 대한 이야기를 할 때 이를 진지하게 수용하도록 한다. • 유아가 자신의 성을 정확하게 알 수 있고, 일생 동안 같은 성을 갖게 된다는 것을 이해하며, 양성평등의식을 가질 수 있도록 지도한다. • 고정화된 성역할에서 벗어날 수 있도록 새로운 활동과 놀이를 계획하여 소개하고, 역할놀이나 극놀이를 하면서 다양한 성역할을 경험해 볼 수 있는 기회를 제공한다. • 유아가 자신의 건강상태를 알고, 건강이 좋지 않거나 장애가 있는 유아를 이해하고 도와주도록 지도한다. • 유아가 자신의 사회적 · 경제적 · 문화적 환경의 상태를 알고, 다른 사람과의 차이를 인정하고 받아들일 수 있게 지도한다. • 유아가 다양한 측면의 사회적 약자(장애유아, 다문화 가정 유아, 저소득가정 유아 등)의 상황을 이해하고 배려하도록 지도한다.

출처: 한국아동학회(2012). 만 3~5세 누리과정과 제2차 표준보육과정 워크숍.

좋은 칭찬의 예

- 오늘도 널 볼 수 있어서 정말 기쁘다(기쁨을 전하는 칭찬).
- 네가 놀이 약속을 잘 기억할 줄 알았어(믿음을 전하는 칭찬).
- 어려운 일인데 꾸준히 노력하고 있구나(과정을 격려하는 칭찬).
- 끝까지 마무리한 걸 축하해(성취를 축하하는 칭찬).

교사는 교실환경 구성 시 하고 싶은 활동을 유아 스스로 선택하고 독립적으로 수행할 수 있도록 영유아의 발달 수준에 적합한 교재교구를 충분히 준비해 주며, 영유아가 필요한 자료를 쉽게 찾을 수 있는 환경을 구성해야 한다. 특히 교사는 여러 상황에서 영유아에게 선택과 결정의 기회를 제공해야 한다. 예를 들어, 귀가 전에 들은 동화를 선택하는 것, 작품의 전시 장소와 방법을 정하는 것과 같이 다양한 상황에서 의사결정을 해 보는 경험을 제공해 줄 수 있다. 또한 영유아 간의 사회적 갈등이 발생할 경우 영유아가 그 문제에 대해 토의하고 의견을 모으며, 최선의 해결방안을 결정해 가는 과정을 돕고 지지해 주어야 한다. 마지막으로 교사는 영유아가 어려움에 직면할 시 적절한 지원을 제공함으로써 영유아가 성공경험을 많이 가질 수 있도록 배려해 주어야 한다.

2) 긍정적인 자아개념을 위한 지도 실천하기

영유아의 긍정적인 자아개념 형성을 위한 지도 방법으로 연간주제에 따라 진행되는 실례(임양미, 송정, 김혜금, 최명희, 이혜선, 2011)를 소개하고자 한다.

활동 1

▶ 관련 생활주제: 나 ▶ 대상 연령: 만 2세

머리, 어깨, 무릎, 발

활동목표

- 신체 부분의 명칭과 위치를 안다.
- 노래를 부르며 즐겁게 몸을 움직인다.

활동유형

놀이활동(창의적 표현)

활동자료

다양한 사람의 신체부위 명칭 카드 또는 인형

머리

어깨

무릎

활동방법

- 놀이시간에 자연스럽게 개별 또는 2~3명의 소집단으로 반복하여 노래를 들려준다.

- 머리, 어깨, 무릎, 발
- 영아가 관심을 보이거나 따라하려고 하면 천천히 하면서 동작을 보여 준다.
- 인형을 보여 주면서 노래를 불러 준다.
  - 콩콩이(예: 인형 이름) 머리는 여기, ○○ 머리는 어디 있지?
  - 콩콩이 어깨는 여기, ○○ 어깨는 어디 있지?
- 영아와 마주보고 신체 부분을 가리키며 노래하고 율동한다.
- 신체 부위 카드를 보며 노래에 나오는 그림을 찾아본다.
  - 이건 무슨 그림이지? ○○이 머리는 어디 있지?
  - 이건 무슨 그림이지? ○○이 발은 어디 있지?
- 다른 영아와 함께 율동하게 하고 서로를 볼 수 있게 한다.
  - △△이는 발을 이렇게 들었네. □□이는 이렇게 어깨를 흔드네.

유의사항

- 월령이 어린 영아나 신체표현이 활발하지 않은 영아들은 어려움을 느낄 수 있으므로 자연스럽게 노래만 불러 주거나 교사의 동작을 보게 한다.

활동 2

▶ 관련 생활주제: 신나는 어린이집 ▶ 대상 연령: 만 5세

난 내 이름이 참 좋아!

활동목표

- 내 이름에 담긴 뜻을 알고, 자신과 다른 사람의 이름을 소중히 여긴다.
- 자신의 이름에 담긴 의미를 친구들 앞에 나와서 말할 수 있다.

활동유형

대 · 소집단활동(이야기 나누기)

활동자료

유아들이 조사해 온 활동지

사전활동

- '내 이름에 담긴 뜻' 을 알아오는 활동지를 가정으로 보내어 조사해 오도록 한다.

활동방법

- 유아들이 조사해 온 '내 이름에 담긴 뜻' 활동지를 가지고 모여 앉는다.
  - 선생님이 지난번에 내준 활동지를 갖고 모여 앉아 보자.
- 각자 자기 이름에 대해 조사해 온 내용을 발표하는 시간을 갖는다.
  - 자신의 이름을 지어 주신 분은 누구니?
  - 이름에 어떤 뜻이 있니? 누가 나와서 말해 볼까?

    예) 내 이름은 고준성이야. 높은 고, 빛날 준, 이룰 성.

    높은 곳에서 밝게 비추어 주는 사람이 되라는 뜻이야.
- 이름을 쓰는 태도(예: 이름을 정확하게 불러 주기, 이름으로 놀리지 않기 등)에

대해 이야기를 나눈다.
- 이름마다 모두 멋진 뜻을 가지고 있구나.
- 이런 이름을 우리는 어떻게 써야 할까?

유의사항

- 외국 이름을 가진 다문화 가정 유아가 있다면, 유아의 이름에 담긴 의미를 아이들에게 잘 전달해 주고, 친구들의 이름을 존중하여 정확하게 부르기로 약속한다.
- 만약 교실에 같은 이름을 가진 유아가 있다면, 이름이 같더라도 다른 의미를 가질 수 있다는 점을 설명해 준다.

확장활동

- 자기 소개(이름, 좋아하는 놀이 등) 포스터 만들기 활동을 진행한다.

참고문헌

김수영, 김향자, 이현옥, 허선자(1995). 유아의 사회성 발달. 서울: 학지사.

김수희, 전대성, 나용선, 김지현(2006). 아동발달. 파주: 양서원.

김연진, 이경화, 송주미, 장미경(2005). 유아 · 아동발달. 서울: 동문사.

김윤하(2006). 유아의 또래 인기도에 따른 자아개념 및 사회적 기술에 관한 연구. 인제대학교 교육대학원 석사학위 청구논문.

김정희, 김현주, 손은경, 송연숙(2007). 아동발달. 서울: 동문사.

문정화, 나귀옥, 박경빈, 오선영, 김은영(2008). 아동발달. 서울: 누멘.

박찬옥, 서동미, 엄은나(2010). 유아사회교육. 서울: 정민사.

보건복지부 · 교육과학기술부(2012). 만 3~5세 연령별 누리과정 완성고시 보도자료.

손미정(2007). 아동이 지각한 교사행동과 자아개념 및 학교생활 적응과의 관계. 서강대학교 교육대학원 석사학위 청구논문.

유효순(2007). 아동발달. 서울: 창지사.

윤혜경, 민하영(2005). 유아사회교육의 이론과 실제. 서울: 창지사.

임양미, 송정, 김혜금, 최명희, 이혜선(2011). 경기도 다문화보육프로그램 개발 및 적용방안. 경기도가족여성연구원.

정명숙(2007). 유아가 지각한 부모와 교사의 기대에 따른 유아의 자아개념의 차이, 유아교육학논집, 11(2), 47-64.

조정문(2001). 가족사회학. 서울: 아카넷.

주정일, 이원영 역(2011). 딥스(버지니아 M. 액슬린 저). 서울: 샘터.

한국아동학회(2012). 만 5세 누리과정과 제2차 표준교육과정 위크숍.

홍순정, 최석란, 신은수(1999). 평화를 사랑하는 어린이. 서울: 학지사.

Brooks-Gunn, J., & Lewis, M. (1981). Infant social perception: Response to pictures of parents and strangers. *Developmental psychology, 17*, 647-649.

Cooley, C. H. (1902). *Human nature and the social order.* NY: Scribner's.

Flavell, J. H., Shipstead, S. G., & Croft, K. (1978). Young children's knowledge about visual perception: Hiding objects from others. *Child Development, 49*, 1208-1211.

Mead, G. H. (1934). *Mind, self and society.* Chicago: Univ. of chicago Press.

제7장

공격성과 친사회적 행동

1. 공격성 이해하기
2. 친사회적 행동 지도하기

문제, 매일매일 일어나는 문제들
우호적 방법으로 해결해 봐요.
말로 할까요, 싸울까요?
더 좋은 방법으로 하세요.
문제를 말할 때,
소리 지르거나 고함치지 않아야 해요.
만일 우리가 그것을 조용히 해결한다면,
우리 스스로 컸다고 느낄 거예요.

– 비건(1995)

마음 나누기

마음 나누기란,
먹을 것을 함께 나누는 것.
숲에 가서 도토리나 밤을 주울 때 다람쥐가 먹을 것을 남겨 놓는 것.
마음 나누기란,
시골에 사시는 할머니와 할아버지께 문안 전화를 드리는 것.

– 채인선(2005)

1 공격성 이해하기

요즈음 유아들은 가정에서 부모와 지내는 시간이 감소하고 부모의 이혼이나 폭력 등 여러 가지 어려운 상황에 직면하고 있다. 어린이집과 유치원에서 '위험요소가 높은(high risk) 아이들'이 많아지고 있다. 이런 유아들은 주변 사람들에게 지나치게 공격적이고 충동적인 행동을 한다. 이러한 행동 유형은 만 3세 정도의 유아기 초기부터 나타나는 경향이 있다. 이런 유아는 친구들을 잘 괴롭히며, 성질이 급하고, 부정적이고 반항적인 행동을 하며, 자기중심적인 언어를 사용하며, 갑자기 이야기의 흐름과 관계없는 엉뚱한 말을 꺼내는 경향이 있다. 이러한 행동은 정상적인 유아에게서도 어느 정도 나타나는 행동이지만, 정도가 지나치고 지속적인 경우에는 위험요소가 높다.

경미한 행동상의 문제를 가진 아이들과 위험요소를 가진 아이들이 사회적으로 바람직한 행동을 못하는 이유는 대체로 역할모델이나 갈등해결 방법의 결여로 무엇이 적절한 행동인지 모르거나, 지식은 있으나 부적절한 강화로 친사회적 행동에 대한 연습이 부족하거나, 분노 · 공포 · 불안이 있거나, 공격적인 행동이 좋은 것이라고 생각하거나, 신경생리학적 문제로 인해 조절이 어렵거나 하는 등의 원인이 있을 수 있다.

위험요소를 가지고 있는 유아들의 충동적이고 공격적인 행동이 중재되지 않은 채 방치된다면 친구들로부터 거부되고, 학교적응이 어렵거나, 자퇴하는 경우가 많으며, 자신의 경력을 통해 잠재 능력을 제대로 발휘하지 못하며, 30세가 될 때까지 이들의 1/4 정도는 성인이 되어 범죄로 인해 수감되거나, 신체적 · 성적 폭력 남편이나 아내가 된다(Asher & Cole, 1990; Gruen, 1987). 그러므로 정상적인 유아들에게는 예방이, 높은 위험요소가 있는 유아들에게는 중재가 필요하다. 자신의 부정적인 상황과 환경을 긍정적으로 받아들이고 대처하는 방법을 배움으로써, 충동성과 공격성은 줄어들고 자아존중감이 높아지고, 친사회적 행동이 많아진다. 유아가 친사회적 행동기술을 미처 제대로 습득하지 못해 공격성을 보였더라도, 긍정적인 중재(intervention)가 있을 경우 회복이 가능하며, 그 시기가 빠를수록 회복이 빠르며 효율적이다.

1) 공격성의 개념과 유형

공격성에 대한 정의는 학자마다 다양하지만 Bandura(1973)에 의하면 공격성은 다른 사람이나 동물에게 상처를 주거나 재산 상의 손해를 가져오는 행동이다. 공격성은 그 원인에 따라 우발적 공격성, 도구적 공격성, 적대적 공격성으로 나누어 살펴볼 수 있다.

(1) 우발적 공격성

우발적인 공격성은 우연히 피해를 입게 되면 유아가 공격적인 방식으로 보복한다는 것이다. 예를 들어, 다음과 같은 행동들이다.

영미가 다른 영역으로 건너가려다가 태수가 블록으로 만든 건물에 부딪혀 블록이 망가졌다. 태수는 갑자기 화가 나서 영미를 확 밀었다.

성민이가 개인사물함을 여는데 형철이가 바로 옆에 있다가 머리를 사물함 문에 부딪혔다. 형철이는 갑자기 소리를 지르며 성민이를 때린다.

우현이가 모래놀이터에서 모래를 퍼내다가 석우 머리에 모래가 튀었다. 석우는 일어나서 소리를 지르며 우현이를 발로 찼다.

이처럼 유아들은 우발적인 공격성을 보인다. 우발적인 공격성은 비의도적인 공격성이다.

(2) 도구적 공격성

자신의 이익을 위해 다른 사람에게 해를 가하는 도구적 공격성(instrumental aggressive)은 어떤 대상이나 지역에 대한 특권을 갖거나 되찾는 데 목적을 둔 공격성을 말한다(Hartup, 1974). 유아가 이러한 의도를 가지고 공격적인 행동을 한다면 도구적 공격성이다. 예를 들어, 다음과 같은 행동이다.

현수는 민희를 밀쳐 내고 장난감 말을 빼앗아 탔다. 현수는 민희에게 화가 난 것이 아니라 민희가 방해가 되었을 뿐이다.

(3) 적대적 공격성

적대적 공격성이란 다른 사람을 향한 공격성이다(Hartup, 1974). 적대적인 공격성을 나타내는 사람은 그 사람에게 화를 내고 있기 때문에 누군가에게 상처를 준다. 공격자는 다른 사람이 의도적으로 자신에게 어떤 일을 했기 때문에 자아가 상처를 받았다고 생각한다. 예를 들어, 다음과 같은 행동이다.

국진이는 명철이가 친구들 앞에서 자신을 '바보' 라고 해서 화가 났다. 그래서 국진이는 명철이의 크레파스를 부숴 버렸다. 유아들은 놀잇감이나 개인 소유물 때문에 싸우는 경우가 많으나, 좀 더 나이 든 아동들은 적대적으로 다른 친구에게 보복을 하는 적대적 공격성이 나타난다.

아동의 공격성 표현방법은 인지발달에 따라 달라진다. Piaget의 인지발달단계에서 전조작기에 속하는 유아는 자기중심성이 강해 다른 사람의 욕구보다 자신의 욕구에만 관심이 있다. 그래서 자신이 원하는 것을 얻기 위해 도구적 공격성이 나타난다. 유아들의 공격성은 다른 아이들의 놀잇감을 빼앗는 등의 도구적 공격성이 대부분이다.

유아들의 공격성은 4세경에 절정을 이루다가 6~7세 이후에는 줄어드는 경향이 있으나, 공격성을 민감하게 받아들이는 시기가 8세 정도이며, 이것이 12세가 넘도록 지속되는 경향이 있다(황희숙, 2008).

2) 공격성 발달이론

인간의 공격성을 설명하는 이론으로 본능설과 정신분석이론(본능설, 욕구좌절설), 사회학습이론, 대상관계이론 등이 있다. 이들 이론을 구체적으로 살펴보면 다음과 같다.

(1) 정신분석이론

① 본능설

정신분석론자들과 동물행동론자들은 공격성의 본능설을 주장한다. Freud는 공격성을 죽음의 본능인 타나토스(Tanatos)에서 찾는다. 즉, 인간을 삶의 본능인 에로스(Eros)와 함께 죽음의 본능인 타나토스를 가진 존재로 본다. 타나토스는 공격적 에너지의 원천으로, 인간은 공격적 에너지를 주기적으로 발산해야 한다. 이러한 공격성은 건설적인 일을 하면서 발산하거나 싸우거나 물건 부수기 등 파괴적인 방법으로 발산할 수 있다.

동물행동학자인 Lorenz는 공격성은 투쟁본능에서 나온다고 본다. 이러한 투쟁본능으로 인해 인간은 서로를 공격하기 위해 무기를 개발하거나 다른 사람을 공격한다. 인간의 투쟁본능은 결과적으로 인류를 멸망시킬 수 있는 것으로 본다. 따라서 인간의 투쟁본능을 사회적으로 바람직한 방법으로 표출시켜야 한다고 주장한다(황희숙, 2008).

② 욕구좌절설

욕구좌절설은 인간의 공격성이 욕구의 좌절, 목표행동의 좌절로 인해 발생한다고 주장한다. 그러나 Davitz(1952)의 연구에서 좌절상황에서도 건설적인 방법으로 반응하도록 훈련받은 유아의 경우 그렇지 않은 유아에 비해 덜 공격적인 반응을 보였다. 그리고 Green(1968)의 연구에서 좌절상황이 항상 공격반응으로 연결되지 않는다는 실험결과들은 욕구좌절이 곧 공격성을 유발하지 않는다는 것을 보여 준다(황희숙, 2008).

그러나 다른 연구에서는 좌절을 공격적 행동의 징조 중 하나로 보았다. 공격성을 보일 수 있는 징조가 반드시 공격행동으로 이어지지 않는다는 것이다. 다시 말해, 공격성의 징조 이외에 다른 요소들(상대방의 선제공격, 이전의 공격습관, 공격단서 등)이 공격적 행동으로 연결될 수 있다고 한다(황희숙, 2008).

(2) 사회학습이론

사회학습이론에서는 강화나 모방을 통한 학습의 결과로 공격성이 습득된다고 한다. 특히 Bandura는 공격성이 관찰학습을 통해 습득된다고 하였다. 다른 사람의 공격적 행동을 관찰하면서 주목하고 기억한 후에 공격성을 학습하는 것이다. 이와 같이 유아들은 공격적 행동을 관찰함으로써 강화받고 이를 공격적 행동으로 모방하게 된다.

(3) 대상관계이론

Jacobson은 생의 초기는 내면의 자기(inner self)나 외부세계(outer world)의 구분이 아직 안 된 미분화된 심리상태라고 하였다. 그리고 본능적 에너지도 아직 미분화된 상태라고 보았다. 그러므로 생의 초기 상태는 이드, 자아, 초자아 등으로 분화된 자기도 없고, 욕동에너지(리비도)도 분화되지 않은 상태로 공격성이 없는 상태다. Jacobson은 『자기와 대상관계』(1964)를 통해 미분화된 욕동에너지가 어떻게 리비도와 공격성으로 분화되며, 어떻게 미분화된 자기에서 구체적인 자아로 형성되는지를 설명하였다.

Jacobson은 자아심리학과 대상관계이론을 혼합한 관점을 가지고 있다. 그는 정신-생물학적인 욕동에너지와 대상관계가 지속적으로 상호작용하며 심리발달이 이루어진다고 보았다. 즉, 처음에는 리비도도 공격성 없이 단지 내적 잠재력으로만 존재하다가 미분화된 욕동에너지가 내적 성숙요인과 초기관계상황(context of early relationships)에 따라 리비도나 공격성으로 분화되는 것이다. 좋은 경험들이 쌓이면서 리비도가 점진적으로 출현하게 되고, 나쁜 경험들은 공격성을 형성하게 된다(최영민, 2010).

3) 공격성과 친사회적 행동에 영향을 주는 요인

유아의 공격성과 친사회적 행동에 영향을 주는 요인으로 유아의 특성, 부모-자녀 또는 교사-유아의 관계, 가정환경, 유아교육기관 환경과 대중매체, 사회문화적 환경 등을 들 수 있다.

(1) 유아의 성별 및 기질 특성

유아의 성별 특성으로 남아는 여아에 비해 더 공격적인 경향이 있다. 영아기에는 성차가 크게 느껴지지 않으나 성장함에 따라 대체로 남아가 여아에 비해 더 공격적인 행동을 많이 하는 것으로 알려져 있다.

유아의 기질적 특성도 공격성과 관련이 있다고 알려져 있다. 까다로운 기질의 유아는 순한 기질의 유아에 비해 친사회적이지 못하고 공격적 행동이 더 나타나며 대인관계에 어려움이 있다. 즉, 까다로운 기질의 유아가 순한 기질의 유아에 비해 친사회적 행동 수준이 낮다고 할 수 있다. 상황에 따라 다르게 나타날 수 있으나 일반적인 성향으로 볼 때 여아에 비해 남아가 더 공격적인 행동을 많이 보이는 것은 남아에게 요구되는 사회적 기대(성취, 도전 등) 때문이기도 하다.

(2) 양육태도와 환경

역기능 가정과 성인의 보호가 없는 가정에서는 유아들이 사회적으로 수용될 수 있는 문제해결 능력을 배우기 어렵다. 부모들이 역할모델을 못 보여 주거나, 적절한 행동에 대한 강화를 못해 줄 경우에 공격행동이 발생한다. 오히려 부적절한 행동이 자주 모델링되거나 관찰된다. 아동학대의 경우 위험요소가 높고 세대 간 폭력이 전이되는 경향이 있다. 공격적인 유아는 성장과정에서 학대를 받았거나, 부모가 배우자나 다른 형제를 학대하는 것을 목격한 경우가 많다. 이런 유아들에게 폭력이란 다른 사람과의 상호작용의 방법으로 사용되며, 목표달성을 위한 유일한 방법으로 학습된다.

Bell과 Ainsworth(1972)에 의하면 공격적인 유아의 부모들은 종종 자녀를 제대로 양육하거나 관심을 기울이지 못한다. 출산 시부터 어머니가 자녀에 대한 애착이 결여되어 있거나, 애착 형성과정에 문제가 있다. 아버지들은 통제적이고, 권위주의적이며, 거부적이고, 신뢰감이 없다. 이런 부모들은 적절한 보호는 하지 못하고, 제멋대로 가혹하고 극단적인 방법으로 훈육한다. 부모의 훈육방법이 서툴고 변덕스러우면 오히려 자녀가 비행행동을 하기 쉽다. 서툴고 거친 방식으로 훈육하면 유아는 부지불식간에 공격적이고, 반사회적인 행동을 강화하게 되며, 훈육과정에서 직접적이고 공격적인 행동을 보고 반사회적 행동을 학습하게 된다. 유아는 폭력적인 가족으로부터 동물이나 다른 사람을 괴롭히는 것을 보고 배운다. 공격적인 성인들은 권위주의적이고, 비지지적이며, 거칠고 처벌적인 훈육기술을 사용하여 유아의 양육환경을 제대로 관리하지 못한다. 유아의 공격행동을 조장하는 요인을 살펴보면 다음과 같다.

① 가정 내 폭력은 가족체계에서의 폭력을 악순환 시킨다

가족의 한 구성원이 혐오자극을 주면, 두 번째 구성원이 혐오자극으로 반응하며, 혐오자극의 상호교환은 지속되고 강도가 커진다. 그리고 가족체계의 다른 구성원이 그 과정에 참여한다. 그다음 마침내 가족체계의 한 구성원이 공격행동을 통하여 혐오자극을 철회하고 폭력순환을 일시적으로 깨뜨린다. 이렇게 하여 공격성을 강화받은 가족체계의 구성원은 희생된 구성원과 같은 방식으로 상호작용을 하게 된다. 위압적 상호작용은 공격성을 어떻게 모방하는지와 어떻게 공격성의 희생자가 되는지를 유아에게 가르친다. 어떤 의미에서 유아는 성인에게서 처벌적 훈육을 사용하는 방법을 배운다. 자녀의 기질이 까다롭거나 부모가 비효율적 훈육기술을 갖고 있는 가정에서는 주로 처벌적 훈육이 이루어진다. 공격적인 유아는 자아통제력이 거의 없고, 위협, 강화요인, 사회적 자극에 대해서도 반응적이지 않으며 불순종하고 충동적이다. 이런 특성으로 인해 공격적인 유아를 통제하기가 어렵고 점점 더 위압적인 상호작용이 일어나게 된다.

② 민감하지 않은 비지지적인 부모는 공격행동을 조장한다

Parke와 Salby(1983)의 연구에 의하면 민감성이 있고 지지적인 부모는 유아가 친사회적인 행동을 하도록 하지만, 반대로 유아를 거부하고, 차갑고, 비양육적이며 민감하지 않은 비지지적인 성인은 유아의 공격행동을 증가시킨다. 비양육적인 부모는 유아의 기본적 욕구인 음식, 사랑, 애정, 돌봄, 놀이, 자아존중감 등을 충족시키지 못한다. 욕구가 충족되지 못하고 좌절된 유아는 공격적인 행동을 하게 된다.

③ 환경관리자 역할을 제대로 하지 않는 부모는 공격행동을 조장한다

Parke와 Salby(1983)의 연구에 의하면 부모가 유아의 환경을 관리·조직하고, 유아의 놀잇감을 정하며, TV 시청시간과 프로그램의 종류를 제한하면 여러 가지 환경에서 오는 공격적인 행동을 모방하게 되는 통로를 차단하게 된다. 부모가 환경을 관리하는 것은 간접적인 것이지만 직접적인 역할만큼 중요하다. 왜냐하면 유아가 환경과 상호작용하는 데 매우 많은 시간을 보내기 때문이다. 어떤 부모들은 폭력적인 장면을 그대로 보게 내버려 두거나, 장난감 총이나 칼 등을 사주는 등 공격성을 유발하는 놀잇감을 제공하기도 한다. 또는 너무 일찍 스마트폰이나 게임기를 접하게 하여 여과 없이 폭력적인 내용의 게임에 접하게 한다.

④ 비효과적인 훈육방법은 공격행동을 조장한다

Sears, Maccoby와 Levin(1957)의 연구에 의하면 부모가 유아와의 관계에서 지나치게 제한적일 때 아동의 공격 수준이 높아진다. 부모가 공격행동을 심하게 처벌하게 되면 유아가 공격적이 되는 것이다. Bandura가 주장한 것처럼 부모들이 아동의 공격성을 강화하게 되는 셈이다. 그런 처벌에서 오는 좌절과 분노가 아동의 공격성을 증가시키고, 부모의 처벌방식은 유아에게 모델링 역할을 하게 된다. Loeber와 Dishon(1983)은 반사회적 행동이나 비행은 유아기나 아동기에 학습되며, 특히 가정에서 이루어지는 부모-자녀의 상호작용의 결과로 습득되는 것으로 본다. 극단적이고 공격적인 행동이나 반사회적 행동은 아동기와 청소년기 사이의 연속성이 높다. 공격적인 성인은 비효과적인 훈육방법을 사용한다. 자신은 자녀를 때리고, 자녀에게 다른 사람을 때리지 말라고 말하지 않는다. 비일관적인 처벌을 하고, 비지지적이다. 공격적인 성인은 공격행동을 예방하지 못하고, 좋지 못한 훈육방법, 비효율적이고 일관성 없는 처벌방식을 사용하며, 공격행동을 무시하거나 허용하고 조장한다. 우범 지역이나 성인의 감독이 없는 빈민가와 같은 성장환경에서는 공격행동을 하기 쉽다.

(3) 또래집단

Parke와 Salby(1983)의 연구에 의하면 공격성은 유아의 가족에서 시작되는 경향이 있고 또래집단에 의해 학습, 유지, 수정되기도 한다. 또래들은 서로의 공격성에 영향을 미친다. 공격행동의 모델이 되고 다른 유아에게 희생자가 되지 않는 법을 가르치며, 공격성을 강화하고, 공격성에 대한 규준을 설정함으로써 공격성을 규제하기도 한다.

공격적인 유아들은 갈등을 해결하는 사회적 기술이 부족하다. Asher와 Renshaw (1982)에 의하면 공격적이고 인기 없는 유아들은 공격적 수단을 통하여 또래와의 갈등을 해결하며, 긍정적인 갈등해결방법을 모른다.

(4) 폭력적 TV 프로그램이나 컴퓨터 게임

폭력적인 TV 프로그램에서 폭력은 다른 사람을 지배하기 위하여 필요하며, 선이 악을 이기는 데도 폭력을 사용하여 사회에서 용인되는 것처럼 보이게 강화한다. Bandura에 의하면 폭력적인 TV 프로그램을 본 유아들은 그렇지 않은 유아들보다 훨씬 공격적인 행동을 한다. 많은 TV 프로그램에서 폭력이 마치 일상적인 상호작용의 형태인 것처럼 비춰지며 유아를 대상으로 한 TV 프로그램에도 폭력적인 장면이 많이 나온다.

Salby와 Quarforth(1980)에 의하면 부모들은 TV가 유아에게 미치는 영향을 어렴풋이 알고 있지만 자녀가 시청하는 TV 프로그램의 양이나 내용은 제한하지 않으며, 유아는 TV 프로그램을 통해 폭력에 대해 잘못된 견해를 가진다. Lange, Baker와 Ball(1969)에 의하면 실제 폭력은 잔인하다. 사람이 피를 흘리고 죽기도 한다. TV 프로그램에서 폭력은 실제의 폭력과는 달리 총싸움, 주먹싸움, 칼싸움, 살인을 정당화하고, 효과적이고 보상받는 것으로, 때로는 유머러스하게 묘사되기 때문에 왜곡된 것이다. 좋은 사람은 나쁜 사람을 벌하는 방법으로 폭력을 사용하는 것이 허용된다. 여기서는 불행하게도 좋은 사람도 나쁜 사람들처럼 종종 법을 어기며 폭력을 사용한다. Stein과 Frietis(1972)에 의하면 이처럼 유아용 TV 프로그램에서 폭력은 어떤 일을 수행하기 위한 효과적인 방법으로 다른 사람을 해침으로써 목적을 달성하고, 폭력에 대해 보상받는다.

또한 유아프로그램에서 폭력과 유머를 연결시켜 익살스럽게 표현하는 것이 문제가 된다. 폭력적인 애니메이션은 종종 웃음을 불러일으킨다. 폭력과 웃음을 연결지어 유아에게 폭력은 재미있는 것이라는 무의식적 암시를 주게 된다. 이런 무책임한 프로그램에서 유아들은 힘이 선이라는 것을 학습한다. 유아는 폭력적인 장면을 시청하면 할수록 다른 사람이 한 공격적 행동을 점점 더 수용하게 된다. 방영된 폭력장면을 보고 더 공격적이 될 뿐 아니라 다른 사람이 행한 폭력도 여과 없이 그대로 수용하게 된다. 유아가 폭력을 효과적이고 정당하며 보상받는 일상사로 본다면 폭력에 대한 기준이 낮아지고, 실제 생활이 TV의 폭력 기준과 부합될 때 다른 사람의 폭력에 대해 무감각하게 된다.

4) 공격성에 대한 지도

유아들은 반사회적 행동을 습득하는 방법과 유사하게 친사회적 행동을 익힌다. 그들은 친사회적 행동의 모델링, 연습과 강화를 통해 배운다. 부정적 행동을 보거나 반복하기보다는 긍정적 행동을 보고 반복한다. 강화, 즉 계획된 칭찬과 보상 그리고 문제해결을 통해 기술습득이 확실해진다. 친사회적 유아들은 자부심, 행복감, 안정감과 사랑받고 있다는 감정적 반응을 가지며, 이것이 적절한 행위를 하도록 북돋운다. 높은 자아존중감은 기술이 아니고, 일차 양육 대상자로부터 인정받음으로써 생기는 효과이며, 그들의 환경에 긍정적으로 작용할 수 있는 사회적 자신감의 수준이다.

많은 교사들은 가정에서 일어난 결여는 메울 수 없다고 믿고 있다. Goleman (1987)의 연구에 의하면 높은 위험요소를 가진 유아 중 힘들고 어려운 환경을 극복한 경우는 가족 이외의 한 사람 혹은 그 이상의 성인과 강한 유대를 갖고 있는 경우다. 주로 이러한 역할을 담당하는 사람은 교사들이다. 사랑과 수용 외에, 교사들은 사회적 자신감을 증진시키는 기술을 발달시키도록 도와주고, 유아들의 자아존중감을 간접적으로 증진시키는 결과를 가져오게 한다.

감정이입, 충동조절, 문제해결 기술, 분노조절 훈련을 통해서 가능하다. 감정이입은 공격적 행동조절에 중요한 요소다. 감정이입을 하게 되면 다른 사람의 입장을 이해할 수 있게 되므로, 다른 사람의 행동을 오해해서 화를 내거나 공격을 하는 경우가 적어진다. 감정이입을 하게 되면 다른 사람의 고통을 보고 그 고통을 공감하기 때문에 공격적 행동이 줄어들게 된다.

충동조절은 치료 중인 유아나 다른 유아에 대한 예방적 차원에서 일반 교실 환경에서 효율적으로 교육된다. Michelson(1987)에 의해 개발된 대인 간 인지문제해결과 사회적 기술 훈련은 충동적이고 공격성이 강한 유아들에게 효율적이다.

분노조절은 감정이입 훈련과 같이 공격적인 청소년과 성인들에게 널리 적용되고 있다. 이는 유아들에게도 효과적으로 가르칠 수 있다.

유아가 공격성을 효과적으로 다룰 수 있도록 개인적 수준과 집단적인 폭력 예방 프로그램으로 유아를 지원하는 방법은 다음과 같다.

(1) 개인적 수준

첫째, 공격성에 대한 명확한 제한설정과 공격성을 허용하지 않는 분위기를 조성한다. 다른 사람을 방해하고, 다치게 하거나 놀잇감을 부수는 데 대한 제한설정을 명확하게 제시한다. 내용은 단호하면서도 낮고 부드러운 말투를 사용하여 그 제한을 따르도록 함으로써 공격성을 허용하지 않는 분위기를 조성한다.

둘째, 공격적 성향의 유아에게 적극적으로 친사회적 행동기술을 가르친다. 공격적 성향이 높은 유아에게 감정이입을 가르치면 다른 사람의 입장을 이해할 수 있게 되고, 다른 사람의 고통을 자신의 고통처럼 받아들일 수 있기 때문에 공격적 행동을 감소시킬 수 있다. 이외에 충동조절, 대인 간 인지적 문제해결과 사회적 기술 훈련 등과 같은 훈련을 통해 반사회적 행동을 줄인다.

셋째, 폭력적인 경험을 줄이고 긍정적 감정을 경험할 기회를 늘린다. 많은 연구들은 유아가 폭력적인 게임, 애니메이션, 노래 등에 많이 노출될수록 폭력성향이 높다는 결과들을 제시하고 있다. 좋은 노랫말과 아름다운 클래식 음악들은 정서적 안정을 제공함으로써 공격적 성향을 줄일 수 있다. 폭력적인 정서경험을 줄이는 방법은 역으로 긍정적인 정서경험을 많이 제공하는 것이다.

넷째, 부모나 성인이 비공격적인 모델링이 되도록 한다. 유아는 5~6세경에 부모나 영향력 있는 성인을 통해 도덕적 기준과 초자아를 형성하게 된다. 이런 중요한 시기에 부모나 성인의 도덕적 행동의 모델링은 유아의 공격적 성향을 줄이고 친사회적 성향을 형성하는 데 중요한 역할을 한다.

다섯째, 유아가 공격적 행동을 보일 때 부드럽고 엄격하며 단호하게 대처해야 한다. 유아들은 부모나 교사의 관심을 끌기 위해 공격적 행동을 하는 경우가 있다. 이럴 경우 유아의 공격적 행동을 무시한다. 힘겨루기를 위해 공격적 행동을 할 경우에는 공격적이지 않은 합리적인 방법으로 양자택일을 하게 한다.

(2) 집단적 폭력예방 프로그램

다양한 연구들이 사회기술 훈련 프로그램이 교우관계를 증진시키고 반사회적 혹은 공격적 행동을 감소시키는지에 대한 프로그램 효과를 측정하고자 하였다.

미국에서 널리 사용되는 폭력방지 교과과정인 Second Step은 어느 정도 긍정적인 효과가 있는 것으로 나타났다. 통제집단과 비교하여 프로그램에 참가한 유아의 신체적 공격성은 유의하게 감소하였으며, 친사회적 행동은 유의하게 증가하였다.

유치원에서 고립유아 또는 인기가 없는 유아의 사회적 기술을 훈련한 결과 친사회적 행동과 또래 수용도가 증가하였다(손창렬, 1995). 그 외 우리나라에서도 공격성 예방과 친사회성 증진 프로그램으로 유아들에게 적합한 감정이입, 충동조절과 분노조절 등의 기술을 개발시킨다. 교육내용은 감정이입, 충동억제, 분노조절 훈련으로 구성된다.

감정이입 훈련을 통해 유아들이 자신과 다른 사람들의 감정을 말해 보고, 다른 사람의 입장이 되어 보고, 다른 사람을 돌보고 배려하는 표현을 해 본다. 구체적으로 감정이입 훈련은 감정이입 훈련 소개, 기분을 정의하고 표현하기, 기분의 변화, 상반된 감정, 유사성과 차이점, 선호성, 인식, 감정의 예측, 감정교환의 내용으로 구성되어 있다. 감정이입은 폭력예방이나 친사회성 증진 프로그램에서 가장 먼저 다루어져야 한다. 다른 사람의 감정과 생각에 민감해야 문제해결이 가능하다. 감정이입은 감정의 인지를 통해 분노조절을 하기 때문에 중요하다. 감정이입 방법을 알게 되면 갈등을 줄일 수 있으며, 문제해결과 친사회적 행동은 자연적으로 같이 일어나게 된다.

충동억제 훈련을 통해 유아들이 문제의 효율적 해결을 위한 문제해결 방법과 행동기술을 발표해 보게 한다. 충동조절 훈련은 대인 간 문제해결의 소개, 충동인지, 문제 인식, 해결책 선정, 약속 지키기, 칭찬 주고받기, 대화하기, 공포감 처리, 자신의 행동에 대해 책임지기 등의 내용으로 되어 있다.

분노조절은 유아들이 스트레스 상황에 대처하는 방법이나 행동기술을 발표해 보게 한다. 구체적으로 분노조절 훈련은 분노조절에 대한 소개, 분노 유발, 긴장완화, 혼잣말하기, 반성하기, 말대꾸 처리법, 비판 대응법, 따돌림 대처법으로 구성되어 있다.

진행방법으로는 각 활동내용에 관련된 사진을 보고, 이야기 나누기와 교사의 모델링, 유아들의 연습, 피드백과 강화로 이루어지는 역할극 등의 활동으로 진행한다. 유아들에게 자신의 기분을 표현하는 방법과 친구와의 갈등해결 방법, 분노조절 방법을 구체적으로 가르침으로써 친사회적 기술과 긍정적 감정을 갖도록 하는 기술을 증진시킨다.

Marchione와 Michelson과 Mannarino(1984)에 의하면 공격행동을 줄이기 위한 인지적-문제해결법은 어떤 문제에도 적용될 수 있는 전략을 익히게 한다. 한편 공격행동을 줄이기 위한 행동기술훈련법은 문제해결에 도달하기 위해 행동지침을 주고 필요한 연습을 하게 한다.

인지적-문제해결법과 행동기술훈련법은 분노조절 기술을 보완하는 효과가 있다. 인지적-문제해결법은 분노조절을 효율적으로 한 후, 유아들이 또래 간의 문제를 해결할 수 있는 지침으로 사용한다. 행동기술훈련법은 밀치기, 움켜잡기, 놀리기 등의 분노행동에 구체적으로 대처하는 기술 훈련에 중점을 두고 분노조절 기술과 병행해서 사용한다. 문제해결을 위해 무엇을 할지 결정하는 데는 인지적-문제해결법이 유용하고, 선택한 방법을 어떻게 수행할 것인지는 행동기술훈련법이 유용하다. 인지적-문제해결법과 행동기술훈련법을 함께 사용하는 것이 각각 사용할 때보다 친사회적 행동을 증진시키는 데 효과가 있다.

다음은 Began(1995)이 제시하는 사회적 기술 익히기의 하나인 '분노 다루기' 활동이다.

활동명: 사회적 기술(말로 분노 전달하기)

활동목표: 유아들이 "나 화났어."라는 말을 사용하여 화가 난 느낌을 표현한다.

활동방법

- 분노조절의 필요성 알기
  - 유아들이 자신의 욕구와 감정을 전달하기 위해 조절된 언어로 감정을 전달하는 방법을 배울 필요성이 있음을 알게 한다.
- 주제 도입하기
  - 교사는 다음과 같이 이야기를 해 주어 주제를 도입한다.

"우리 어린이집에서 자유선택활동시간에 일어난 일이야. 순영이와 보라는 역할놀이 영역에서 놀고 있었어. 순영이는 큰 인형에게 옷을 입히고 있었는데 보라가 큰 인형을 빼앗으려고 했어. 순영이는 인형을 빼앗기지 않으려고 했고 보라는 자꾸 빼앗으려고 했어. 보라는 화가 나서 순영이를 때렸어. 순영이는 큰 소리로 울었어. 선생님은 이 일에 대해 토론해 보려고 일단 놀이를 멈추게 했어."

"다른 친구들에게도 이런 일이 일어날 수 있으니 이 상황에 대해 함께 이야기해 보자. 어떻게 하는 것이 옳은 행동일까?"

- 기술 요소 확인하기: (교사가 적어 놓는다.)
  - 유아가 서로에게 "나, 화났어."라고 말한다.
  - 화가 난 이유를 친구에게 이야기한다.
  - 친구 때문에 왜 화났는지 이야기한다.
  - 서로 앞으로는 그렇게 하지 않기로 하자고 이야기한다.
  - 화해의 악수를 나누고 다시 친구하자고 한다.
  - 만약에 그대로 화가 풀리지 않고 동의가 어려우면 선생님께 도와 달라고 한다.
- 기술 시범 보이기

  교사는 손인형 두 개를 사용하여 그 상황에 대한 시범을 보인다.
- 행동 시연하기
  - 선발하기

    유아들이 두 유아의 역할을 각자 맡아서 해 보도록 유아 두 명을 선발한다.
  - 역할극하기

    유아들이 다른 친구와 다투게 되는 유사한 상황을 설정하여 역할극을 해 보도록 한다.
  - 종료하기

    역할극 중 올바른 행동을 강화하고 부적절한 행동을 체크하여 다시 해 보도록 한다. 만일 수정할 사항이 없으면 역할극을 종료한다.
  - 강화하기

    역할을 한 유아들을 언어적으로 칭찬해 준다.
  - 토론하기

    교사가 모든 유아에게 "만일 누가 너희들을 화나게 한다면 어떻게 할 것인지 이야기해 보도록 하자."라고 해서 마무리한다.
- 연습하기

  유아들이 화가 났을 때 빈 도화지에 "자신이 화가 났을 때 어떤 느낌인지 보여 주는 '화(분노) 그림'을 그려 보자."라고 말한 후에 표현하게 한다. 또한 화난 감정을 가라앉히고 점토를 사용해서 화난 감정을 표현하도록 해도 좋다.

- 독자적으로 사용하기
  교사는 유아들을 맡은 한 해 동안 반드시 사회적 기술을 계속해서 확인하고 강화하도록 한다.
- 지속적으로 사용하기
  교사는 평화적 방법으로 화를 조절하는 방법을 배우고 있음을 행동으로 보여 주는 유아들을 매일 확인하고 인정해 주도록 한다.

5) 공격성을 감소시키는 놀이

공격성을 감소시키기 위해서 유아가 부정적인 감정을 해소하고 자기조절력을 기르도록 하는 것이 바람직하다. 다음은 어린이집에서 교사가 공격성을 감소시키고 자기조절력을 기르도록 하는 활동이다.

• 활동 1: 신문지 찢기

유아들을 3명씩 그룹을 짓게 한다. 각 그룹에 신문지 1/4쪽을 3장씩 나눠 준다. 1, 2, 3 번호를 정한 후 두 유아(예: 1번, 2번)가 신문지를 가로로 잡게 한 다음 나머지 유아(3번)가 친구들과 함께 정한 신호(하나, 둘, 셋 또는 눈 깜빡이기)에 따라 오른손 주먹을 쥐고 신문지를 쳐서 뚫는다. 다음에는 차례대로 돌아가면서 신문지 펀치를 하도록 역할을 바꾸어 하게 한다. 약속한 신호를 지키는 것이 중요하다.

• 활동 2: 손탑 쌓기

유아들을 2명씩 짝을 짓게 한다. 한 유아가 오른손을 내밀어 손바닥이 아래로 향하게 한다. 다른 유아는 그 유아의 손등 위에 손바닥을 올려놓는다. 다음에는 먼저 손을 내민 친구의 왼손을 다른 친구의 손등 위에 손바닥이 닿도록 올려놓는다. 다음에는 다른 유아가 왼손을 다시 다른 친구의 손등 위에 손바닥이 닿도록 올려놓아서 손으로 탑을 쌓은 것 같이 만든다. 교사가 "위로, 위로, 위로, 위로……" 하면 맨 아래쪽에 있던 손을 제일 위쪽으로 가져와서 다시 손탑을 쌓아 가도록 한다. 손탑을 점점 위로 쌓아 가서 마주한 친구와 눈이 마주치면 "안녕! 친구야." "반갑다! 친구야." 등의 말을 하게 한다. 이번에는 교사가 "아래로, 아래로, 아래로, 아래로……" 하면 반대로 맨 위에 있던 손을 차례대로 아래로 가져와 점점 손탑이 내려오게 쌓아 간다. 손탑을 점점 아래로 쌓아 가서 친구와 눈이 마주치면 "사랑해! 친구야." 등의 말을 하게 한다. 이때 교사가 위로, 아래로 하는 지시어의 속도를 빠르게, 느리게 조절해 가면서 유아들이 속도를 함께 조절해서 손을 움직이도록 하는 것이 중요하다.

• 활동 3: 선따라 걷기

교사가 바닥에 색테이프를 네모나 세모, 지그재그 형태로 붙여 놓고 양팔을 벌리고 교사 뒤를 따라 걸어 보도록 한다. 행진하기에 좋은 배운 노래를 부르며 걸어가는데, 교사가 노래의 속도를 빠르게 느리게 조절한다. 노래를 부르며 걸어가다가 "얼음" 하면 멈추도록 한다. 다음에는 머리에 콩주머니를 얹고 걸어가도록 하면서 놀이한다(보다 어린 유아들은 두 줄 사이에 인형을 안고 걸어가도록 준비한다). 속도조절에 유의하면서 박자에 맞추어 선을 따라 걸어가도록 하는 것이 중요하다.

• 활동 4: 비닐에 로션그림 그리기

유아들을 두 그룹으로 나누어 45cm×300cm 정도로 준비한 비닐을 사이에 두고 마주보고 앉게 한다. 유아들에게 비닐에 로션그림을 그려 볼 것이라고 말하고, 베이비로션을 비닐에 듬뿍 짜 준다. 교사가 "로션을 넓게 펴서 하얀 도화지처럼 만들자."라고 말한 후 도화지처럼 되면 자유롭게 손과 손가락으로 그림을 그리게 한다. 다음에는 자기가 좋아하는 것을 그려 보도록 한다. 다음에는 무서운 것을 그려 보게 한다. 무서운 것을 그린 다음 "무서운 도깨비는 사라져라. 얏!" 하고 외치게 한 다음 흰 도화지처럼 만들어 좋아하는 것을 그리도록 한 다음 활동을 마친다. 마른 수건 한 개를 마주보고 있는 유아들에게 한 장씩 나누어 주어 함께 손을 닦도록 한다. 그사이에 교사는 비닐을 정리한다. 비닐 위에만 로션그림을 그리도록 하고 손바닥과 손가락에만 로션이 묻도록 한다.

2 친사회적 행동 지도하기

1) 친사회적 행동의 개념

친사회적 행동(prosocial behavior)은 사회적으로 긍정적 결과를 가져오게 하는 행동이다. 대체로 외적 보상에 대한 기대보다는 다른 사람을 위해 자발적으로 하게 된다. 친사회적 행동은 나누기(sharing), 협동(cooperation), 감정이입(empathizing), 조망 수용(perspective) 등의 의미로 정의되었으나 최근에는 사회적 기술, 사회적 능력, 또래와의 상호작용 기술이라는 넓은 의미로 사용되기도 한다(국립특수교육원, 2009).

Eisenberg와 Mussen(1989)에 의하면 친사회적 행동은 '다른 사람이나 집단을 위하여 이익이나 도움이 되도록 하는 자발적 행동'을 말한다. 친사회적인 유아는 다른 친구들과 친하게 지내려고 하고 놀잇감을 나눠 주거나 같이 잘 논다. 게임과 같은 경쟁적인 활동을 할 때도 다른 친구에게 관심을 가지고 잘 돕고, 차례를 잘 기다린다. 물건을 잘 간수하고 소중하게 다루며, 자신의 화난 감정을 표현할 때에도 행동이 아니라 말을 한다. 부탁을 잘 들어주고, 하기 싫어하는 일도 곧잘 맡아서 한다. 다른 친구와 같이 사이좋게 잘 놀고, 어려운 일을 당한 친구에게는 동정심을 보인다.

친사회적 행동에 대한 개념은 학자에 따라 다양하다. Macaulary와 Berkowitz(1970)는 친사회적 행동이란 외적인 보상을 기대하지 않고 다른 사람을 도와주는 자발적인 행동이라고 하였다. Bar-Tal(1976)은 친사회적 행동이란 사회적으로 긍정적인 결과를 가져다주는 행동으로 외적 보상을 기대하지 않고, 자발적으로 다른 사람에게 도움을 주기 위해 행하는 행동이라 하였다. Moore(1982)는 친사회적 행동을 협의와 광의의 정의로 나누어 설명하였다. 협의의 친사회적 행동은 타인에게 이익이 되는 행동하기, 외적인 보상이나 벌에 관계없이 행동하기, 자신에게 위험하거나 희생을 요구하는 행동하기로 정의하였다. 광의의 친사회적 행동은 타인에게 인정받고자 하는 욕구에서이든 희생적이어서 그런 행동을 하든 간에 타인에게 긍정적인 영향을 주는 모든 행동을 포함한다고 정의하였다.

친사회적 행동은 이타주의(altruism)라는 용어와 혼용해서 사용된다. Eisenberg (1992)는 친사회적 행동이란 다른 사람을 이롭게 하기 위하여 의도된 자발적 행동으로 돕기, 나누기, 위로하기 등과 같은 행동이라고 하였다. 친사회적 행동은 구체적인 보상이나 사회적 행동에 대한 기대 혹은 자신의 부정적인 내적 상태(예를 들어, 죄의식 혹은 도움이 필요한 다른 사람을 바라보는 것에 대한 고통 등)를 감소시키려는 욕구와 같은 요인에 의하여 동기화된 행동이다. 이타적 행동은 친사회적 행동에 포함되는 것으로 다른 사람에 대한 동정이나 내재화된 도덕적 원리에 따르려는 욕구에 의하여 동기화된 사회적 행동으로 정의하였다. 일반적으로 이타적 행동을 친사회적 행동보다 더 도덕적인 것으로 본다. 그러나 광의의 친사회적 행동은 다른 사람에 의해 긍정적인 것으로 간주되는 모든 행동(친근하게 접근하기, 다른 사람을 돕기, 자원을 서로 나누기, 다른 사람을 돌보기 등)이라고 할 수 있다(장혜순, 2006). 그리고 Leed는 친사회적 행동의 세 가지 구성요소를, 첫째, 행동 자체가 목적이 되고, 둘째, 자발적으로 행해지며, 셋째, 객관적인 인정을 받는 것이라고 하였다.

친사회적 행동의 범주에 대한 생각도 다양하다. Walsh는 친사회적 행동을 다른 사람에게 관심을 갖는 건설적인 행동으로, 협동하기, 양보하기, 나누기, 주기, 감정이입, 돕기, 우정, 도덕적 행동으로 범주화하였다. Bar-Tal(1976)은 친사회적 행동을 나누기, 돕기, 기부, 관용, 이타성, 협력, 친절, 동정 등으로 범주화하였다. Mussen과 Eisenberg(1989)는 친사회적 행동의 범주는 사회적 불평등을 저하시키거나 인간의 본질을 향상시키는 등의 물질적 · 정신적 도움을 주는 관용, 이타행동, 동정하기, 돕기 등이라고 하였다. 또 Rushton은 나누기의 원인을 세 가지로 구분하여 동정심이나 성인의 요구에 의한 표준적 나누기와 다른 사람도 돕고 자신의 이익도 도모하는 상호적 나누기, 스스로 불공평하다고 느껴 행하는 공평성(판단)에 의한 나누기라고 하였다(이은화 외 공저, 1987).

친사회적 행동의 범주로 나누어 주기, 조력행동, 증여, 관용, 이타성, 협력, 친절, 동정, 자선행동 등을 들 수 있으며(Bal-Tal, 1979), 실제 연구에서 친사회적 행동 측정으로 나누어 주기, 도와주기, 협동하기 등을 사용한다(김무웅, 1995).

종합하면 친사회적 행동이란 다른 사람에 의한 보상을 기대하지 않고 자발적으로 다른 사람을 이롭게 하는 행동이며, 친사회적 행동의 범주에 감정이입, 나누기, 돕기, 우정, 협동하기, 돌보기, 친근하게 접근하기, 위로하기, 기부하기, 동정하기, 양보하기 등이 포함된다.

2) 친사회적 행동의 발달

생후 1년 미만의 영아도 손짓, 몸짓 등으로 다른 사람들과 함께 흥미 있는 사건과 물건을 보여 주고 나누는 행동을 한다. 엄마, 아빠, 다양한 성인에게 놀잇감을 보여 주고 나눠 주는 행동은 영아에게 자주 일어나는 것으로 격려나 지시, 칭찬 없이도 나타난다. 어린 유아도 자기 수준에서 성인의 집안일 도와주기, 고통스러워하는 다른 사람 위로하기, 돌봐주기 등의 친사회적 행동을 한다.

친사회적 행동발달에 대한 학자들의 의견은 학문적 입장에 따라 다양하다. 행동주의적 입장에서는 인간의 친사회적 행동도 일반적인 행동습득과 같이 자극에 대한 반응의 결과에 대한 보상과 강화에 의해 발달한다고 한다. 즉, 모델링,

표 7-1 ● 초기 친사회적 행동의 발달

구분	특징
6개월	다른 사람에게 긍정적으로 반응(다른 사람에게 미소 짓고 웃기)
	사회적 게임에 참여(까꿍놀이 등)
	다른 사람의 고통(울음 등)에 정서적으로 반응
6~12개월	사회적 게임에 능동적 역할을 함
	나누는 행동을 보여 줌
	친숙한 사람에게 애정을 표시함
2세	집게손가락으로 가리키는 능력이 세련됨
	간단한 요구에 순응함
	협력적인 게임의 규칙에 대한 지식을 나타냄
	돌봐주는 행동을 보여 줌
	고통스러워하는 다른 사람을 위로함
	성인의 일에 참여함
3세	몸짓뿐 아니라 단어로 말을 하여 다른 사람의 주의를 끔
	더 다양하고 풍부하게 돌봐주며 도와주는 장면을 보여 줌
	도와주려는 자신의 의도를 표현함

출처: Hay & Rheingold(1983).

반복연습, 강화를 통해 친사회적 행동이 습득된다고 한다.

Honig(1982)는 인지발달론적 입장에서는 유아가 친사회적 행동을 수행하기 위해서는 다른 사람의 감정이나 정서상태를 추론하고 공감하는 조망 수용 능력과 감정이입, 문제해결 기술 능력 등이 선행되어야 한다고 하였다. 전조작기의 유아들은 인지 수준의 제한으로 자기중심적이므로 다른 사람의 입장, 조망(perspective)이나 상황을 고려할 수 없다고 하였다. 그러나 구체적 조작기에 이르면 유아가 자기중심적 시각에서 탈중심화되어 감으로써 조망 수용 능력이 발달하게 되어 다른 사람의 필요나 생각, 역할 등을 수용할 수 있게 되어 다른 사람의 요구를 정확하게 해석하고 공감할 수 있게 된다.

정신분석론적 입장에서는 인간의 본성을 이기적이며 공격적인 것으로 보았다. 유아들은 다른 사람의 감정과 요구에 상관없이 자신이 원하는 것을 즉각 충족하고자 하기 때문에 친사회적 행동은 초자아가 발달할 때까지는 어렵다고 보았다. 그러나 초자아가 발달하는 5, 6세 정도의 유아는 처벌을 두려워하며, 성인의 친사회적, 도덕적 가치를 동일시하는 과정을 통해 친사회적 행동을 내면화한다고 보았다(황희숙, 2008).

친사회적 행동의 발달을 감정이입, 나누기, 돕기, 우정의 범주로 나누어 살펴보면 다음과 같다(이은화 외, 1987).

① 감정이입

감정이입(empathy)이란 다른 사람의 감정과 일치하거나 비슷한 정서적 반응을 하는 것으로, 친사회적 행동의 기본 요소다. 다른 사람의 정서상태에 대한 감정이입 능력이 높은 사람이 감정이입 능력이 낮은 사람보다 다른 사람을 더 잘 돕고, 나눔을 잘하는 것으로 나타났다. Stern, Schelar 그리고 Mcdougall 등의 심리학자들도 감정이입은 돕기 행동, 이타 행동, 위로하는 행동, 친절, 나눔 등의 친사회적 행동을 하게 하는 동기가 된다고 하였다.

② 나누기

Damon은 4~12세아의 공정성과 나눔의식의 발달에 대하여, 친사회적 문제에 대한 해결책을 결정하는 도덕적 판단을 긍정적 정당성으로 규정하고, 이 긍정적 정당성이 물건이나 이익의 나눔에 대한 초점이라고 보았다.

4세 이하는 스스로 일어나기를 바라는 행동에서부터 정당성의 선택이 시작된다. 정당화 자체보다는 내가 원하기 때문에 갖는다고 하는 자신의 희망사항에서 비롯된다.

4~5세 유아는 선택할 때 자신의 요구를 아직 반영시키나 체격, 성, 다른 물리적 특성의 외적이고 관찰되는 실재의 기준에 따라 판단한다. 우리는 여자이기 때문에 가져야 한다고 생각하는 등 정당화가 아직 불안정하고 자기보상적이다.

5~7세 유아는 모든 사람은 똑같이 가져야 한다는 엄격한 평등의식에서 행동한다.

6~9세경에는 상보성 의식에서 행동한다. 즉, 인간은 좋고 나쁜 일의 종류에 따라 받아야 한다고 생각한다. 장점과 가치에 대한 인식이 나타난다.

8~10세 이상이 되면 도덕적 상대성의 단계로서, 타인은 그들의 정당한 주장에 따라, 자신과 다르나 모두가 동등한 정당성을 가질 수 있음을 이해하게 된다.

10세 이상이 되면 평등성과 상보성에 대해 고려하는 단계로서, 다양한 사람의 주장과 특정한 상황에서의 요구를 고려하여 조화된다.

③ 돕기

Bar-Tal(1979)은 돕기 행동은 영아에게도 나타나며, 이러한 이타주의는 유아의 인지발달, 사회적 조망발달, 도덕발달 수준과 관계가 있으며, 단계에 따라 발달한다고 하였다. 돕기 행동은 친사회적 행동의 동기 수준과 상관이 있다고 하였다. 연령과는 어느 정도 상관은 있으나 반드시 연령과 함께 증가되는 것은 아니며, 성차도 나타나지 않는 것으로 보인다고 하였다.

Bar-Tal이 인지발달, 역할수용발달, 도덕발달단계를 기초로 나눈 돕기 행동의 발달 6단계를 제시하면 다음과 같다.

- 단계 1
  - 구체적인 보상에 의해 순종하는 단계
  - 구체적인 보상과 약속, 벌의 위협 때문에 수행하는 단계

- 단계 2
  - 순종 단계
  - 권위적인 명령과 요청을 수행하기 위해서 행동하는 단계

- 단계 3
  - 구체적인 보상과 함께 내부적인 주도 단계
  - 구체적인 보상에 대한 기대와 함께 타인의 요구를 인식하고 돕는 단계

- 단계 4
  - 규범적 행동 단계
  - 사회적 요구와 인정을 얻기 위해 돕는 단계

- 단계 5
  - 일반화된 상보성의 단계
  - 전형적인 상보성의 신념으로 행동하는 단계

- 단계 6
  - 이타주의 단계
  - 스스로 만든 규준에 따라 돕기 행동을 주도하는 단계

④ 우정

우정은 또래관계로 애정에 기초한 사회적 관계이며, 친교와 상호 지지를 제공한다. 아동의 또래 상호작용은 아동-성인 간의 상호작용과 다른 특성이 있다. 아동-성인 간의 관계는 보호, 돌봄, 교육 등의 요구가 기초적이지만, 아동 또래 간의 상호작용은 서로 간의 우정, 애정, 공통된 놀이를 추구하기 때문이다.

Bigelow에 의한 우정의 이해 발달에 대한 3단계는 다음과 같다.

- 단계 1
  - 서로 좋아하고 지역적 근접성이 있으며, 신체적 유사성이 있는 또래와 공

통된 활동 인식

- 단계 2
  - 서로 이해해 주고 인정해 주는 태도가 지속되어야 한다고 생각

- 단계 3
  - 아동기 말기에 상호 인정, 의리, 의탁, 진실, 공통된 흥미, 친근감 등의 의식이 포함

3) 친사회적 행동의 유형

① 물건이나 정보, 시간을 나누거나 기부하기
- 신영이는 친구와 게임기를 나누어 함께 쓴다.
- 예영이의 어머니는 매주 3시간씩 복지관에서 봉사를 한다.
- 유진이는 모래놀이장에서 놀고 싶어 한다. 그래서 지훈이가 "여기 이 삽으로 내 손 위에 모래를 덮어 줘. 같이 두꺼비집 짓자."라고 말한다.
- 어린이집 유아들이 크리스마스 때 저금한 돈을 모아서 불우이웃 돕기에 기부한다.
- 명희는 라이트박스 사용법을 배워서 선화에게 사용법을 가르쳐 준다.

② 돕기
- 5세 명학이는 순영이가 볼풀장에서 넘어지자 순영이가 일어날 수 있도록 도와준다.
- 예은이가 지렁이를 보고 비명을 지르니까 준서가 지렁이를 집어서 잘 보이지 않는 화단으로 넣어 준다.

③ 협동하기
- 유아들은 미술 영역을 함께 청소한다.
- 자원봉사 나온 할아버지, 할머니들과 유아들이 함께 휴지를 주워 쓰레기 봉투에 담는다.

4) 친사회적 행동 관련 요인

(1) 양육방식

친사회적 행동을 잘하는 유아들은 대체로 그들의 부모가 성숙하고, 사려 깊고, 도움을 주는 행동을 하도록 요구하는 특징이 있다. 부모들은 유아가 친사회적 행동을 연습하는 기회를 주고, 유아의 행동에 부모의 힘을 행사하는 것을 최소화 하려고 하며, 자연적 또는 논리적 귀결이나 상대방 또는 희생자의 입장에서 생각하도록 한다. 친사회적 행동을 강조하는 부모는 유아가 이타적 습관을 갖도록 강화한다. 부모는 유아가 사회적으로 책임 있는 행동을 하도록 기대하거나 강조한다. 어린 유아에게 어머니의 체벌은 유아들의 친사회적 행동을 가르치는 데 별 효과가 없다. 부모가 유아의 불친절, 공격적인 행동에 대해 도덕적인 기준을 제시하거나 잘못에 대한 노여움을 표시하는 것은 친사회적 성향을 발달시키는 데 도움을 준다. 지나친 힘을 행사하는 것은 오히려 친사회성 발달을 막는다. 자연적인 성숙과 도움, 돌봄 행동에 대한 성인의 요구와 순종하도록 최소한의 권위를 사용하는 것은 친사회적 행동발달을 돕는다(이은화, 김영옥, 2008).

권위를 사용하는 것은 그 방법이 평소의 부모의 양육 기술이나 상호작용 패턴이 어느 정도 적합한지에 달려 있다. 사회적 책임감이 아주 강한 유아의 부모들은 유아의 행동에 대한 권위적 태도(authoritative attitude)를 사용하는 비율이 높다. 후에 학교를 그만두거나 부정적 또는 신뢰감이 낮은 유아의 부모들은 독재적 통제(authoritarian control)를 취하는 경향을 보였으며, 이런 부모들은 힘을 행사하는 것에 더 많이 의존하고, 사회적 책임감은 낮은 수준을 보인다. 적절한 부모의 제한이나 통제는 부모의 지나친 허용이나 지나친 제한보다는 이타적인 성향의 발달에 더 효과적이다.

Bryan(1977)은 부모가 아동에게 사회적 책임에 대한 규준을 단지 기억하게 하거나 경고하는 것은 이타적 행동을 발달시키는 데 별로 효과적이지 못하다고 하였다. 부모의 모델이나 성숙한 요구가 뒤따르지 않으면서 "주는 것은 착하고 좋은 일이다." "사람은 누구에게 베풀고 주면서 살아야 한다."라는 단순한 언어적 지시와 같은 방법은 아동의 주는 행동(donation action)을 증가시키지 못한다. Dix와 Grusec(1985), Grusec과 Redier(1980)에 의하면 자연적 · 논리적 귀결과 이타적인 행동을 강조하는 부모들은 유아의 이타적인 성향을 증진시키며, 다른 사람의 입장에서 생각해 보도록 하는 것이 특히 효과적이다. 이때 부모는 유아가 어떻게 타인에게 해가 되었는지, 어떻게 그것을 보상해 줄 수 있는지를 알려준다. 자연적 · 논리적 귀결은 감정이 없이 냉정하게 사용되어서는 안 되며, 희생자에게 느낄 수 있는 정서적 감정이입이 함께 사용될 때 그 효과가 크다. 이타적인 동기를 유아 자신의 행동에서 비롯된다는 것으로 강조할 때 유아는 도움이 되고 관심을 갖고 돌봄을 할 수 있는 긍정적인 사람으로서의 자신을 볼 수 있도록 유도하는 결과가 된다. 그러므로 이러한 언어적 칭찬 기술은 계속적인 이타적 행동을 증가시키는 경향을 보인다.

Rsadke-Tarrow와 Zahn-Waxer와 Champan(2008)은 부모의 행동은 전체적 패턴이 중요하며, 부정적이고 권위주의적인 태도를 취하면서 단지 권위만 행사하는 것은 친사회적 행동에 별 효과적이지 못하다고 하였다. 그러나 따뜻함, 책임감 그리고 유아에 대한 관심과 함께 사용될 때 부모의 권위의 행사는 친사회적 행동과 밀접한 관련을 맺는다고 하였다.

(2) 부모-유아, 교사-유아의 애착

Bowlby는 애착을 특정인에게 형성되는 정서적 유대관계로, 능동적 · 애정적 · 상호작용적 관계이며 지속적인 관계라고 하였다. 어머니와 형성한 애착관계는 유아의 생에 있어서 가장 의미 있고 중요한 관계로 내적 실행 모델(internal working model)을 형성하여 다른 사람과의 사회적 관계 형성에 영향을 미친다는 것이다. 어머니와 안정된 애착을 형성한 유아는 아버지나 다른 교사와도 유사하게 안정된 애착을 형성하기 쉽다.

친사회성과 반사회성(공격성)에 안정-애착된 유아들과 불안정-애착된 유아들 간에 유의한 차이가 있다고 알려져 있다. 어머니와 안정-애착을 형성한 유아가 불안정-애착 유아보다 대인 간 문제를 친사회적으로 더 잘 해결하였으며, 새로운 공격적인 문제를 좀 더 융통성 있게 처리한다. 애착의 안정성과 사회적 능력 간에는 긍정적인 상호관계가 있다. 안정-애착 유아는 또래와 상호작용할 때 호혜적 행동(공유하기)을 비교적 많이 하는 반면 부정적 행동(울기, 신체적 공격, 언어적 위협)은 더 적게 한다. 안정-애착 유아는 불안정-애착 유아보다 엄마 말에 더 순종하며, 다른 사람에게도 더 잘 협조한다. 안정-애착 유아들은 더 사회적이었고 또래와 더 친하며, 협동적이다. 안정-애착 유아들이 사회적 유능감이 높게 나타났다. 즉, 애착안정성의 점수가 높은 유아들이 애착안정성이 낮은 유아들보다 덜 공격적이었으며, 좀 더 다른 사람을 잘 도와준다.

유아와 교사 간의 애착은 유아와 어머니 간의 애착관계에 거의 영향을 받지 않는 별개의 독립된 것이다. 어머니에게 불안정-애착된 유아들에게 교사와의 안정-애착은 유아의 사회성을 고양시키는 보상적인 기능을 갖는다. 어머니와 불안정하게 애착한 유아일지라도 교사와 안정-애착을 한 유아는 교사와의 관계가 사회성 발달의 중재역할을 하여, 유아가 보다 긍정적인 자아 및 사회관계를 발달시킬 수 있다. 이처럼 어머니와의 애착관계가 불안정하고 교사와의 관계가 안정적일 때 어머니와의 불안정-애착을 보상한다. 어머니와 불안정-애착이지만 교사와 안정-애착인 유아들은 어머니와 교사 양쪽에 다 불안정-애착인 유아들보다 더 친사회적이고, 사회적 유능성이 높으며, 정서적으로 안정되어 있다. 교사와 유아와의 관계는 유아의 이후 사회적 발달의 강력한 영향을 준다. 유아는 어머니나 교사에게 안정-애착되었을 때가 불안정-애착되었을 때보다 친사회성이 높고, 반사회성은 낮은 반면, 불안정-애착 유형아들은 친사회성은 낮고, 반사회성은 높다고 할 수 있다.

친사회적 행동의 가치를 인정받고 격려 받으면 유아는 개인적으로나 집단적·사회적으로 이롭다는 것을 경험하게 된다. 작은 도움을 주는 일은 대체로 쉽고, 위험이 따르지 않는 경우가 많다. 소량의 기부나 도움행동은 큰 위험이나 희생이 요구되지는 않는다. 때로는 친사회적 행동은 큰 위험(예: 강도로부터 누군가를 구하는 것)이나, 많은 개인적 투자(예: 양육행동)를 필요로 한다. 친절함이나 도움행동은 친사회적인 행동을 한 개인이나, 이타적 행동의 수혜자 또는 그 집단에 유익하다.

개인적 유익으로는 "나는 다른 사람을 도울 수 있다."라는 신념인 유능감을 갖게 되는 것이다. 친사회적 행동을 하는 유아들은 다른 유아나 성인의 도움을 받는 경향이 있다. 유아는 받았던 것을 주게 되고 준 것을 받게 되는 경험을 하게 된다. 도움을 주지 않는 유아는 나중에 거의 도움을 받지 못한다는 것을 경험한다.

친사회적 행동을 격려하는 것은 유아의 생활에 두 가지 긍정적 효과를 가져온다.

가족이나 소속된 집단의 구성원으로서 심부름하기, 정리정돈하기, 화분에 물 주기, 금붕어 먹이 주기 등과 같은 그 집단의 일을 기꺼이 분담하게 된다. 그리고 유아가 협력적이 되도록, 도움을 주도록 격려 받았을 때 가정이나 집단의 분위기는 더 친밀해진다. 가정이나 유아교육기관이 더 즐겁고 편안한 곳이 될 수 있다.

5) 친사회적 행동발달을 위한 지도

친사회적 행동발달에 영향을 주는 성인들은 친사회적 행동의 모델이 되어 주고, 유아에게 돕고 협력하기를 기대한다는 것을 알려 주며, 유아가 친사회적 행동을 하도록 긍정적 훈육과 격려를 한다. 친사회적 행동을 언어적으로 명명하고 토의하며, 친사회적 행동이 나타났을 때 강화해 준다. 다른 사람에 대한 관심이나, 다른 사람과 협력하고 자발적으로 돕는 분위기를 조성한다. 이런 환경에서는 힘겨루기를 피하고 서로 지지해 주고, 정직하고, 개방적이고 상처 주지 않게 의사소통하고, 서로 편안함을 느끼면서 문제를 잘 해결해 나가게 된다.

(1) 친사회적 행동의 모델

유아는 매일 가정에서 일어나는 많은 행동을 관찰한다. 부모가 집안일을 분담해서 아빠가 분리수거 재활용품을 버리는 것, 유아교육기관에 엄마, 아빠가 정해진 요일과 시간에 데리러 오는 것, 할머니를 병원에 모시고 가는 것, 참여하는 일 등을 관찰한다. 유아가 보는 매일의 사건은 아주 좋은 친사회적 행동 모델이 된다. 유아는 협력과 도와주기의 모델을 자주 관찰하고, 그 모델로부터 협력적이고 도움을 주는 방법을 자연스럽게 배운다.

유아가 보는 모든 행동을 모방하지는 않는다. 유아가 성인을 아주 양육적, 지지적이며 일관적인 존재로 지각하고 있으면 그 성인의 영향을 받을 것이다. 또한 성인이 다른 사람을 도와주고 협동해서 일하는 것을 좋아하는데, 그 성인을 힘 있는 모델로 보았다면 친사회적 행동을 발달시키고 모방하게 된다. 힘 있는 모델이란 자신들이 가진 자원을 잘 통제할 수 있고 유아에게 보상과 처벌을 줄 수 있는 사람이다. 일관적이고 가르친 대로 실천하며, 상당한 도움을 주고 협력적이며 관대하다. 자신의 친절한 행동을 자랑하지는 않지만 별다른 보상을 바라지 않고 누군가를 도울 수 있다는 사실을 진심으로 기뻐한다. 이런 힘 있는 친사회적 모델은 불평하지 않고 기꺼이 준다. 성인이 돕기 행동을 기꺼이 할 때 유아는 그 행동을 더 잘 모방하게 된다.

(2) 친사회적 행동에 대한 기대 말하기

성인들이 유아에게 함께 협동하고 누군가를 돕기를 기대한다는 것을 분명하게 말해 준다. 성인은 유아의 사회화의 대리자로서, 사회적 책임으로서의 규준을 유아가 배우도록 도와줄 책임이 있다. 규준을 통해 유아들은 타인을 돕는 것이나 협력하는 것이 기대된다는 것을 알게 된다. 책임감 있는 성인은 유아에게 사회적으로 책임감 있는 행동에 대한 기대를 분명하게 알릴 수 있다. 성인의 지도 없이 책임감 있는 행동을 배우는 것은 불가능하지는 않지만 매우 어렵다.

(3) 연령에 맞는 책임감 부여하기

유아는 한 집단의 일원으로 일하는 기회가 주어질 때 자신의 역할을 인식하기 쉽다. 참여에 대한 기대를 가장 효과적으로 알리는 방법은 유아에게 연령에 맞는 책임감을 부여하는 것이다. 민주적인 부모는 규칙적으로 가사일을 주곤 하는데 Baumrind(1971)의 연구에 의하면 이런 유아들은 어디서나 가장 협력적인 것으로 나타난다.

유아에게 부과되는 책임은 발달을 기초로 한다. 유아에게 화분에 물 주기, 애완동물 먹이 주기, 식탁에 숟가락 놓기, 놀잇감 정리하기, 소지품 챙기기 등을 지도하고 격려한다.

(4) 긍정적 훈육 사용하기

긍정적 훈육은 유아의 도움과 협력을 쉽게 얻을 수 있다. 긍정적 훈육은 돕기, 협력하기, 나눔에 대한 기대를 분명하게 알린다. 긍정적인 훈육은 유아가 다른 사람의 관점을 알 수 있도록 한다. 긍정적인 훈육은 유아가 어떻게 돕고, 협력하고, 나눌 수 있는지를 알려 준다. 긍정적인 훈육방법은 유아에게 '하지 말아야 할 것' 보다는 '해야 할 것' 에 대해 말해 준다.

(5) 언어적으로 명명하고 친사회적 행동에 대한 이야기 나누기

성인들은 친사회적 행동을 말로 표현한다. 유아에게 협력과 도움을 가르치는 방법으로 친사회적 행동에 대해 이야기하는 것이 매우 효과적이다. 유아의 행동에 관심을 갖고 언어적으로 표현해 주고(빨간 자동차를 굴리고 있네. 미끄럼틀에 혼자 올라갔네 등), 친사회적 행동들(친구에게 블록을 잘 나누어 주네, 참 잘 도와주네 등)에 대해서도 자주 언어적으로 묘사해 주도록 한다.

특히 어떤 언어적 표현은 친사회적 행동을 조장하는 데 있어 다른 무엇보다 더 효과적이다. 협력적 행동이 다른 사람에게 어떠한 영향을 주는지를 강조하여 말해 주면 친사회적 행동이 조장된다. 친절이나 협력이 다른 사람에게 어떠한 영향을 주는가를 말한다. 자신의 행동이 다른 사람에게 어떠한 영향을 미치는지 이해하도록 도와주거나 인지수정 전략을 사용한다. 단순히 "주는 것은 좋다. 사람은 주어야 한다."와 같은 말만 하는 것으로는 협력하기나 돕기 행동이 길러지지 않는다.

(6) 친사회적 행동의 강화

① 개별적으로 강화하기

"와, 순화가 찰흙을 나누어 주네. 참 잘했어."

"순화가 찰흙을 나누어 주었으니까 너희들은 순화에게 도움 받았네. 순화야, 고맙다."

"셋이서 협동해서 미술 영역에서 사용했던 것들을 참 열심히 잘 치웠구나."

앞의 경우에 유아는 자발적으로 친사회적 행동을 했고, 그 행동의 결과로 칭찬을 받으면 다시 친사회적 행동을 하게 된다. 성인의 친사회적 행동에 대한 긍정적 강화의 효과는 그 반응이 다시 나타날 가능성을 증가시킨다. 여기서 교사의 칭찬은 '착하다.' 고 하면서 유아의 특성을 평가하지 않고, 구체적으로 묘사하고, 고맙다고 말을 한다. 칭찬은 대부분 친사회적 행동 직후에 신체적 접촉이나 비언어적 의사소통과 함께 하는 것이 좋다.

때로는 긍정적 강화로 물질적 강화나 토큰을 사용한다. 유아가 친사회적 행동을 했을 때 토큰으로 강화하고, 토큰은 어떤 가치 있는 물건이나 특권과 교환할 수 있도록 한다.

② 집단으로 강화하기

Bryan(1978)은 친사회적 행동에 대해 가능한 한 집단으로 강화해 주라고 하였다. 그는 협력적 행동을 기르는 데 있어 개인보상보다 집단보상이 더 효과적이라고 하였다. 유아들은 집단보상을 받았을 때 더 사이좋고 협력적이며 경쟁이 줄어든다. 집단을 강화하는 것은 돕기나 협력하기, 나눔 행동에 더 효과적이다.

• 활동 1: 함께 청소하기

특별 청소의 날을 정한다. 교구장과 놀잇감을 함께 정리하고 닦게 한다. 실외 놀이터의 돌멩이와 쓰레기를 치우게 한다. 교사는 열심히 한 모든 유아를 언어적으로 칭찬한다. 이 날은 칭찬스티커를 모두에게 나누어 준다. 그리고 유아들이 좋아하는 팝콘을 만들어 나누어 먹는다.

• 활동 2: 불우이웃 돕기

여름에 태풍으로 인해 많은 수재민이 발생했다. 교사는 TV로 본 것에 대해 이야기를 나누어 보도록 격려한다. 유아들은 그들이 얼마나 힘들고 어려울지에 대해 이야기를 나눈다. 어떻게 하면 도움이 될 수 있을지를 이야기하다가 봄에 나누어 준 저금통을 가지고 오기로 한다. 그리고 가지고 온 저금통을 모아서 수재민 돕기 성금으로 기부한다.

• 활동 3: 함께 칭찬하는 노래 불러 주기

교사는 유아들이 협력하여 한 일을 지켜보고 나서, 서로서로 잘 도와 일한 데 대한 짧은 노래를 '나는 매우 튼튼합니다' 라는 곡에 맞추어 불러 준다.

우리는 정리정돈을 잘한답니다.
모두모두 힘을 합쳐 정리정돈 잘해요.
안 치우는 친구는 아무도 없어요.

나~는 친구 돕기를 잘한답니다.
찰흙도 나눠 주고

블록도 같이 정리하고
함께 협~동하면 기분~좋아요.

(7) 친사회적 놀이

• 활동 1: 쿠션 전달하기

유아들을 둥글게 앉게 한 후 교사가 20cm×20cm 정도 크기의 작은 쿠션을 옆 친구의 눈을 보고 웃으면서 "안녕! 친구야."라고 말하고 시범을 보이고 나서 쿠션을 옆 친구에게 전달하도록 한다. 마지막으로 전달 받은 친구는 "안녕하세요. 선생님!" 하면서 교사에게 전달하도록 한다. 다음에는 쿠션을 전달하며 "우리 친구하자."라고 말하도록 한다. 다음 유아는 "그래, 우리 친구하자."라고 하며 쿠션을 받고 다음 친구에게 쿠션을 전달하며 "우리 친구하자."라고 말하도록 한다. 친구의 이름을 알면 친구 이름을 부르면서 하도록 한다. 학기 초에 친구의 이름을 익히고 친구가 되도록 하는 활동이다.

• 활동 2: 종이컵 함께 옮기기

교실바닥에 종이컵 여섯 개를 맨 아래에 세 개, 다음에 두 개, 맨 위에는 한 개를 탑처럼 쌓아 놓는다. 동그란 고무밴드를 30cm 정도 되는 끈 4~5줄로 돌아가며 묶어 놓고 유아들이 한 줄씩 잡고 함께 고무밴드의 가운데를 벌려서 종이컵을 끼운 후에 들어서 다른 곳으로 그대로 옮겨 놓도록 한다. 다른 곳에 놓을 때 처음 쌓아 둔 모양 그대로 다시 쌓도록 한다. 협력하기와 자기 힘 조절하기를 경험하는 활동이다.

• 활동 3: 밀가루 반죽으로 친구 꾸며 주기

유아들을 원으로 앉게 한 후 식용 색소와 천연 재료로 색물을 마련하여 밀가루 반죽을 하다가 식용유를 섞어서 손에 붙지 않도록 곱게 반죽하여 한 주먹 정도씩 나눠 준다. 처음에는 자기 자신을 밀가루 반죽으로 꾸며 주기를 하게 한다. 팔찌, 반지, 발찌 등을 만들고 놀다가 다시 밀가루 반죽을 뭉치게 한다. 다음에는 둘씩 짝을 지어 마주보고 앉도록 한 다음 차례대로 친구 꾸며 주기를 한다.

다른 친구와 친밀감을 형성하면서 서로 돕기를 경험하는 활동이다.

Tip

마음이 따뜻해지는 이사한 유아의 친사회적 행동 사진

출처: http://joongang.joinsmsn.com(2011. 12. 27.)

• 활동 4: 함께 앉는 의자

동그란 형태로 유아의 수와 의자를 같게 놓아 두고 노래를 부르며 유아들이 의자 주변을 천천히 원을 그리며 돌면서 걸어가게 한다. 교사가 '얼음' 하면, 한 의자에 한 사람씩 앉도록 한다. 다음에는 의자를 몇 개 부족하도록 놓는다. 다시 '얼음' 노래 부르며 걸어가다가 이때 유아들은 한 개의 의자에 두 친구가 함께 앉아도 된다. 나중에는 의자 숫자를 반으로 줄여서 모든 유아가 친구와 함께 앉아 보는 경험을 하도록 한다. 협력하고 함께 공유하기를 경험하는 활동이다.

• 활동 5: 신문지 팝콘 튀기기

유아들이 신문지 1/4조각을 뭉쳐서 공모양으로 네 개씩 만들어 놓는다. 네 명씩 짝을 지어 무릎담요 하나를 네 명이 귀퉁이를 각각 잡은 다음, 무릎 담요 위에 신문지 뭉친 것을 옥수수 알갱이라고 하고 담요냄비에 넣는다. '스스스스-톡톡' 이라고 말하면서 '스스스스-' 할 때는 함께 담요를 옆으로 흔들다가 '톡톡' 하면 위아래로 흔들어 튀겨 준다. 옥수수 알갱이가 담요 밖으로 튀어나가지 않도록 함께 힘을 조절을 해 가면서 협력하며 즐기는 활동이다.

생각해 보기

• 뉴스에서 공격적 행동사례를 찾아보고 영유아기에 어떤 훈련을 받으면 그런 일이 예방될 수 있을지 생각해 보자.
• 생활 속에서 영유아의 친사회적 행동발달을 도울 수 있는 방법을 생각해 보자.

참고문헌

국립특수교육원(2009). 특수교육학 용어사전.

김규수, 고정곤(2005). 유아사회교육. 파주: 양서원.

이은화, 김영옥(2008). 유아사회교육. 파주: 양서원.

장혜순(2006). 유아사회교육의 이론과 실제. 서울: 창지사.

제니스 J. 비티, 이기숙, 강숙현 역(2004). 유아를 위한 친사회적 행동지도. 서울: 이화여자대학교 출판부.

차경수, 정문성, 구정화(2008). 유아사회교육의 이해와 실천. 서울: 동문사.

채인선(2005). 아름다운 가치 사전. 서울: 한울림 어린이.

최영민(2010). 대상관계이론 중심으로 쉽게 쓴 정신분석이론. 서울: 학지사.

최혜순(2007). 유아사회교육. 서울: 동문사.

황희숙(2008). 아동발달과 교육. 서울: 학지사.

Began, R. W. (1995). Ready-to-Use Social Lessons & Lessons & Activities for Grades Pre K, Society For Prevention of Violence.

〈웹사이트〉

http://joongang.joinsmsn.com.

제8장

성역할

1. 성역할 이해하기
2. 성역할 지도하기

남자의 사랑은 그 일생의 일부요, 여자의 사랑은 그 일생의 전부다.

– 바이런

연애란 남자가 단 한 사람의 여자에 만족하기 위해 치르는 노력이다.

– 풀 제라르디

만일 우리 인생이 단지 5분밖에 남지 않았다는 사실을 안다면,
우리 모두는 공중전화 박스로 달려가 자신의 소중한 사람들에게 전화할 것이다.
그러고는 더듬거리며 그들에게 사랑한다고 말할 것이다.

– 크리스토퍼 몰리

1 성역할 이해하기

1) 성역할의 정의

(1) 성역할의 개념

성역할은 한 개인이 속해 있는 사회에서 남자 혹은 여자로 특징지어질 수 있는 행동, 태도, 가치, 특성의 기대치를 의미한다(김경미, 양해영, 2005). 성역할에 대한 개념은 타고나는 것이 아니라 학습된 것으로 본다. Mead(2001)는 뉴기니의 원주민 세 부족을 관찰했는데, 먼더거머족과 아라페쉬족은 남성과 여성에 대한 전형적인 성역할 개념을 보였지만, 챔불리족은 남성과 여성의 개념이 바뀌어 있었다. 즉, 여성은 지배적이고 객관적이며 통솔력이 있는 반면, 남성은 책임감이 약하고 정서적으로 의존적인 동시에 예술적이고 아름다움을 추구하는 존재였다. Mead의 관찰은 성역할은 개별 사회의 역사적 · 문화적 과정에서 생성되고 길들여진 것임을 보여 준다.

개인이 속한 사회의 남녀에 대한 가치 및 인식에 따라 고정된 성역할 개념이 형성된다. 즉, 남성적인 혹은 여성적인 자질로서 무엇이 적합한 것인가에 대한 성역할에 대한 사회적인 기대치는 유아에게 사회화 과정을 통해 학습된다(박영숙, 김영임, 박연환, 1998).

Tip

미국의 문화인류학자 Mead(1901~1978)

미국의 문화인류학자 Mead는 남녀 간의 성역할이 바뀐 한 원시부족의 삶을 관찰하면서 "남녀가 지니는 차이는 생물학적인 요소에 의해 타고난 것이 아니라 사회적으로 강요된 역할에 의해 결정된다."라는 이론을 발표하였다.

Parsons와 Bales(1955)는 남성과 여성의 특질을 일직선상의 양극에 위치하는 양립적인 특성군으로 보고, 남성의 주요 특성은 수단적(instrumental)이어서, 이성적, 객관적, 독립적, 목표지향적인 특징을 지닌다고 보았다. 반면, 여성은 남성과 달리 표현적(expressive)이어서 감성적, 주관적, 의존적이며 수동적이라고 설명하였다.

그러나 고학력 여성이 증가하고 경제활동에 참여하는 여성이 늘어나면서 남성과 여성 모두 직업인으로서 적극적인 성격이 필요한 것으로 인식되고 있다. 현대사회는 물리적인 힘보다 정신노동을 통한 효율적인 가치와 부의 창출을 요구하므로 남성뿐 아니라 여성의 노동력과 사회참여를 절실히 요구하고 있다. 이제 우리 사회도 여성이 직장에서 일을 하고 남성이 가정에서 가사를 전담하는 것이 이상한 일이 아니며, 여성이 직장 상사로서 남성을 부하 직원으로 두는 것도 자연스러운 것으로 인식되고 있다. 남녀의 역할이 바뀌면서 이전의 연약한 여성으로 대변되던 여성의 이미지가 강한 여성으로, 마초적인 기질을 가진 건강한 근육질의 남성의 이미지가 아니라 감성적이고 부드러운 남성의 이미지로 변화되고 있다. 즉, 여성은 과거에 비해 남성성이 증가하였고 남성은 반대로

● 그림 8-1 ●

화장하는 남성 항공승무원

출처: 항공여행정보. http://www.airtravelinfo.kr

여성성이 증가한 것인데, 이를 빗댄 '미스터 뷰티(Mr. beauty)' '미스 스트롱(Ms. strong)'이라는 유행어가 생기기도 했다(김희정, 2007). 현대의 성역할에 대한 시대적 · 사회적 변화는 남녀 차원이 아닌 인간 개인적 차원에서의 잠재력과 능력을 개발하는 데 필수적인 성역할 정체감 형성을 필요로 한다(한국여성개발원, 2001). 즉, 남성성과 여성성으로 이분화되는 성역할은 고정관념이 아닌 양성성의 개념으로 남성과 여성을 바라보아야 한다는 점이 강조되고 있다.

생각해 보기

• 자신의 성역할 개념은 어떠한지 생각해 보자.

(2) 성역할 발달이론

성역할에 대한 인식은 유아의 행동과 태도에 영향을 미친다(Martin & Dinella, 2002). 성역할은 사회에서 습득하게 되는 개념으로 유아가 자신의 성에 맞는 태도와 행동을 학습하는 것을 성 유형화(sex typing)라고 한다. 유아의 성 유형화 과정을 설명하는 이론으로는 정신분석이론, 사회학습이론, 인지발달이론 및 생물학적 이론 등이 있다.

① 정신분석이론

정신분석이론에서는 유아의 성역할 개념 및 성역할 행동의 습득은 부모와의 동일시 과정에 의한다고 본다. 남근기의 남아는 아버지와의 오이디푸스 콤플렉스(Oedipus complex)를 극복하는 과정에서 아버지와 동일시하게 되며, 이러한 동일시 과정에서 남아는 남성적 성 유형을 발달시켜 나간다. 여아는 엘렉트라 콤플렉스(Electra complex)를 극복하는 과정에서 어머니와 동일시하게 된다. 남근기의 유아는 이성의 부모를 동경하는 감정에서 갈등을 겪게 되고, 이 갈등을 극복해 나가면서 동성의 부모와 같이 되고자 하는 노력을 하는데 이러한 과정에서 동성부모의 행동과 태도를 받아들이게 되어 성 유형을 배우게 된다.

② 사회학습이론

사회학습이론에서는 성역할 행동의 발달은 강화와 벌 그리고 모방에 의해서 이루어진다고 보았다. 유아가 사회나 문화가 기대하는 역할 특성과 일치하는 행동을 할 때 칭찬을 통해 강화를 해 주고 일치하지 않는 행동을 하는 경우 억압을 하는 사회화 과정을 통해 성역할 행동이 학습된다고 본다. 또한 유아는 동성의 부모를 관찰하고 모방함으로써 자신의 성에 어떤 행동이 적절한가를 배운다. 유아가 확고한 성 정체감을 습득하면 동성 모델이 자신과 비슷하다고 인식하고 더욱 그들에게 주의를 기울이고 그 행동을 모방하게 된다.

③ 인지발달이론

인지발달이론에서는 성역할 발달의 중요 요인을 성역할 개념을 이해하고 스스로 맞추어 나가는 유아의 인지적 능력이라고 보았다. Kohlberg(1966)에 의하면 유아는 자신의 성에 적합한 지식을 적극적으로 구성함으로써 성역할 발달을 형성한다. 인지발달이론에 의하면, 성 항상성 개념을 형성하여 자신이 영원히 남아 또는 여아라는 것을 깨닫게 되면, 유아는 인지적 일치를 유지하기 위하여 자신의 성에 합당하게 행동할 줄 알게 된다. 유아가 성을 이해하는 것은 물질세계를 이해하는 것과 같은 방법으로 발달하며, 약 7세에 나타나는 구체적 조작기 전까지는 성숙한 성의 개념을 가지지 못한다. 성의 이해에 있어 중요한 인지적 성취는 성 항상성(gender constancy, 성이 물리적인 외형의 변화에도 불구하고 똑같이 지속된다는 지식)의 획득이다. 성역할 발달은 인지발달에서의 단계적 변화에 따라 이루어진다.

2) 성역할 개념의 발달

(1) 성역할 개념의 발달

성역할 개념이 발달하기 위해서는 성 개념의 발달이 먼저 이루어져야 한다. 유아의 성 개념 발달과정을 보면 성 동일시가 이루어진 뒤 성 안정성 그리고 성 항상성이 이루어진다.

① 성 동일시

성역할과 가치를 통합시키는 과정을 성 동일시(gender identification)라고 한다. 성 동일시란 유아가 자신의 성을 명확히 명명할 수 있고, 다른 사람을 남과 여로 정확히 구별할 수 있는 능력이다. 이러한 능력은 2~2세 반이면 성취된다. 그러나 이때는 외모나 옷을 보고 남과 여를 구별한다. 이때 자아정체감을 형성하기 시작하고 양성 식별 및 주변 사물에 대한 성 유형화가 가능하여 남자, 여자의 일을 구분하기 시작한다. 남자 또는 여자 명칭 붙이기는 4~5세가 되면 자신과 자기 가족 이외의 사람들에게까지 거의 정확하게 적용할 수 있게 되고, 6~7세가 되면 자기와 타인이 어느 성에 속하는지를 확실하게 말할 수 있게 된다(이경우, 이은화, 1999).

② 성 안정성

성 안정성(gender stability)은 일생 동안 같은 성을 갖게 되는 것을 이해하는 것으로 4세경에 획득한다. 그러나 머리, 옷, 활동이 바뀌면 성도 바뀐다고 생각한다. Thompson과 Bentler(1971)는 4~6세 유아와 청소년에게 남녀의 성기, 이차적인 성 특징(가슴, 근육), 길고 짧은 머리의 세 유형이 복합된 인형을 보여주고 남성과 여성을 구별하도록 하였는데, 4~6세 유아의 경우는 성을 구별하는 주된 단서가 머리였고, 청소년은 일차적, 이차적 성 특징이 주 단서였다. 유아의 경우 4세에서 6세까지 변화가 없었으며 유아는 생물학적 근거나 정보를 성 판단의 준거로 삼지 않았다.

③ 성 항상성

성 항상성(gender constancy)이란 한 개인의 성은 그의 머리, 옷, 활동이 변하여도 변하지 않는다는 것이다. 4~7세 유아를 대상으로 한 성 항상성에 대한 연구결과를 보면 오직 24%만이 성 항상성을 보였다. 즉, 이 연령의 대부분의 유아는 머리, 옷, 활동이 바뀌면 성도 바뀐다고 생각한다. 성 항상성이 형성되는 것은 6~7세경인데 성 항상성의 발달은 인지발달과 관계가 있다고 인지이론가들은 주장한다. 즉, 성 항상성은 Piaget의 전조작기에서 구체적 조작기로 넘어가면서 보존개념의 발달과 함께 형성된다고 본다. 이에 대해서는 단정적으로 이야기할 수는 없으나 일반적으로 인지발달이 유아의 성 항상성 이해에 기여한다고 볼 수 있다. 유아는 성 항상성을 형성하기 이전에도 동성의 친구를 더 좋아한다. Kohlberg는 항상성이 나타날 때 유아가 같은 성의 사람에게 관심을 갖는데, 이 때의 유아는 같은 성의 사람을 가까이 관찰함으로써 그들의 행동, 태도, 가치 등에 일반성을 알게 된다고 본다. 유아의 성 항상성에 대한 이해는 유아로 하여금 자신의 성에 적합한 정보를 얻도록 동기화한다.

Tip

성역할 개념의 발달

① 성 정체성(gender identity)
자기 자신을 남성 혹은 여성으로 정의하고 다른 사람의 성도 정확하게 알아내는 능력

② 성 안정성(gender stability)
성이 시간이 지나도 안정되게 남아 있는 것이라는 지식. 남자아이들은 그들이 자라면 아빠가 될 것이라고 믿고, 여자아이들은 엄마가 될 것이라고 믿는 것

③ 성 일관성(gender consistency)
행동이나 옷의 변화에도 불구하고 성이 똑같이 남아 있다는 지식

⇒ 연령과 관련된 발달적 순서: 성 정체성 → 성 안정성 → 성 일관성
평균적으로 2.5세에 성 정체성이 획득되고 4, 5세에는 성 안정성이, 6, 7세에는 성 일관성이 획득된다.

(2) 성역할 정체감의 발달

개인이 출생하면서 자신의 역할을 부여받게 되는데 Hurlock(1955)은 이러한 역할 중 한 사회집단에서 수용하고 인정하는 남녀 구성원에게 동일시되는 행동 형태가 성역할이라고 보았다. 인류학적 측면에서의 성역할은 개인의 위치가 성

에 의해 사회구조 속에서 어떻게 결정되느냐와 관련이 있으며, 사회학적 측면에서는 개인과 타인의 관계가 성에 의해 어떻게 결정되는가에 초점을 두며, 심리학적 측면에서는 개인의 성격과 행동이 성에 의해 어떻게 결정되는가에 관심이 있다.

Tip

성역할 정체감의 유형

① 남성성 유형
그 개인이 속한 사회에서 남성다운 특징으로 인정되고 있는 특성, 즉 적극성, 활동성, 성취 지향, 독립성, 공격성, 경쟁성, 자기신뢰, 주도성, 통솔력, 지배성, 권위지향성, 야망성 등의 남성 성향이 강하고 여성 성향이 약한 경우

② 여성성 유형
그 개인이 속한 사회에서 여성다운 특징으로 인정되고 있는 특성인 양육성, 순종성, 의존성, 민감성, 동정성, 변덕스러움, 애교심, 질투심 등의 여성 성향은 강하고 남성 성향이 약한 경우

③ 양성성 유형
한 개인 안에서 남성성 특성, 여성성 특성이 통합되어 남성적이면서 동시에 여성적일 수 있고 도구적이면서 표현적일 수 있는 남성 성향과 여성 성향이 모두 강한 경우

④ 미분화 유형
남성성 특성, 여성성 특성 중 어느 한쪽도 제대로 표현되지 않아 남성 성향과 여성 성향이 모두 약한 경우

(3) 전통적인 성역할의 고정관념

고정관념은 사회적 관습, 종교, 신화, 미신에 대한 사회의 총체적 지식이며 (Macrae, Hewstone, & Griffiths, 1993) 개인의 집단에 대한 고정관념을 발달시킨

다. 사회심리학자들은 고정관념을 개인의 사회적 지식의 일부로 본다. 지식 또는 지식의 부족으로 인해 고정관념은 사회적 행동에 영향을 미친다. 고정관념을 반영하는 사회적 행동은 학습되고, 전이되고, 변화되는 방법으로 서로 연결되며 사회화 과정의 일부가 된다. 개인의 문화는 부모, 또래, 교사, 정치적 지도자와 종교적 지도자 그리고 매스미디어와 같은 간접적 자원으로부터 받은 정보를 통해 고정관념에 영향을 미친다.

성 고정관념은 우리가 남성과 여성의 행동에 대해 다른 기대치를 갖기 때문에 인지과정과 관련된다(Tavris, 1992). 남성은 도전적이고, 공격적이며, 독립적이고, 과제지향적인 반면 여성은 감성적이고, 부드럽고, 의존적이며, 사람지향적이라는 성 고정관념은 전통적인 성역할을 반영한다. 유아는 성 동일시가 형성된 직후에 또는 동시에 성역할 고정관념을 갖는다. 유아들은 태어나면서 2세 전까지 성에 대한 정체성을 구축하기 시작하며, 2세 이후부터는 우리 사회에 만연해 있는 고정관념, 편견, 차별적 관습 등으로 인해 성에 대한 정체성 발달에 부정적으로 영향을 받기 시작한다(지성애, 김미경, 2003; 김미경, 2004). Khun, Nash과 Brucken(1978)의 연구에 의하면 2세 반 정도의 유아들도 남녀에 대한 기대가 다르다고 한다. 유아들도 남녀에 대한 생각이 어느 정도 일치하는데, 남아나 여아 모두 여자아이들은 인형을 갖고 놀거나 어머니를 도와주는 것을 좋아하며, 요리하기, 집안 청소하기를 좋아하고 말을 많이 한다고 생각한다. 그리고 남자아이들은 자동차를 가지고 놀기 좋아하며, 아버지를 도와주거나 무엇을 만드는 것을 좋아한다고 생각한다. 또한 이들은 서로 각자의 성에 대해 긍정적 특성을 부여한다. 즉, 여아는 여자아이들이 친절하고 싸우지 않는다고 보는 반면, 남아는 남자아이들이 열심히 일한다고 보았다.

취학 전 연령에서 두드러진 특성은 남아나 여아 모두 자신의 성을 긍정적으로 보지만 이성은 부정적으로 본다. 초등학교에 들어가면서 유아의 성 고정관념은 성인과 점점 더 유사해진다. 일반적으로 남아가 여아보다 더 강한 고정관념을 가지며 남녀 역할에 대해 더 전통적인 견해를 갖는다. 고정관념이 강하지 않은 집단은 취업모의 자녀들로 어머니가 가정에 있는 유아들보다 여성을 더 능력이 있다고 보았다. 고정관념이 약한 또 다른 집단의 유아들은 이성을 선호하는 유아들이었다. 여아이면서 남아이길 원하는 말괄량이(tom boy)나, 남아이면서 여자이기를 원하는 남아(girlish boy)는 성역할에 대한 고정관념이 적은 편이었는데 유아가 이성의 역할을 하였을 때 부모에게서 더 강화를 받았기 때문으로 설명된다. 한편 안드로겐(androgen, 남성 호르몬)의 수준이 높은 여아는 일반적인 여자 형제에 비해 거친 놀이를 더 좋아하며, 남아와 노는 것을 한층 좋아하고, 자신을 말괄량이라고 생각하였다(Ehrhrdt & Baker, 1974). 그러나 성 고정관념은 생물학적 요인보다는 부모의 양육태도에 의해 더 많은 영향을 받는다.

(4) 성역할 개념에 대한 새로운 견해

Bem(1975)은 남성성과 여성성을 서로 상반되거나 모순되는 것으로 보는 종래의 일반적 관점에 의문을 제기하고 사회적으로 인정된 남성적 특성과 여성적 특성이 결합되어 공존한다는 양성성의 개념을 제시하였다. 성역할에 대한 개념은 이제 양성성의 개념을 넘어 성평등(gender equality)을 강조하고 있다. 성평등은 남성과 여성, 남아와 여아가 같은 권리, 자원, 기회, 보호를 즐기는 것을 의미하며 남아와 여아 또는 남성과 여성이 똑같이 대우받아야 함을 의미하는 것은 아니다. 생물학적인 차이는 남자와 여자, 남아와 여아에게 다른 요구를 하게 하지만 이들 차이점은 불평등한 처우나 권리를 자연스럽게 정당화하지 않는다. 차이점은 생물학적 특성에 기인한 것이므로 반드시 사회적으로 결정할 필요는 없다고 본다. 남아와 여아, 여자와 남자의 차이점이 사회적 불평등의 단서가 되어서는 안 되며 생물학적, 사회적, 정서적 요구 또는 능력이 부적절하게 이해되지 않는 성평등이 성의 공정성의 지표가 되어야 한다.

2 성역할 지도하기

1) 성역할 지도 계획하기

(1) 성역할 지도의 원리

성은 출생에서 시작하여 지속적으로 발달하며(Miller, Trautner, & Ruble, 2006) 유아기는 성적 발달과정에 있어 매우 중요한 시기다. 유아기는 또한 성의식이 싹트는 시기(노미정, 2003)로 자신의 신체를 인식하면서 남자와 여자라는 생물학적인 성을 알게 되며, 생명의 탄생에 대해 관심을 갖고 성적인 호기심도 보이는 시기다. 한편으로는 기존의 남녀 간의 역할 구분이 무의미하게 되었고 남녀 간의 협력과 책임의 공유가 필연적으로 요청되고 있다(정혜숙, 2001). 이에 따라 일상생활을 통해 유아에게 성에 대한 올바른 지식과 태도를 심어 주는 유아기 성교육이 필요하다.

① 성역할에 대한 기본 개념 알려 주기

'The committee on Health Guidance' 에는 다음 개념이 성교육의 바탕이 되어야 한다는 주장이 제시되어 있다(홍순옥, 1997). 유아에게 성역할에 대해 지도하기 전에 다음과 같은 기본 개념을 알려 주는 것이 바람직하다.

- 모든 살아 있는 생물은 생식을 하며 생명은 생식으로부터 나온다.
- 새 생명의 창조는 자연의 위대한 가치 중의 하나다.
- 한 가족의 각 개인은 중요한 일원이며 다른 가족의 건강과 행복에 관심이 있다.
- 모든 이는 가끔 사생활을 갖고 싶어하며 다른 가족의 건강과 행복에 관심이 있다.
- 한 인간에 있어 각 신체 부분은 모두 중요한 일부이며 신체의 어느 부분도 부끄러운 곳이 없다.

② 가정과 유아교육기관 간 연계하여 성역할 지도하기

유아에게 성역할에 대해 지도하는 것은 두 개의 성역할 관련 활동을 산발적으로 제공하는 것보다 일상생활을 통해 일관성 있는 환경, 행동, 언어를 접했을 때 더 효과적으로 이루어질 수 있다(Lewis, 1991). 특히 가정과 유아교육기관이 연계하여 성역할 지도를 진행할 때 유아의 양성성 발달을 효과적으로 이끌 수 있으므로 '남자는 씩씩해야 해.' 라던가 '여자가 얌전해야지.' 등의 성 편견이 포함되는 말을 하지 않도록 가정과 유아교육기관에서 공유해야 하며 교사와 부모 모두 성 고정관념을 지니고 있지 않은지 반성하고 올바른 성역할 모델링을 제시하여야 한다(정미라, 2011).

③ 매스미디어에 나오는 광고 속의 성역할 고정관념에 대해 지도하기

매스미디어는 우리의 무의식에 전달되어 성역할 고정관념에 영향을 미친다. 특히 TV 광고는 짧은 시간 내에 효과적으로 광고의 목적을 달성하기 위해 시각적 자극이 강하게 전달된다. 성역할 고정관념이 반영된 TV 광고에 대해 이야기를 나누면서 성역할이 어떻게 양분되는지를 분석해 보면서 새로운 광고

●그림 8-2●

성역할 고정관념을 반영하는 TV 광고와 성역할 고정관념을 깬 TV 광고

콘티를 글로 작성해 보거나 그림으로 표현해 보게 할 수 있다. 또는 성역할 고정관념을 지니지 않고 양성성을 지향하는 TV 광고를 찾아보는 활동을 제시하는 것도 좋다.

④ 동화책을 활용한 성역할 지도하기

성 평등과 관련한 다양한 동화책을 활용하여 유아의 성역할에 대한 고정관념을 낮추고 성평등 의식을 심어 줄 수 있음이 여러 선행연구(황지현, 2002; Koblinsky & Sugaware, 1984)에 의해 증명되었다. 그러나 대부분의 동화들은 성역할 고정관념을 강하게 지니고 있다. 동화책 내용이 성역할 고정관념을 반영하는 경우에는 남녀를 바꾸어 이야기를 들려주거나 남녀의 의상, 머리 모양 등을 바꾸어서 성역할 고정관념을 유아기에 지니지 않도록 전달해야 한다. 동화를 듣고 난 다음 성역할 고정관념이 배제된 내용으로 각본을 짜고 동극으로 연결하여 양성성의 모델링을 체험하도록 해 보는 것도 좋은 방법이다.

다음은 성역할 지도에 참고할 수 있는 동화책들이다.

〈성역할 지도에 참고할 수 있는 동화책〉

▸▸ 싫어요 라고 언제 말하지?
카롤라 홀란드 글 · 그림, 슬기샘 옮김/대원주니어/2003

▸▸ 엄마가 알을 낳았대!
배빗 콜 글 · 그림, 고정아 옮김/보림/1996

▸▸ 내 동생이 태어났어
정지영, 정혜영 글 · 그림/비룡소/ 1997

▸▸ 나는 여자, 내 동생은 남자
정지영, 정혜영 글 · 그림/비룡소/1997

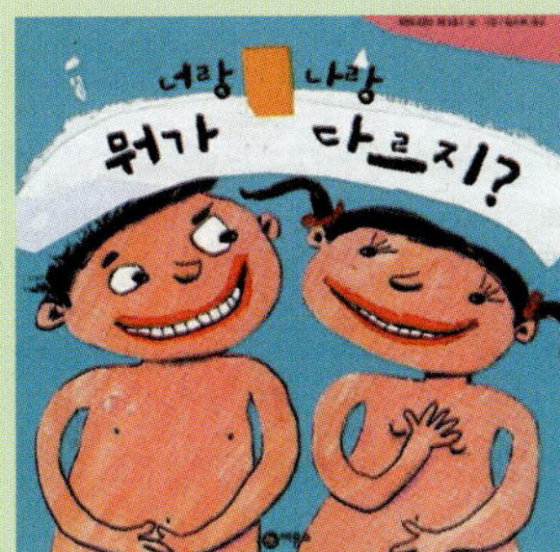

▸▸ 너랑 나랑 뭐가 다르지?
빅토리아 파시니 글 · 그림, 김소희 옮김/비룡소/2002

▸▸ 소중한 나의 몸
정지영, 정혜영 글 · 그림/비룡소/1999

▸▸ 말해도 괜찮아
제시 글 · 그림, 권수현 옮김/문학동네어린이/2007

▸▸ 이럴 땐 싫다고 말해요!
마리 프랑스 보트 글, 파스칼 르메트르 그림, 홍은주 옮김/문학동네어린이/2010

2) 성역할 지도 실천하기

(1) 남아와 여아가 함께 놀이하도록 하기

남아와 여아는 함께 놀이하면서 생각을 나누고, 흥미와 기술을 공유할 때 성 고정관념을 덜 갖게 된다. 만약 남아와 여아가 너무 다르게 놀이한다면, 교사는 남아와 여아가 함께 편안하게 놀이할 수 있는 자료와 활동을 찾아보게 해야 한다. 오늘날 남아와 여아는 발달에 도움이 되는 중요한 놀이를 덜 경험하고 있다. 남아와 여아 모두 대근육을 발달시킬 수 있는 활동적인 신체활동을 필요로 한다. 또한 남아와 여아 모두 블록으로 건물을 만들어 보는 활동을 경험해야 하며, 인형이나 소품을 이용하여 쌓기놀이 영역을 확장해 보도록 해야 한다. 나무판에 물감을 칠

해 보는 공동작업도 남녀아 모두에게 신체적 발달뿐 아니라 심리적 성장을 하도록 돕는다. 또한 역할놀이에서 남녀 성별에 상관없이 다양한 역할을 맡아 보도록 한다. 병원놀이에서 여아가 의사 역할을 그리고 남아가 간호사 역할을 하고 다음에 다시 역할을 바꾸어 해 보는 경험을 통해 성 고정관념은 줄어들게 된다.

(2) 성역할 바꾸어 보기

성 고정관념은 매우 추상적인 개념이므로 유아가 이해하기는 어려운 내용이다. 그러나 유아의 일상적인 경험과 관련지어 성 고정관념에 대해 생각해 보게 할 수 있다. 예를 들어, 백설공주 동화책을 읽어 주고 내용을 바꾸어 상상해 보게 한다. 백설공주가 나쁜 계모 때문에 독사과를 먹고 왕자가 구해 주어 행복하게 살게 되었는데, 왕자가 나쁜 계부 때문에 독사과를 먹고 공주가 구해 주는 다른 결말을 상상해서 이야기해 보게 한다. 한편으로는 동화 속에 등장하는 남자와 여자의 역할을 바꾸어 읽어 보거나 역할을 바꾸어 동극으로 표현해 보게 한다. 동화 속의 수동적 이미지의 여성 역할을 능동적으로 바꾸고 능동적인 남성의 역할을 수동적 존재로 바꾸는 과정에서 남자와 여자의 고정된 성역할 고정관념이 수정될 수 있다.

(3) 다양한 성역할 모델링 제시하기

성역할에 대한 강력한 메시지는 가정, 학교, 지역사회뿐 아니라 매스미디어를 통해 전달된다. 유아는 가정에서 부모의 행동을 보면서 다양한 성역할을 알게 된다. 어머니가 집안의 전구를 교체하거나 문고리를 수선하는 행동을 보거나, 아버지가 가족을 위해 요리를 하거나, 세탁기를 돌리는 모습을 보여 주는 것은 자연스러운 학습이 된다. 지역사회의 여자 의사, 여자 수선공, 여자 버스 운전사, 남자 요리사, 남자 간호사, 남자 디자이너 등 다양한 성역할 모델링을 제시할 필요가 있다. 그리고 여자 우주 비행사, 남자 주부 등 매스미디어에서 보여 주는 다양한 성역할에 대해 함께 토론하면서 남성과 여성의 역할이 따로 구분되어 있지 않음을 지도한다.

(4) 발달단계 고려하기

성역할에 대한 지도는 유아의 발달 수준에 맞게 전개되어야 한다. 유아의 발달 수준과 관련하여 제시할 수 있는 기본 개념과 성폭력 안전과 관련된 개념에 대해 살펴보면 다음과 같다(Baxley & Zendell, 2005).

① 4세 이하 유아에게 제시할 수 있는 성역할 기본 개념과 성폭력 안전과 관련한 개념

기본 개념	성폭력 안전과 관련한 개념
• 남아와 여아가 다르다. • 남아와 여아의 신체에 대한 정확한 명칭을 익힌다. • 아기는 엄마에게서 태어난다. • 사적인 부분에 대한 규칙을 익힌다(예: 중요한 부분은 가리고 있어야 하며 다른 사람이 만지게 해서는 안 된다). • 신체와 신체의 기능에 대한 모든 질문에 대해 간략하게 답한다.	• 좋은 느낌(편안하고, 즐겁고, 반가운)과 좋지 않은 느낌(공격적이고, 원하지 않고, 편안하지 않고, 고통스러운)의 만짐의 차이를 안다. • 너의 몸은 너의 것이다. • 모든 사람은 다른 사람이 만졌을 때 싫다고 말할 권리가 있다. • 어느 누구도 사적인 부분을 만질 수 없다. • 어른이 사적인 부분을 만지거나 부모에게 비밀로 하라고 하는 것과 같은 옳지 않은 일에 대해 싫다고 하는 것이 옳다. • 곧 밝혀질 놀라운 사실과 부모에게 말하지 말라는 스트레스를 주는 비밀 간에는 차이가 있다.

② 5~6세 유아에게 제시할 수 있는 성역할 기본 개념과 성폭력 안전과 관련한 개념

기본 개념	성폭력 안전과 관련한 개념
• 남아와 여아의 신체는 연령이 증가하면서 변한다. • 아기가 엄마의 몸에서 성장하는 과정과 태어나는 과정에 대한 간단한 설명을 할 수 있다. • 아기는 엄마에게서 태어난다. • 사적인 부분에 대한 규칙(예: 중요한 부분은 가리고 있어야 하며 다른 사람이 만지게 해서는 안 된다)을 익힌다. • 신체와 신체의 기능에 대한 모든 질문에 대해 간략하게 답한다. • 너의 사적인 부분을 만지는 것이 기분을 좋게 할 수는 있지만, 혼자서 해야 한다.	• 다른 사람이 너의 사적인 부분을 만지거나 만지기를 요구한다면 성적 학대다. • 너가 알고 있는 사람이라 할지라도 이것은 성적 학대다. • 성적 학대는 결코 유아의 잘못이 아니다. • 만약 낯선 사람이 너에게 접근하면, 뛰거나 네가 믿을 만한 부모, 교사, 이웃, 경찰 등에게 말해야 한다. • 어떤 사람이 너에게 하고 싶지 않은 일을 하라고 하거나 네가 하고 싶지 않은 일을 자신에게 하라고 하면 아동학대다.

③ 7~12세 학령기 아동에게 제시할 수 있는 성역할 기본 개념과 성폭력 안전과 관련한 개념

기본 개념	성폭력 안전과 관련한 개념
• 사춘기로의 변화와 대처방법(생리와 몽정)을 익힌다. • 생식, 임신, 출산에 대한 기본 지식을 안다. • 성행위의 위험(임신, 출산)을 익힌다. • 피임에 대한 기본 지식을 익힌다. • 자위는 일반적이며 장기적인 문제는 아니며 사적으로 행해져야 한다.	• 성적 학대는 만지는 것을 포함할 수도 있고 아닐 수도 있다. • 사람들과 온라인상에서 만나고 채팅할 때 안전을 유지하고 개인적 경계를 유지하는 방법을 익힌다. • 위험한 사회적 상황을 인식하고 피하는 방법을 익힌다. • 데이트 규칙을 안다.

생각해 보기

• 유아기에 평등의식을 갖게 하는 교사의 태도와 언어에 대해 생각해 보자.

활동 1

▶ 관련 생활주제: 나 ▶ 대상 연령: 만 4세

남자와 여자의 몸의 같은 점과 다른 점

활동목표

- 신체의 명칭을 말한다.
  (언어생활 > 말하기 > 생각과 느낌 말하기)
- 남자와 여자의 신체의 같은 점과 다른 점을 이해한다.
  (탐구생활 > 과학적 기초 능력 기르기 > 생명체와 자연환경 소중하게 여기기)
- 나와 다른 사람의 몸을 소중히 하는 방법을 이해한다.
  (건강생활 > 안전하게 생활하기 > 나와 다른 사람의 몸을 소중히 하기)

활동유형

대 · 소집단활동(이야기 나누기)

활동자료

남자, 여자 그림자료, 속옷 그림자료

활동방법

- 머리, 어깨, 무릎, 발 노래를 부르면서 자신의 신체 부위를 짚어 본다.
- 남자와 여자의 몸 그림자료를 보여 주고 같은 점과 다른 점에 대해 이야기를 나눈다.
  - 남자와 여자의 몸은 어떤 점이 같을까요?
  - 남자와 여자의 몸은 어떤 점이 다를까요?
- 남자와 여자의 몸이 다른 이유와 그 기능에 대해 이야기를 나눈다.
  - 남자와 여자의 몸은 왜 다를까요?
  - 각기 다른 부분은 어떤 기능을 할까요?

- 소중한 사람의 몸을 보호하기 위해 필요한 것이 무엇인지 이야기를 나눈다.
  - 속옷 그림자료를 남자와 여자의 몸 그림자료에 입히게 한다.
  - 소중한 몸이 다칠 수 있는데, 놀이할 때 꼭 조심해야 할 일은 무엇일까?
- 남자와 여자의 몸이 다름을 알고 서로 조심하도록 약속한다.

활동 2

▶ 관련 생활주제: 건강한 몸 ▶ 대상 연령: 만 5세

좋은 만짐, 나쁜 만짐

활동목표

- 좋은 만짐과 나쁜 만짐을 구분한다.
  (사회생활 > 나를 알고 사랑하기 > 나의 감정 알고 조절하기)
- 위험한 상황에서 적절하게 대처하는 방법을 안다.
  (건강생활 > 안전하게 생활하기 > 위험한 상황을 알고 대처하기)

활동유형

대집단활동(이야기 나누기)

활동자료

- 여러 가지 감정을 표현하는 사람들의 얼굴 그림자료
- 『내 몸은 내 거야』 그림책

▸▸ 내 몸은 내 거야
프로 파밀리아 글, 다그마 가이슬러 그림, 조영수 옮김/경독출판사/2007

활동방법

- 좋은 느낌의 만짐 그림자료를 보여 주고 왜 이런 만짐의 느낌이 좋은 것인지 이야기를 해 보게 한다.
  - 이 그림에 나타난 만짐이 왜 기분 좋은 만짐이라고 생각하니?
  - 이럴 때 사람들의 표정은 어떠하니?
- 나쁜 느낌의 만짐 그림자료를 보여 주고 왜 이런 만짐의 느낌이 좋지 않은지 이야기를 해 보게 한다.
  - 이 그림에 나타난 만짐이 왜 기분 좋지 않은 만짐이라고 생각하니?
  - 이럴 때 사람들의 표정은 어떠하니?
- 동화책을 읽어 준 다음 다른 사람이 나를 만지는 것에 대해 어떻게 해야 할지 이야기를 나눈다.
  - 나를 함부로 만지거나 불쾌하게 만지려고 하면 어떻게 해야 할까?
  - 어디에 이야기를 해야 할까?

아저씨가 여아의 머리를 쓰다듬는 모습

아저씨가 여아의 치마 부분을 만지는 모습

친구끼리 어깨동무하는 모습

친구의 얼굴을 꼬집는 모습

친구들 사이에 꽉 끼여 있는 모습

친구들과 적당한 간격으로 서 있는 모습

참고문헌

김경미, 양해영(2005). 성역할 개념의 발달과 분화: 다차원적 관점. 한국심리학회지(발달), 18(3), 35-46.

김미경(2004). 유아생활지도. 서울: 교육아카데미.

김희정(2007). TV 광고에 나타난 성역할 이미지의 변화에 관한 연구. 한국방송학보, 21(4), 7-68.

노미정(2003). 성교육 프로그램이 아동의 성지식 및 성태도 향상에 미치는 효과. 공주대학교 교육대학원 석사학위논문.

박영숙, 김영임, 박연환(1998). 대학생과 고등학생의 성역할 정체감과 성 고정관념에 대한 비교 조사. 한국학교보건학회지, 11(1), 51-62.

이경우, 이은화(1999). 반편견 교육과정. 서울: 창지사.

정미라(2011). 유아의 성역할 정체감 형성을 위한 가정-유치원 상호 협력 중심 양성평등 교육 프로그램 개발 및 적용. 유아교육연구, 31(4), 201-228.

정혜숙(2001). 지식기반사회로의 진입을 위한 과제-양성평등교육. 서울교육, 43(3), 12-16.

지성애, 김미경(2003). 유아사회교육의 이론과 실제. 서울: 학지사.

한국여성개발원(2001). 부모의 양성평등의식교육 프로그램 개발. 서울: 한국여성개발원.

황지현(2002). 가정과 연계한 성평등 동화활동이 유아의 성역할 고정관념에 미치는 영향. 연세대학교 대학원 석사학위논문.

홍순옥(1997). 유아기 아동의 성교육에 관한 연구. 경성교육연구, 3, 25-36.

Baxley, D. L., & Zendell, A. (2005). *Sexuality education for children and adolescents with developmental disabilities*. Florida Developmental Disabilities Council, INC.

Bem, S. L. (1975). Sex role adaptability: One consequence of psychological androgyny. *Journal of Personality and Social Psychology, 31*(4), 634-643.

Ehrhrdt, A. A., & Baker, S. W. (1974). Fetal androgens, human central nervous system differentiation, and behavioral sex differences. In R, C, Friedman, R. M. Rickard, & R. L. Van de Wiele (Eds.), *Sex differences in behavior*. New York: Wiley.

Hurlock, E. B. (1955). *Adolescent development*. New York: McGraw-Hill Book Company, Inc.

Koblinsky, S. A., & Sugaware, A. I. (1984). Non-sexist curricular: Sex of teacher and children' s sex-role learning. *Sex Roles, 10*(3), 357-367.

Kohlberg, L. (1966). A cognitive-developmental analysis of children' s sex-role concepts and attitudes. In E. E. Maccoby (Ed.), *The development of sex differences* (pp. 82-173). Standford, CA: Stanford University Press.

Kuhn, D., Nash, S. C., & Brucken, L. (1978). Sex role concepts of two-and three-year-old children. *Child Development, 49*, 445-451.

Lewis, M. (1991). Gender equity: The state of play in early childhood services. *Early Childhood Convention* (Eric Document Reproduction Services No. ED 3424880).

Macrae, C. N., Hewstone, M., & Griffiths, R. J. (1993). Processing load and memory for stereotype-based information. *European Journal of Social Psychology, 23*, 77-87.

Martin, C. L., & Dinella, L. M. (2002). Children's gender cognitions, the social environ ment, and sex differences in cognitive domains. In A. McGillicuddy-DeLisi, R. De-Lisi (eds.), *Biology, society, and behavior: The development of sex differences in cognition* (pp. 207-239). Ablex Publishing: Westport.

Mead, M. (2001). *Growing uo in New Guinea: A comparative study of primitive education*. New York, NY, HapperCollins.

Miller, C. F., Trautner, H. M., & Ruble, D. N. (2006). *The role of gender stereotypes in children's preferences and behavior*. Child psychology: A handbook of contem porary. London: Taylor & Fransis Group.

Parsons, T., & Bales, R. (1955). *Family socialization and interaction process*. Glencoe, Ill: Free Press.

Tavris, C. (1992). *The mismeasure of woman*. New York: Simon & Schuster.

Thompson, S. K., & Bentler, P. M. (1971). The priority of cues in sex discrimination by children and adults. *Developmental Psychology, 5*, 181-185.

제9장 도덕성

1. 도덕성 이해하기
2. 도덕성 지도하기

공평이란

강아지 밥을 줄 때 고양이 밥도 주는 것
놀이기구를 탈 때, 줄을 서서 기다린 순서대로 타는 것
교실에서 눈이 나쁜 아이가 앞에 앉고, 눈이 좋은 아이가 뒤에 앉는 것
필요한 사람에게 더 주는 것

정직이란

용기를 내어 사실대로 말하는 것, 유리창을 깼을 때 바로 선생님께 말씀드리는 것
시험 볼 때 남의 답을 보지 않는 것, 노력한 만큼 결과를 거두는 것

– 채인선, 김은정(2005).

1 도덕성 이해하기

1) 도덕성의 정의

(1) 도덕성의 개념

사람은 누구나 다른 사람이 보지 않더라도 옳지 않은 일을 할 때에는 불편한 마음을 갖게 된다. 이때 느끼는 수치심과 죄책감은 잘못된 행동을 덜 하도록 하는 감시자와 같은 역할을 한다. 흔히 이러한 느낌을 '양심'이라고 표현하며, 이러한 양심 발달은 외부에 있던 경찰(행동의 규제자)이 내부로 들어오는 것에 비유할 수 있다.

이와 같이 선악을 구별하고, 옳고 그름을 판단하며, 인간관계의 규범을 준수하는 것이 바로 도덕성이다. 개인은 옳은 것과 그른 것을 구분하고, 이에 따라 행동하도록 하는 일련의 법칙이나 이상을 발달시켜 가는데, 이 과정이 도덕성 발달의 과정이다. 도덕성은 앞서 설명한 바와 같이 옳지 않은 일을 할 때 느끼는 부정적 감정과 관련된 도덕적 정서, 도덕적 딜레마 상황에서의 인지적 판단과 관련된 도덕적 추론, 도덕적 장면에서 이루어지는 실제 도덕적 행위 등으로 구성된다.

진화심리학적 접근에 의하면 도덕성은 인간 본성에 내재해 있다. 다른 사람을 배려하고 공감적 태도를 보이며 타인에게 도움이 되는 행동을 하는 것은 생존이나 적응에 유리하게 작용한다는 점에서, 도덕성을 갖추는 것은 중요한 적응적 가치를 갖는다. 그러나 이러한 공감적 배려만으로 도덕적 행위를 하는 것은 아니므로, 타인에 대해 배려하고 공감하는 친사회적 능력이 도덕성과 항상 일치하는 것은 아니라고 볼 수 있다.

도덕성은 부모나 다른 성인들이 제공하는 양육 경험을 통해 발달한다는 점에서 자신이 속한 사회의 규준을 채택하는 것이라고 볼 수 있다. 즉, 유아가 자신이 속한 사회에서 정하고 있는 옳은 행동과 잘못된 행동의 규준을 내면화하는 것으로, 도덕성을 갖추게 되는 것은 사회적 수준에서의 규제를 개인적 수준으로 옮기는 것이다. 이러한 정의는 다음에 설명할 도덕성 이론으로 초자아 발달에 기여하는 부모의 역할을 강조하는 정신분석이론이나 도덕성 역할모델을 강조하는 사회학습이론에서 채택하고 있는 관점이다.

● 그림 9-1 ●

도덕성의 내용

(2) 도덕성의 지표

유아의 도덕성은 자기조절을 통해 나타날 수 있다. 자기조절을 하는 유아는 추론, 다른 사람에 대한 배려, 사회적으로 수용되는 행동과 그렇지 않은 행동에 대한 이해에 기초해서 옳고 그름을 판단한다. 또한 반사회적인 행동을 하지 않고 옳은 행동을 하기 위해서 사회적 기대를 읽고 다른 사람의 요구나 감정을 고려한다. 이러한 자기조절은 다양한 행동 영역을 포함한다.

유아의 대표적인 자기조절 행동으로 '유혹에 저항하기'를 들 수 있다. 유혹에의 저항은 발견이나 처벌의 가능성이 상당히 적은 경우에 도덕적 규준을 위반하도록 하는 압력이나 유혹에 저항하는 정도다. 예를 들어, 교사가 빈 방에 과자를 두고 가면서 유아에게 자신이 돌아올 때까지 과자를 먹지 말라고 한다. 이때 유아가 아무도 없는 방에서 눈 앞에 있는 과자를 얼마나 잘 참고 먹지 않느냐를 통해 자기조절 행동을 확인하는 것이다. 이러한 유혹에의 저항은 자기조절 책략을 갖추지 못한 어린 유아들에게는 매우 어려운 일이지만, 매우 보편적이고 중요한 도덕성 지수로 사용되고 있다.

'만족 지연' 역시 유아의 도덕성을 보여 주는 중요한 자기조절 행동이다. 만족 지연은 즉각적인 유혹을 뿌리치고 기다림 뒤에 오는 더 큰 이익을 받을 때까지 기다릴 줄 아는 것이다. 예를 들어, 유아에게 사탕 하나를 주고 교사가 나갔

표 9-1 ● 유아의 자기조절 행동(Kostelnik, Whiren, Soderman, & Gregory, 2009)

행동	예시
긍정적인 사회적 상호작용을 수행함	• 엄마가 보고 싶어 울고 있는 영화를 진수가 위로한다. • 철수는 언어 영역에서 새로 온 친구와 헤드폰을 같이 사용한다.
건설적인 사회적 계획을 수행함	• 영아는 물감으로 그림을 그리고 싶어 한다. 영아는 자신이 가지고 있는 분필을 물감과 바꾸는 방법을 생각해 내고, 이 목표를 성취하기 위해 다른 아동에게 물물교환을 제안한다. • 혜원이는 지혁이가 여러 개의 훌라후프를 체육관으로 가져오느라고 애쓰는 것을 보았다. 혜원이는 훌라후프 몇 개를 함께 들어서 지혁이를 도와주었다.
유혹에 저항함	• 우진이는 쓰레기를 땅바닥에 버리고 싶었지만, 쓰레기통까지 가지고 가서 버렸다. • 민서는 복도에서 주운 지갑을 가지고 싶었지만, 교사에게 가져다 주었다.
부정적 충동을 억제함	• 현준이는 철수가 실수로 자신을 넘어뜨렸을 때, 화가 나서 한 대 때리고 싶었지만 참았다. • 지연이는 영희의 우스꽝스러운 머리 모양을 놀리고 싶었지만 참았다.
만족을 지연함	• 수희는 지금 교사에게 놀이공원에 놀러갈 거라고 말하고 싶었지만, 민정이가 교사와 이야기를 마칠 때까지 기다렸다. • 영이는 막대 사탕을 하나 더 갖고 싶었지만, 다른 아이들이 모두 하나씩 가질 때까지 기다렸다.

다 돌아올 때까지 먹지 않고 기다리면 돌아와서 사탕 두 개를 주겠다고 한다. 만약 기다릴 수 없고 사탕 하나를 그냥 먹고 싶으면 옆에 있는 벨을 누르고 먹을 수 있음을 알려 주었다. 연령이 높은 아동일수록 오래 참았다 벨을 누름으로써 더 높은 만족 지연을 보여 준다. 또한 만족을 지연하는 모델을 관찰한 유아일수록 더 잘 참고 자기통제를 잘 하는 것으로 나타났다.

2) 도덕성 이론

(1) 정신분석이론: 도덕적 정서

정신분석이론에서 설명하는 도덕성의 획득 기제는 초자아(superego)의 발달과 동일시다. 인간의 성격 구조는 본능을 관장하는 원초아(id)와 현실적 해결책을 모색하는 자아(ego) 그리고 원초아를 규제하고 도덕성을 관장하는 초자아로 구성된다. 성격발달과정에서 일단 초자아가 발달하게 되면, 이것은 유아의 사고와 행동을 지배하는 내적인 감지기(sensor) 역할을 하게 된다.

초자아의 발달은 남녀아의 콤플렉스와 관련되어 있다. 남아는 이성 부모에 대한 사랑을 갈구하고 동성 부모에 대해서는 적대감을 갖는 오이디프스 콤플렉스를 갖고 있으며, 이러한 콤플렉스의 극복과정에서 도덕성이 발달한다. 남아가 갖고 있는 오이디프스 콤플렉스는 동성 부모에 대한 공포와 거세불안으로 나타나며, 이러한 불안과 공포를 극복하기 위해 동성 부모에 대한 동일시를 하게 된다. 동일시 과정에서 유아는 부모의 도덕적 기준을 포함하는 많은 속성을 내면화하게 되고, 도덕성 발달을 이루게 된다.

Freud에 의하면 여아는 남아와 달리 거세불안을 갖고 있지 않으며, 따라서 불안 극복을 위한 도덕적 기준의 내면화와 동일시가 더 약하다. Freud는 이러한 이유로 여자의 도덕적 수준이 남자보다 더 낮다고 주장하였다. 이것은 도덕성 발달이 공포나 불안과 관련되어 있다는 것으로 도덕적 정서가 도덕성 발달에 중요함을 이야기하는 것이다.

Freud의 이러한 주장은 한편으로는 성차별적이라는 비판을 받고 있으며, 도덕성의 하나인 자기비난이 앞에서 설명한 바와 같은 도덕적 기준의 내면화나 동일시와 관련되어 있지 않다는 반론도 있다. 또한 부모들이 자녀의 바람직하지 않은 행동에 대해 논리적으로 설명하거나 감정이입을 유도하지 않고, 위협하거나 물리적 힘을 행사하고 강압하는 것 등은 오히려 자녀에게 죄의식을 덜 느끼게 하는 것으로 나타났다. 즉, 과도한 불안이나 공포 정서의 경험은 도덕성 발달의 중요한 지표인 양심발달에 해가 될 수도 있음을 말해 주는 것이다.

(2) 사회학습이론: 도덕적 행동

일반적인 학습이론에서 설명하는 학습의 기제는 조건화(conditioning)다. 보상이나 강화를 받은 행동은 학습되고 유지되며, 강화받지 않거나 처벌받은 행동은 학습하지 않거나 소멸된다. 그러나 이러한 가정과 달리 실제로 도덕성 발달에서 처벌이 큰 효과를 발휘하지는 않는 것으로 나타나고 있다. 비도덕적인 행동에 대한 처벌은 그 자체로 부정적인 행동(예를 들면, 공격성)의 모델이 되며, 유아가 처벌을 가하는 성인을 피하게 만들고 더 바람직하고 도덕적인 행동을 배울 기회를 없애게 되는 것이다. 또한 처벌받은 유아는 일시적으로 순응하게 되고 처벌하는 성인은 이것을 처벌의 효과로 착각하고 안도감을 가짐으로써 성인 스스로 강압적 훈육을 강화하게 만든다.

이와 달리 사회학습이론에서는 자신이 직접 강화받거나 처벌받지 않아도 학습이 가능한 관찰학습, 모방학습을 설명한다. 바람직한 행동을 하는 모델을 관찰하고 공정하고 정직한 내용을 담고 있는 도덕적 장면에 노출되는 경험 등을 통해 유아의 도덕성이 발달하게 된다. 이때 유아가 관찰하는 모델이 따뜻하고 민감하며 유능한 사람인 경우, 관찰모델의 언행이 일치하는 경우 이들 모델의 행동을 더 잘 학습하는 것으로 밝혀졌다.

유아와의 긍정적 관계와 긍정적 훈육은 도덕성 발달에 도움이 된다. 잘못된 행동이 발생한 후에 어떻게 훈육할 것인가를 생각하는 것도 필요하지만, 긍정적이고 협력적인 관계를 통해 평소에 바람직한 행동이 많이 나타나도록 하는 것이 더 중요하다. 이러한 내용은 부모나 교사가 도덕적 행동의 학습모델로서 유아와 신뢰관계를 형성하고 스스로 바람직한 도덕적 행위자가 되는 것이 얼마나 중요한가를 보여 주는 것이다. 또한 처벌을 통한 도덕성 발달이 아닌 바람직한 모델을 통한 도덕성 발달이 더 설득력이 있음을 말해 주는 것이다.

(3) 인지이론: 도덕적 추론

① Piaget

Piaget는 유아가 인지발달을 통해 자기중심적 사고를 극복하고 다양한 관점을 이해하며 통합하는 것이 도덕성 발달에 반영된다고 설명하였다. 또한 또래와의 상호작용을 통해 다양한 갈등상황과 불일치하는 견해 등을 경험하게 되고, 이를 인지적으로 극복하고 해결하는 과정에서 유아들은 자율적이고 융통성 있는 사고와 도덕적 추론을 하게 된다. 이와 관련하여 Piaget는 면접을 통해 유아의 도덕적 추론을 확인하였으며, 어린이들의 공기놀이를 관찰하고 이들이 규칙을 어떻게 이해하고 있는지에 따라 도덕성 발달단계를 구분하였다.

먼저 전 도덕단계에 해당하는 4세 이전의 아이들은 규칙에 대해 의식하지 못하고 관심도 없다. 이후 이루어지는 타율적 도덕성 단계가 되면 규칙에 대한 강한 존중을 보여 주고, 모든 도덕적 문제를 눈에 보이는 결과에 따라 판단하는 도덕적 실재론을 보여 준다. 이것은 유아가 인지발달 특성상 눈에 보이지 않는 행위자의 의도를 정확하게 추론하기 어렵기 때문으로, 어떤 행동의 옳고 그름에 대한 판단은 행동의 결과에 따라 결정된다. 예를 들어, 어머니를 도와드리려다가(선한 의도) 접시를 열 개 깬 아이는, 어머니 몰래 과자를 꺼내 먹으려다가(나쁜 의도) 접시를 한 개 깬 아이보다 더 나쁘다고 생각한다.

또한 이 시기 유아의 사고발달에 따른 인과개념 이해에서의 제한이 도덕적 판단에서도 그대로 반영된다. 유아가 서로 상관이 없는 두 사건 사이에 인과관계를 구성하는 전환적 추론을 하는 것처럼, 도덕적 판단에서도 규칙 위반은 어떤 식으로든 처벌을 받는다고 생각하는 내재적 정의를 믿는 것이다. 예를 들어, 기관에서 장난감을 몰래 가져온 어린이가 집에 오는 길에 넘어지면 벌을 받아서 그렇게 되었다고 생각하는 것이다.

유아가 7세가 지나면서 자율적 도덕성 단계가 되면 공기놀이의 규칙은 임의적인 동의의 결과이며, 구성원의 동의에 따라 변화 가능함을 알게 된다. 탈중심화를 통해 유아 자신과 다른 타인의 사고과정을 구분하고 이해하게 되면서, 겉으로 드러난 결과보다는 행위자의 보이지 않는 의도에 따라 옳고 그름을 판단하게 된다. 마지막 단계가 되면 새로운 규칙을 만들고 적용하는 과정까지 이르게 된다.

② Damon

어느 사회나 자원은 한정되어 있고, 따라서 한 사회가 얼마나 도덕적이고 건강한가를 알아보는 지표로 '분배 정의'를 생각해 볼 수 있다. 사회 구성원들이 자신의 노력과 역량, 업무 등에 따라 공정한 대우를 받고 있다고 느끼는지, 놀이에 참여한 유아들이 교사로부터 차별 없이 공평한 관심을 받고 있다고 생각하는지 등은 집단의 도덕성 지수를 결정한다.

유아기와 아동기의 도덕성 역시 분배 정의, 즉 '나누기'를 통해 설명할 수 있다. 유아기의 대표적인 친사회적 행동인 '돕기'와 달리 '나누기'에서는 상당한 정도의 자기희생이 필요하다(Damon, 1977). 자신이 가진 자원(유아 입장에서는 사탕, 스티커, 놀잇감 등)을 다른 사람에게 나누어 주는 것이 유아 입장에서는 매우 어려운 일이다. 또한 자기중심적 사고를 하는 유아들이 상호적이고 호혜적인 관점에서 공평성을 이해하고 분배 정의를 실천하는 것은 쉬운 일이 아니다.

Damon(1977)은 분배의 공정성에 대한 유아의 이해를 알아보기 위하여 다음과 같은 이야기를 고안하고, 이러한 이야기의 반응에 따라 공정성 판단에 따른 일련의 발달단계를 구분하였다. 각 단계 내용은 다음의 도덕성 발달에 대한 부분에서 제시하였다.

> 어린이들이 그림을 그렸다. 어떤 아이들은 그림을 많이 그렸고, 어떤 아이들은 적게 그렸다. 그림을 잘 그린 아이도 있고, 못 그린 아이도 있다. 어떤 아이들은 착하게 앉아서 열심히 그렸지만, 어떤 아이들은 돌아다니면서 장난을 쳤다. 아이들 중에서는 부자인 아이도 있고 가난한 아이도 있다. 또 남자아이도 있고 여자아이도 있다. 아이들이 그린 그림을 모아서 바자회에서 팔기로 했다. 바자회에서 번 돈을 어떻게 나누는 것이 공평할까?(Damon, 1980; 송명자, 1995 재인용)

3) 도덕성 발달

(1) 도덕적 추론의 발달

유아의 도덕성 발달과정은 도덕적 추론 발달과정을 통해 가장 많이 설명되고 있다. Piaget에 의하면 유아가 전조작기에서 구체적 조작기로 인지발달을 이루는 과정에서 도덕적 추론 역시 자율적 도덕성에서 타율적 도덕성으로 발달한다. 타율적 도덕성 단계에서는 모든 도덕적 문제에는 '옳고' '그른 것' 의 양 측면이 있으며, '옳은 것' 은 그 규칙을 따르는 것이라고 생각한다. 또한 규칙은 예외 없이 항상 지켜야 하는 것으로 생각하며, 도덕적 판단은 실제로 드러난 행위결과에 따라 이루어진다. 자율적 도덕성 단계에서는 이전의 절대적 도덕성에서 상대적 도덕성으로 판단기준이 바뀌게 된다. 도덕적 판단에서 행위자의 의도를 고려하고 융통성 있고 자율적인 수준에서 규칙을 이해하게 된다.

유아의 인지발달과 관련하여 도덕적 추론발달을 설명하는 대표적인 사람이 Kohlberg다. Kohlberg는 Heinz의 딜레마 이야기 과제에서 나타나는 반응을 통

표 9-2 ● Kohlberg의 도덕성 발달단계별 반응(정옥분, 2006 재인용)

1단계	4단계
찬성: 하인츠는 약을 훔쳐야 한다. 그는 나중에 약값을 지불하겠다고 했다. 처음부터 약을 훔치려던 것과는 다르다. 그리고 그가 훔친 약값은 2,000달러가 아니라 실제로 200달러 짜리다. 반대: 하인츠는 약을 훔쳐서는 안 된다. 그것은 큰 범죄다. 그는 허락을 받지 않고 강제로 침입했다. 그는 가게를 부수고 들어가서 매우 비싼 약을 훔치고 큰 피해를 입혔다.	찬성: 하인츠는 약을 훔쳐야 한다. 아내를 죽게 내버려 두어서는 안 된다. 아내를 살리는 것은 하이츠의 의무다. 나중에 값을 생각으로 약을 훔치는 것은 괜찮다. 반대: 하인츠가 그의 아내를 살리고 싶어 하는 것은 당연하다. 그러나 남의 물건을 훔치는 것은 나쁜 일이다. 어떤 상황에서도 법을 준수해야 한다.
2단계	**5단계**
찬성: 하인츠가 약을 훔치는 것은 괜찮다. 그는 그의 아내를 살리기를 원하고, 그러기 위해서 약을 훔치는 것은 어쩔 수 없는 일이다. 그냥 도둑질하는 것과는 다르다. 반대: 하인츠는 약을 훔쳐서는 안 된다. 약사가 그리 나쁜 것도 아니다. 그는 다른 사람들과 마찬가지로 이윤을 남기려고 한 것뿐이다. 그것은 사람들이 돈을 벌기 위해 사업을 하는 것과 마찬가지다.	찬성: 절도가 도덕적으로 잘못된 것이라고 말하기에 앞서 모든 상황을 고려해야 한다. 물론 약국을 무단침입해서 약을 훔치는 것이 옳은 일은 아니지만 그러한 상황에서 약을 훔치는 것은 정당화될 수 있다. 반대: 하인츠가 약을 훔친 것이 전적으로 잘못된 일이라고 말할 수는 없지만, 아무리 극한 상황이라도 범법행위가 정당화될 수는 없다. 아무리 절박한 상황에서도 모든 사람이 다 도둑질을 하지는 않는다. 목적이 수단을 정당화할 수는 없다.
3단계	**6단계**
찬성: 하인츠는 약을 훔쳐야 한다. 그는 좋은 남편으로서 마땅히 해야 할 일을 했을 뿐이다. 우리는 그가 아내를 사랑하는 마음에서 한 행동에 대해 그를 비난할 수 없다. 약을 훔쳐서라도 그녀를 살리고 싶을 정도로 아내를 사랑하지 않는 것이 비난받을 일이다. 반대: 하인츠는 약을 훔쳐서는 안 된다. 만약 하인츠의 부인이 죽는다 해도 그를 비난해서는 안 된다. 약을 훔치지 않았다고 해서 그가 무정한 사람이거나 아내를 사랑하지 않는 것은 아니다. 하인츠는 그가 할 수 있는 최선을 다했다. 약사가 이기적이고 무정한 사람이다.	찬성: 법을 어기는 것과 한 사람의 생명을 구하는 것 사이에서 선택을 해야 할 때 생명을 구하려는 도덕적으로 더 높은 원리가 약을 훔치는 행위를 정당화한다. 하인츠는 생명을 보존하고 존중하는 원리에 따라 행동해야 한다. 반대: 하인츠는 그의 아내만큼 그 약을 절실히 필요로 하는 다른 사람도 생각해야 한다. 그는 아내에 대한 특별한 감정에 의해 행동해서는 안 되고 다른 모든 사람의 생명의 가치도 생각하면서 행동해야 한다.

해 도덕적 추론의 수준을 다음과 같이 구분하였다.

① 처벌과 복종 지향

- 행위자가 받는 처벌이나 객관적인 피해 정도에 따라 금지 행위의 심각성을 판단
- 처벌을 피하기 위해 절대적 권위에 무조건 복종

② 순진한 쾌락주의, 도구적 지향

- 보상을 얻거나 개인적 요구를 만족시키기 위해 규칙을 지킴
- 자신이나 타인의 욕구를 충족시키는 것이 옳은 것
- 행위자가 결국 이득을 본다면 그것은 옳은 행동

③ 착한 소년, 소녀 지향

- 옳은 행동은 타인을 기쁘게 하거나 도와주는 것, 타인에게서 인정받는 것
- 타인의 반응이 도덕성 판단의 기준이며, 의도를 고려하기 시작

④ 권위(법)와 사회질서 지향

- 권위, 고정된 규칙이나 사회질서를 존중
- 규칙을 지키는 것은 이들이 사회질서를 지켜주며 그럴 만한 가치가 있기 때문임
- 규칙 준수에 대한 의무는 특별한 이익이나 상황에 우선하는 것

⑤ 사회적 계약, 개인의 권리, 민주적으로 수용된 법률로서의 도덕성

- 도덕적 행위는 다수의 의지를 표현하고 사회복지를 극대화하는 것
- 민주적 절차에 의한 규칙의 제정과 실시
- 다수의 권리를 강제하는 법은 부당하고 도전받아야 한다고 생각

⑥ 개인적인 양심원리로서의 도덕성: 보편적인 윤리적 지향

- 옳은 행동은 자신이 선택한 윤리적 원리와 일치하는 양심에 의해 결정

(인간의 존엄성, 정의, 사랑, 공정성 등)

- 양심에 따른 처벌을 사회적 처벌보다 고통스럽게 생각

또 다른 도덕적 추론 발달과정은 Damon의 분배 정의에 관한 이해단계다. 공정성이나 분배 정의는 건강한 사회를 정의하는 매우 중요한 지표로, 도덕성의 핵심 요소라고 볼 수 있다. Damon은 함께 모여 그린 그림을 바자회에서 팔아 생긴 수익을 나누는 방법에 대한 반응을 통해 단계를 구분하였다(〈표 9-3〉 참조).

이러한 유아의 도덕적 추론은 다양한 요인에 의해 영향을 받는다. 먼저 새로운 정보나 경험에 대해 융통성 있고 개방적인 성격을 가진 유아는 다양한 사회적 경험을 통해 타인의 조망에 대한 노출과 경험이 많고, 이를 통해 도덕적 추론을 더 잘할 수 있다. 마찬가지로 유아의 또래 간 상호작용 역시 타인의 조망을

표 9-3 ● Damon의 공정성 이해발달단계(Damon, 1980; 송명자, 1995 재인용)

수준	내용
수준 0-A (4세 이하)	공정성에 대한 객관적 인식이나 설명 없이 자신의 욕구에 따른 판단에 지배되는 단계(예: 내가 원하니까 많이 가져야 돼)
수준 0-B (4~5세)	욕구에 지배되지만 키 · 성 등과 같은 외적 특성을 기준으로 제시함(예: 키가 제일 큰 아이가 제일 많이 가져야 돼. 우리는 남자니까 많이 가져야 돼). 그러나 이 기준은 욕구에 따라 가변적인 특징이 있음.
수준 1-A (5~7세)	절대적인 공평성을 주장하는 단계(예: 모든 아이들이 똑같이 가져야 돼) 공평성만이 성원들 간의 모든 갈등을 해소하는 유일한 방안으로 생각함.
수준 1-B (6~9세)	많이 기여한 사람이 많이 받아야 한다는 행위의 개념이 싹틈(예: 그림을 많이 그린 아이들이 많이 가져야 돼). 그러나 공정성과 관련되는 여러 변인을 동시에 고려하는 능력은 아직 결여됨.
수준 2-A (8~10세)	사람들은 각기 자신의 입장에서 서로 다른 공정성의 주장을 하며, 각자 나름대로 타당할 수 있다는 도덕적 상대성에 대한 이해가 시작됨. 특수한 필요성을 갖는 사람의 주장을 고려할 수 있음(예: 아이들이 이야기를 들어보아야 돼. 가난한 아이가 더 가져야 돼).
수준 2-B (10세 이상)	여러 사람의 각자, 독특한 욕구와 특수상황을 고르게 고려할 수 있는 공평성과 상보성의 통합 능력이 발달함. 확고하고 분명한 공정성의 개념이 확립되며, 모든 사람이 각자 적합한 보상을 받아야 한다는 인식이 강화됨.

자각하게 함으로써 도덕적 추론에 도움이 된다. 또한 자녀의 이야기를 민감하게 들어주고, 질문을 명료화하며, 높은 수준의 추론을 제시하고, 칭찬과 유머를 사용하는 부모의 자녀가 보여 주는 도덕성 추론은 그렇지 않은 부모의 자녀보다 높은 것으로 나타났다. 이 밖에도 개인 간 관계 이상의 정치적 · 문화적 집단을 아우르는 사회적 문제에 관심을 갖고 이러한 주제를 다루는 학교 경험이나 문화적 풍토는 구성원이 높은 수준의 도덕적 추론을 하도록 이끄는 역할을 한다.

그러나 이러한 도덕적 추론이 항상 도덕적 행동을 가능하게 하는 것은 아니다. 사회적 정의와 공정, 인권 등에 대해 매우 논리적이고 조직적인 설명을 하는 사람이라고 해서 반드시 도덕적이고 분별력 있는 행동을 하는 것은 아님을 주변에서 쉽게 찾아볼 수 있다. 또한 어린 유아들은 어려운 친구와 사탕을 나누는 것이 맞다고 생각하면서도, 노력해서 받은 사탕을 실제로 친구에게 나누어 주는 것은 잘하지 못한다. 이러한 도덕적 추론이 도덕적 행동으로 연결되는 과정에는 도덕적 자기관련성, 즉 자신이 도덕적이라고 생각하고 그러한 자아개념을 구성하는 것이 중요하다.

(2) 도덕적 행동의 발달

유아의 도덕적 행동은 자기통제력을 통해 나타난다. 이러한 자기통제는 12개월에서 18개월 사이의 영아가 외부의 요구나 지시에 자발적으로 따르는 순응에서 시작한다. 2세경이 되어 자신을 환경과 분리된 자율적인 존재로 파악하고 인지적 억제나 정서적 자기조절을 할 수 있는 능력을 갖추기 시작하면 자기통제가 가능해진다.

일반적으로 자기통제력은 주의집중이나 정신적 표상 능력의 발달과도 관련되어 있다. 우리는 성인 양육자가 아주 어린 영아의 주의를 전환함으로써 어머니와의 짧은 분리 동안 참고 기다릴 수 있게 하는 장면(예: 엄마가 화장실을 간 사이 새로운 장난감을 주고 잠시 어머니를 찾지 않도록 하는 것)을 주변에서 쉽게 찾아볼 수 있다. 유아가 발달에 따라 자신의 주의과정을 통제하고 눈앞에 보이는 실재를 다른 것으로 바꾸어 표상할 수 있는 능력을 갖게 되면 자기통제를 통해 좀 더 바람직한 행동을 하는 데 유리할 수 있다.

앞서 설명한 '유혹에의 저항' 이나 '만족 지연' 과제에서 유혹에 견디고 만족을 지연할 수 있는 다양하고 효과적인 인지적 책략을 사용하는 것은 자기통제에 큰 도움이 될 수 있다. 눈앞에 있는 과자를 보면서 '이건 과자가 아니고 지우개야.' 라고 생각하거나 눈을 감고 노래하기, 다른 생각하기 등은 유혹에 넘어가지 않고 참고 기다리는 데 매우 효과적이다. 실제로 유아는 연령이 증가할수록 이러한 전략을 적극적으로 다양하게 사용하는 것으로 나타났다. 또한 이러한 자기통제는 정서지능의 또 다른 이름으로, 부모의 양육태도나 기질 등에 따라서도 다르게 나타난다.

재미있는 도덕성 이야기

창의적인 사람이 더 정직하지 않다?

미국 하버드 대학교의 한 연구에 의하면 창의적인 학생들일수록 자신들의 정직하지 못한 행동에 대한 합리화를 더 잘 한다고 한다. 첫 번째 실험내용은 다음과 같다. 학생들에게 대각선을 중심으로 양쪽에 여러 개의 점이 찍힌 그림들을 보고 어느 쪽에 점이 더 많이 있는지 판단하도록 하고, 정답이 '오른쪽' 이면 5센트, '왼쪽' 이면 0.5센트를 준다고 하였다. 그러나 주어진 200개의 문제 중 절반은 보기만 해서는 어느 쪽의 점이 많은지 알 수 없는 것이었다. 실험 결과, 창의성이 가장 높은 학생들이 한눈에 알 수 없는 모호한 경우에 돈을 많이 받는 쪽으로 대답을 한 경우가 훨씬 많았다. 두 번째 실험에서는 상식문제를 주고 시험지에 동그라미를 치도록 하였다. 그리고 따로 표준화된 답안지를 주고 선택한 답을 옮기도록 하였다. 실험 도중에 연구진은 학생들에게 답안지를 잘못 복사했다고 말하고 정답에 흐린 표시가 되어 있으며, 정답에 더 많은 돈을 줄 것이라고 알려 주었다. 실제 시험지에는 고유의 표시가 있어 옮겨 적는 과정에서 속임수를 쓸 경우 그대로 나타나도록 되어 있었다. 실험결과, 창의력 점수가 높은 학생들은 낮은 학생들보다 속임수를 훨씬 많이 쓴 것으로 나타났다. 이러한 결과는 창의력이 높으면 많은 영역에서 어려운 과제를 푸는 데 도움이 되지만 문제를 해결하는 과정에서 비윤리적인 방식을 택하도록 할 수도 있음을 보여 주는 것이다. 연구자들은 창의력을 발휘해 자신의 비도덕적인 행동을 정당화할 수 있는 사람들은 마치 속이기 면허라도 받은 것 같은 느낌을 갖게 되는 것 같다고 설명하였다.

* 출처: Francesca & Dan(2011).

생각해 보기

1. '공정'에 대해 생각하기
   ① 중간고사 시험 도중에 같은 과 친구가 컨닝을 한 것을 알게 되었습니다. 이때 어떻게 행동하는 것이 좋을까요?
   ② 5월 바자회를 위하여 같은 반 유아들이 집에서 각자 물건을 가지고 왔습니다. 바자회에서 물건을 팔아 생긴 수익을 어떻게 나누는 것이 좋을까요? 여러분이 유아교사라면 어떻게 지도하겠습니까?

2. 도덕성의 기준에 대해 생각하기
   다음 중 어떤 것이 더 나쁜(혹은 도덕적이지 않은) 행동일까요? 왜 그렇게 생각하나요?
   ① 유아가 친구의 실수 행동을 선생님께 이르는 것
   ② 친구가 하는 잘못된 행동을 보고도 모른 척하는 것
   ③ 친구와 어울려 잘못된 행동을 같이 하는 것

2 도덕성 지도하기

1) 도덕성 지도 계획하기

(1) 도덕성 지도의 원리

유아의 도덕성 지도는 앞에서 설명한 도덕성 발달이론과 과정을 통해 도출할 수 있다. 유아가 어떤 기제를 통해 도덕성을 발달시키고 이러한 도덕성이 연령에 따라 어떻게 발달하는지를 알아야 도덕성 지도를 할 수 있기 때문이다. 먼저 유아의 도덕성 지도를 위해서는 도덕적 추론과 도덕적 갈등, 감정이입, 역할 수용과 조망 수용 등을 고려해야 한다.

도덕성 지도에서 고려할 요인

① **도덕적 추론**
- 유아의 도덕적 행동은 도덕적 사고의 결과
- 도덕적 추론을 증진시킬 수 있는 기회를 제공

② **도덕적 갈등**
- 도덕성 발달의 필수조건으로 상반된 주장과 권리, 관점 등이 나타나는 상황
- 상황의 상반된 관점을 인식

③ **감정이입**
- 다른 사람이 느끼는 것과 같은 감정을 느끼는 것
- 다른 사람에 대한 공감적 이해

④ **역할 수용과 조망 수용**
- 다른 사람의 관점, 생각과 느낌을 이해하고 정확하게 추론하는 것

* 출처: 이준덕, 이경우, 이은화, 김경자, 곽향림, 윤미혜, 김정준(1999).

① 귀납적 훈육

유아의 도덕성 지도를 위해 가장 중요한 원칙은 귀납적 훈육(inductive discipline)이다. 귀납적 훈육은 유아에게 왜 그렇게 행동해야 하는지를 설명하는 것으로, 타인의 감정에 주의하도록 하는 귀납적 훈육은 양심발달에 도움이 된다. 귀납적 공감에 기초한 죄의식은 도덕적 행위의 동기로 작용할 수 있기 때문이다.

귀납적 훈육은 유아에게 자신의 행동을 평가할 수 있도록 도와주고, 죄책감이나 수치심 같은 도덕적 정서를 알 수 있도록 해 주는 것이다. 유아의 잘못된 행동이 타인에게 주는 영향을 지적해서 구체적으로 알려 주고, 타인의 불편함과 스트레스의 원인이 유아 자신에게 있음을 주목하게 만드는 것이다.

② 도덕적 분위기 만들기

유아의 도덕성 발달을 위해서 유아교육기관과 가정에서 도덕적 분위기를 만드는 것은 매우 중요하다(이은화, 김영옥, 2008). 배려하기(관심과 애정 나누기), 참여하기(시간 · 에너지 · 흥미를 함께 나누기), 개방적인 의사소통(집단에 영향을 주는 문제에 대한 생각 나누기), 공동의 책임감, 의무, 칭찬과 꾸짖음을 함께 나누기 등은 도덕적 분위기를 구성하는 주요 요소들이다.

도덕적 분위기는 유아와 부모, 유아와 교사가 서로 신뢰하고 존중하는 긍정적인 '관계' 에서 출발한다. 부모와 교사는 유아의 중요한 도덕성 모델이 될 뿐 아니라, 이러한 모델이 제공하는 도덕성 지도는 유아가 부모와 교사에 대해 어떤 태도를 갖고 어떤 관계를 맺고 있느냐에 따라 그 효과가 달라지기 때문이다.

일반적으로 성인들은 유아의 잘못된 행동에 대해 야단치거나 벌을 주는 방식의 처벌적 방법을 많이 사용한다. 그러나 유아의 도덕성 지도를 위해 사용되는 이러한 처벌은 그 효과가 매우 제한적인 것으로 알려져 있다. 또한 이러한 처벌도 양육적이고 따뜻한 성인-아동 관계에서만 의미 있는 효과를 거둘 수 있다. 유아가 평소에 신뢰하고 긍정적 애착관계를 맺고 있는 사람이 처벌의 이유와 유아에게 기대하는 행동에 대해 언어적 설명을 덧붙여 일관성 있게 제공하는 경우에만 바람직한 교육적 효과를 기대할 수 있다.

도덕적 교실 만들기

도덕적 교실은 유아를 존중하고, 이들의 흥미와 감성, 가치, 생각을 존중하는 교사의 태도에서 시작한다. 교사가 통제하고 유아가 이를 따르는 일방적 관계가 아닌, 교사와 유아가 상호 존중하고 협력하는 관계에서 도덕적 분위기의 교실이 구성될 수 있다. 바람직한 도덕성 발달은 민주적 교실에서 이루어지는 것이다. 민주적 교실은 교사와 유아가 개인으로써 존중받으며, 약속을 중요하게 여기고 공정하게 실천하는 '자율적이고 협동적인' 분위기의 교실이다.

① **교실의 조직**(DeVries & Zan, 1997)
- 유아의 요구에 맞추기(생리적 요구+정서적 요구+인지적 요구)
- 또래 간 상호작용을 위한 시간과 활동 조직하기

- 유아가 책임감을 갖도록 조직하기(예: 함께 규칙 만들기)

② **활동**

- 흥미 있는 것에 몰두하게 하기(관심 있는 활동에 대한 긍정적 정서 몰입 경험)
- 실험을 장려하기(실수와 시행착오, 실험적 태도 등을 격려하기)
- 협동 증진시키기(다른 사람의 행동, 바람, 느낌, 생각 등을 고려하기)

(2) 도덕성 지도의 방법

① 행동 지도하기

유아의 잘못된 행동에 대한 손쉬운 지도방법은 처벌이다. 그러나 유아에게 주는 처벌은 처벌 자체가 공격성의 모델이 되고, 유아가 처벌적 성인을 회피하거나 좋지 못한 관계를 만들게 함으로써 바람직한 행동을 가르치고 배울 기회를 놓치게 된다. 그럼에도 불구하고 많은 부모와 교사들은 처벌받은 유아가 처벌받는 순간에 바로 순응하는 것을 보면서 처벌의 효과를 더욱 믿게 되고, 스스로 강압적 훈육을 강화하게 된다.

유아가 거짓말을 하거나 금지된 행동을 했을 때 벌을 세우거나 운동장을 달리게 하는 것 등은 대표적인 신체적 처벌이라고 볼 수 있다. 어린 유아의 경우에는 이러한 신체적 처벌의 대안으로 타임아웃을 통해 놀이장면에서 분리시키기, 생각하는 의자에 앉히기, 권리 박탈, 애정 철회 등의 방법을 사용하곤 한다. 그러나 어떠한 형식으로 주어지든지 타임아웃 역시 처벌 당사자인 유아 입장에서는 겉모습만 다른 '벌 받기'에 불과하다. 따라서 이러한 방식이 좀 더 효과를 발휘하고 유아의 도덕성 발달에 기여하려면 매우 주의해서 이루어져야 한다.

유아의 도덕적 행동지도와 관련하여 유아가 거짓말을 하는 것은 유아교육기관에서 나타나는 도덕성 지도의 대표적 상황이 될 수 있다. 영유아기의 거짓말은 발달적으로 실재와 상상을 구분하지 못하여 나타나는 것일 수도 있다. 그러나 유아가 다른 이유로 거짓말을 하는 것은 교사가 주의하여 지도할 필요가 있

유아에게 벌을 줄 때 주의하고 기억할 요인

① **벌 주는 시기**
- 즉각적인 벌이 더 효과적이에요.
  (나중에 벌을 받으면 무엇 때문에 벌을 받는지 몰라요.)
- 금지행위가 끝난 뒤가 아니라, 금지행위가 시작될 때 주세요.
  (금지행위는 행위를 한 것 자체가 보상이 될 수도 있어요.)

② **벌의 강도**
- 너무 강하지도 너무 약하지도 않은 벌을 주세요.
  (벌이 너무 강해서 잔인하고 비정상적이라고 생각하면 적대감만 들고, 들키지 않는 것에만 신경쓰게 돼요. 반대로 벌이 너무 약하면 벌을 받는 의미가 없어요.)

③ **처벌의 일관성**
- 비일관적인 처벌은 오히려 나쁜 행동에 대해 (간헐적) 강화를 하게 돼요.
  (같은 행동에 대해 벌을 받았다 안 받았다 하면 그 행동을 점점 더 하게 돼요.)

④ **벌 주는 사람과의 관계**
- 따뜻하고 애정적인 관계, 신뢰로운 관계가 먼저예요.
  (좋은 사람이 주는 벌은 공정하다고 생각해요.)
  (내가 미워서 벌을 주는 것이 아니라는 것을 알아요.)

다. 일반적으로 유아의 거짓말에 대해 지나친 벌을 주거나 공개적으로 비난하는 것은 오히려 부정적인 결과를 가져올 수 있다(조윤주, 최일선, 2004).

- 거짓말을 하는 유아의 동기와 목적에 대해 이해하고, 이를 구분하여 지도한다. 예를 들어, 관심을 끌기 위하여 혹은 현실과 구분하지 못한 상상에 의한 거짓말은 반응하지 않고 넘어갈 수 있다.

- 일상생활에서 유아의 잘못이나 실수를 수용하는 태도를 보인다. 유아는 발달하는 과정에 있으므로 완벽하지 않고, 환경에 적응하는 과정에서 '잘못된 행동'이 아닌 '실수 행동(Gartrell, 2008)'을 할 수 있다. 따라서 유아가 발달과정에서 보이는 자연스러운 실수 행동을 평가하거나 판단하지 않고 인정하고 수용하는 것이 중요하다.
- 유아가 고의로 혹은 다른 사람에게 해가 되는 의도로 거짓말을 하는 것은 나쁘다는 것을 분명하게 알려 준다. 실수 행동과 달리 의도적 거짓말에 대해서는 단호한 태도를 취하는 것이 필요하다.
- 부모나 교사가 유아의 도덕성 발달을 위한 중요한 관찰 대상이 됨을 기억하고, 바람직한 역할모델을 제공한다. 유아는 부모나 교사와 같이 자신에게 중요한 성인의 도덕적 기준을 내면화하고, 이들의 행동을 모방함으로써 도덕적 행동을 발달시켜 가는 것이다.

② 발달단계 고려하기

유아의 도덕성 지도는 발달적 특성을 고려하여 이루어져야 한다. 유아의 도덕적 추론은 발달에 따라 다르게 나타나기 때문이다. 예를 들어, 어린 유아의 규칙에 대한 이해는 나이 든 유아의 이해와 다르므로, 도덕성 지도와 관련된 장면에서의 규칙은 유아의 발달적 능력에 맞추어 복잡성 수준이 결정되어야 한다. 또한 유아의 능력에 적합한 집단을 구성하여 규칙을 잘 지킬 수 있도록 도와주어야 한다. 어린 유아는 대집단 게임에서 자신의 순서를 기다리기 어려우므로, 집단의 크기를 줄여서 활동해야 한다. 이와 함께 유아의 도덕성 발달을 도와줄 수 있는 대표적인 놀이인 '규칙 있는 게임' 역시 발달단계에 따라 단계적으로 제시하는 것이 좋다.

유아의 대표적인 도덕적 행동인 자기조절 역시 연령에 따라 다르게 접근될 수 있다. 일반적으로 어린 유아의 경우에는 유혹에 저항하고 만족을 지연하는 것이 매우 힘들고 발달적으로도 어려운 과업이므로, 부모나 교사가 이들에게 과도한 자기조절 능력을 기대하는 것은 좋지 않다. 그러나 연령이 증가하면서 유아는 자기조절을 잘 하는 것이 필요하게 되고 발달적으로도 가능해진다. 도덕적 장면에서 유아는 나름대로 유혹에 저항하기 위해 전략을 사용하기도 하지만, 부모나 교사가 적절한 전략을 가르칠 수도 있다. 예를 들어, 더 큰 보상을 얻기 위해 기다리는 동안 그림을 그리거나 책을 보는 등 다른 활동을 하도록 지도할 수 있다. 또는 자기 자신의 긍정적 자아상('나는 잘 참는 아이야')을 떠올리고, 이러한 자아상과 자신의 행동 선택, 미래의 결과 등을 연결지어 보도록 할 수도 있다. 이와 같이 발달에 적합한 전략을 가르치는 것은 유아가 만족을 지연하고 유혹에 저항하는 등의 자기통제 능력을 증진하는 데 도움이 된다.

표 9-4 ● 자기조절 지도하기(Kostelnik et al., 2009)

1. 유아에게 무엇이 옳고 무엇이 잘못되었는지 말해 주기
   "고양이 꼬리를 당기면 고양이가 다칠 수 있다."
   "장난감을 나누어 써야지."
   "훔치는 것은 나쁜 짓이야."
2. 유아에게 기대되는 기준 알려 주기
   "고양이를 부드럽게 쓰다듬어 주어라."
   "장난감을 정리하여라."
   "할머니께 가서 뽀뽀해 드려라."
3. 특정 행동 제한하기
   "그네는 5분만 더 탈 수 있다."
   "미술활동을 하기 전에 앞치마를 해야 한다."
   "소매로 닦지 말고 휴지로 닦아라."
4. 기준을 충족시키는 방법에 대하여 조언하기
   "큰 접시는 이쪽에, 작은 접시는 저쪽에 쌓으면 되겠다."
   "공을 함께 가지고 놀거나 순서대로 가지고 놀 수 있다."
   "다른 것을 생각하고 있으면 네 순서가 금방 돌아올 거야."
5. 행동의 방향 바꿔 주기
   "밖에 나가 놀아라. 실내에서 공을 차면 안 된다."
   "그 숟가락은 너무 크구나. 이것을 사용해라."
   "○○에게 가서 정말로 화났다고 말하렴. 깨무는 것은 안 돼."
6. 유아의 행동이 자신과 다른 사람에게 어떤 영향을 주는지에 대해 알려 주기
   "네가 ○○를 때렸기 때문에, ○○가 너를 때리는 거야."
   "자꾸 ○○를 귀찮게 하니까, ○○가 울잖아."
   "네가 낙엽 치우는 것을 도와주어서, 박 선생님이 정말로 고맙대."
7. 유아의 행동이 다른 사람에게 어떻게 보이는지 알려 주기
   "머리를 빗자. 사람들이 내가 너를 돌보지 않는다고 생각하겠다."
   "○○이 인사했는데, '안녕' 하고 인사하지 않으면, 네가 ○○를 싫어한다고 생각할 거야."
   "'고마워' 라고 말하지 않으면, 사람들은 네가 고마워한다는 것을 몰라."

2) 도덕성 지도 실천하기

(1) 이야기 나누기를 통한 도덕성 지도

이야기 나누기 활동은 유아의 도덕성 지도를 위해 유용하게 활용할 수 있다. 함께 모여 의견을 교환하는 시간은 사회적이고 도덕적인 문제(예: 한 아이가 사인펜 뚜껑을 닫아 놓지 않아서 잉크가 말라 못쓰게 되었을 때, 새로 준비된 사인펜을 사용하게 할 것인가? 말 것인가?)에 대해 생각해 봄으로써 도덕적 추론을 증진시킬 수 있다(DeVries & Zan, 1997). 함께 모여 이야기 나누기를 통해 규칙 만들기, 민주적 의사 결정하기, 반 전체 문제와 도덕적 딜레마에 대한 토론 등을 진행할 수 있다. 앞에서 설명한 사인펜 예시에서, 교사는 유아와 함께 새 사인펜 사용에 대한 공정한 규칙은 무엇인가를 논의하고 이러한 규칙을 유아들과 함께 만들 수 있다. 이러한 과정에서 유아들은 '처음에 사인펜 사용과 관련한 약속이 있었는지.' '사인펜 뚜껑을 열어 놓은 아이가 실수로 그런 것인지.' '이 아이에게 새 사인펜을 사용하지 못하게 하는 것이 공정한 일인지.' 등을 논의하게 된다. 이와 같이 유아들이 자신의 행동을 규제하고 영향을 줄 수 있는 규칙을 만들고 수정하는 경험은 자율적 도덕성 발달을 돕고 도덕적 추론의 수준을 높일 수 있는 좋은 기회가 될 수 있다. 또한 도덕적 갈등상황에 대한 다양한 의견과 느낌을 공유하면서, 다른 사람의 관점과 상대적 가치 등을 이해할 수 있다.

이와 관련하여 도덕성 지도를 위해 관련 주제에 대한 상황을 설정하고 이야기 나누기를 할 수도 있다(우영효, 2010). 예를 들어, '절제' 를 주제로 하는 경우, 영아반에서는 '감기에 걸렸는데 바깥놀이를 하고 싶을 때' 혹은 '치과에 다녀온 후에 사탕이 먹고 싶을 때' 등을 문제 상황으로 설정할 수 있다. 같은 '절제' 에 대해 유아반에서는 '다 같이 이야기를 들어야 하는 상황에서 장난을 치고 싶을 때' 혹은 '화가 나서 크게 소리를 지르고 싶을 때' 등을 가정해서 활동을 고안할 수 있다. 좀 더 도덕성과 연관된 주제로 '정직' 을 다룰 수 있다. 이러한 주제에서는 '교실에 있는 놀잇감을 집에 가져가고 싶을 때' 혹은 '놀이를 하다가 물건을 부수었을 때' 와 같은 상황을 제시하고 이야기 나누기나 역할놀이를 할 수 있다. 이러한 상황은 유아에게 매우 익숙하고 이해하기 쉬우므로, 유아가 정직의 개념을 이해하고 정직한 판단과 행동을 하도록 하는 데 도움이 될 수 있다.

(2) 규칙이 있는 게임을 통한 도덕성 지도

규칙이 있는 게임은 제한된 규칙에 의해 경쟁하는 놀이활동이다. 이 활동이 진정한 의미에서의 '놀이'가 되려면 게임에 참여한 유아들이 스스로 규칙을 정하고 바꿀 수 있어야 한다. 규칙이 있는 게임은 규칙 만들기와 적용, 팀의 구성과 게임결과에 대한 수용 등의 과정을 통해 유아가 규칙의 이해, 약속, 정직, 공정성, 정의 등의 주요 도덕성 요소들을 경험하고 발달시킬 수 있는 좋은 활동이다.

① 규칙이 있는 게임 준비하기

- 유아가 게임에 자발적으로 참여하도록 한다.
- 게임 규칙을 수정할 수 있도록 한다.
  - 게임 규칙을 융통성 있게 운영한다.
- 사회, 인지, 운동기술 등을 발달시킬 수 있도록 다양한 게임을 제공한다.
  예) 도미노(수개념), 글자맞추기 게임(읽기) 등
- 게임에서 이기는 것에 대해 외적 보상을 제공하지 않거나 줄인다.
- 게임 자체가 즐거울 수 있도록 한다.
  - 이기는 것에 집착하지 않고, 즐거운 마음으로 참여하는 유아는 좀 새롭고 어려운 기술을 시도하고 더 많은 능력을 발휘한다.
- 더 복잡하고 어려운 게임에 도전할 수 있도록 한다.
  - 게임의 내용과 규칙을 더 복잡하게 변화시킬 수 있도록 구성한다.

② 규칙 있는 게임 진행하기

- 게임의 특성과 유아의 능력을 동시에 고려하여 진행한다.
  - 게임 규칙의 이해는 발달적으로 다르게 나타난다.
  - 게임에 따라 필요한 능력이 다를 수 있다.
  예) 듣고 전달하기 게임은 듣기 기술과 기억력이 필요함
- 자유놀이시간에 선택할 수 있도록 다양한 게임을 제공한다.
- 게임에서 나타나는 놀이 행동을 적극적으로 관찰한다.
- 경쟁을 긍정적으로 생각하도록 지도한다.
  - 경쟁은 게임을 흥미롭게 하지만, 이기는 것만이 목적은 아님을 알린다.

- 팀 나누기는 공정한 방법으로, 유아들과 의논하여 정한다.
  - 활동에 유아가 참여하고 의견을 공유하여 공정한 방법을 찾도록 한다.

(3) 도덕성 지도를 위한 통합적 활동

유아의 도덕성 지도는 일상적 생활 경험과 놀이를 통해 이루어지는 것이 가장 바람직하다. 그러나 기관에서 이루어지는 주제나 도덕성의 특정 요소에 따라 통합적 활동을 고안할 수도 있다. 여기서는 '공정한 과정과 결과 얻기' 라는 주제로 도덕성의 한 요소인 공정성을 다루는 통합적 활동의 예시를 일부 제시하였다(이병석 외, 2010).

표 9-5 ● 도덕성 지도를 위한 통합적 활동의 예시

영 역	활동 제목	활동 내용	주 제
언어	그림책 읽기	'개와 고양이' 를 읽고 이야기 나누기 개와 고양이가 길을 가다가 고깃덩어리를 발견했다. 둘이 나눠 먹기로 하고 똑같이 반으로 나누었는데 고양이는 자기 것이 더 작다고 생각했다. 지나가던 여우에게 심판을 부탁했고, 여우는 개의 것을 한 입 먹었다. 그러자 개가 불평을 했고, 여우는 다시 고양이의 고기를 한 입 먹었다. 개와 고양이의 불평은 계속되었고 결국 여우가 개와 고양이의 고기를 다 먹어 버리게 되었다.	공정성의 개념
수 · 과학	똑같이 나누기	공정하게 나누는 방법, 다양한 측정방법에 대해 이야기를 나누고, 유아들이 제시한 방법을 종이에 써 보고 실제로 다양한 측정방법을 실험해 본다. 실험결과를 종이에 적어 보고 어떤 방법이 좋은지 이야기 나눈다.	공정한 과정
미술	친구의 신발 신어 보기	도화지 위에서 둘씩 짝을 지어 마주보고, 자신이 서 있는 곳에서 보이는 것을 카드에 적거나 말한다. 맞은편 친구의 발을 따라 크레파스로 신발을 그리고, 서로 위치를 바꾸어 친구의 신발 위에 서서 보이는 것을 다시 적거나 말해 본다.	입장 바꾸어 보기
게임	공정하지 않은 게임	두 팀으로 나누어 한 팀은 국자로, 다른 팀은 주걱으로 탁구공을 옮기는 게임을 한다. 게임이 끝난 후 규칙이 서로 다른 게임의 결과, 경험한 기분, 공정한 규칙의 필요성 등을 대한 이야기를 나눈다.	공정한 규칙

활동

▶ 관련 생활주제: 친구 ▶ 대상 연령: 만 4, 5세

어떻게 할까요?

활동목표

- 도덕적 갈등상황에 대한 자신의 견해를 말로 표현할 수 있다.
- 나와 다른 도덕적 관점을 경험하고 이해할 수 있다.

활동유형

대 · 소집단활동

활동자료

상황 그림자료

활동방법

- 도입
  - 상황 그림자료를 보여 준다.
  - 어떤 내용인지를 추론해 보도록 한다.
- 전개
  - 그림자료에 맞는 상황 이야기(우영효, 2010)를 들려준다.
  - 이야기의 주요 요소를 확인한다.
  - 이야기에 나오는 주인공의 판단(결정)을 제안하고, 설명해 보도록 한다.
  - 다양한 의견이 나올 수 있도록 진행한다.
- 마무리
  - 주인공의 행동에 대한 의견을 구분하여 정리한다.
  - 선택한 행동 자체보다 선택의 근거와 과정을 강조하여 설명한다.

이야기 1	이야기 2
• 철이는 상수와 친한 친구예요. 어느 날 상수가 장난감을 던져서 영지가 맞았아요. 선생님은 다른 친구가 장난감을 던진 줄 알고 그 아이를 혼냈어요. 철이는 상수가 던진 것을 알고 있었어요. 철이는 선생님께 사실대로 이야기해야 될까요? 철이는 어떻게 행동하면 좋을까요?	• 영이는 친구 생일 잔치에 가고 있었어요. 가는 도중에 넘어져 다리를 다친 아이를 보았어요. 그 아이는 자기를 집까지 데려다 달라고 했어요. 하지만 아이를 데려다 주면 생일 잔치에 늦어서 맛있는 음식과 재미있는 놀이를 모두 놓치게 될 거예요. 영이는 어떻게 하면 좋을까요?

확장활동

- 유사한 구조의 다양한 도덕적 갈등상황 이야기를 제시한다.
- 소집단으로 나누어 토의형식으로 진행할 수 있다.

참고문헌

송명자(1995). 발달심리학. 서울: 학지사.

우영효(2010). 영유아 인성교육의 이론과 실제. 파주: 양서원.

이병석, 이찬숙, 김경윤, 조경선, 조메리, 송은혜(2010). 영유아 인성교육. 파주: 양서원.

이은화, 김영옥(2008). 유아사회교육. 파주: 양서원.

이준덕, 이경우, 이은화, 김경자, 곽향림, 윤미혜, 김정준(1999). 도서를 이용한 어린이 도덕교육. 서울: 다음세대.

정옥분(2006). 사회정서발달. 서울: 학지사.

조윤주, 최일선(2004). 유아교육기관에서의 생활지도. 서울: 창지사.

채인선, 김은정(2005). 아름다운 가치사전. 서울: 한울림어린이.

Damon, W. (1977). *The social world of the child.* San Francisco: Jossey-Bass.

Damon, W. (1980). Patterns of change in children's social reasoning: A two-year longitudinal study. *Child Development*, *51*, 1010-1017.

DeVries, R., & Zan, B. (1997). 유아를 위한 사회 도덕성 교육(이은화, 이경우, 곽향림 공역). 서울: 창지사.

Francesca, G., & Dan, A. (2011). The dark side of creativity: original thinkers can be more dishonest. *Journal of Personality and Social Psychology*, *28*.

Gartrell, D. (2008). 가이던스에 기초한 아동생활지도(이은해, 박소연, 박진채, 송영주, 송혜린, 신혜영, 이미리, 임연진, 정선진, 최혜영 공역). 서울: 정민사.

Kostelnik, M. J., Whiren, A. P., Soderman, A. K., & Gregory, K. M. (2009). 영유아의 사회정서발달과 교육(박경자, 김송이, 권연희, 김지현 공역). 서울: 교문사.

제10장 리더십

1. 리더십 이해하기
2. 리더십 지도하기

도움을 받으면 "고마워."라고 말하렴

누군가에게 도움을 받았을 때
고마운 마음을 전하는 것이 중요해.
네 말 한마디에 상대방도 기뻐할 거야.

다른 사람의 마음을 헤아리자

언제나 기쁜 일만 있는 것은 아니야.
누구나 힘들고 슬플 때가 있지.
항상 상대방의 입장에서 생각해 보렴.
다른 사람의 마음도 헤아릴 수 있어야 한단다.

투정부리지 말고 즐거운 마음으로

하기 싫다고 계속 투정을 부려 봤자 조금도 나아지지 않아.
어차피 할 일이라면 즐거운 마음으로 하는 게 어떨까?

미래는 아무도 모르는 거야

미래에 어떤 일이 일어날지, 네 모습이 어떨지는 아무도 모르는 거란다.
그러니깐 네가 마음대로 꾸밀 수 있다는 얘기야.
네 꿈을 맘껏 펼쳐 보렴.

조금씩 조금씩 노력해 보자

한꺼번에 많은 일을 하려면 막막하지?
그럴 때는 조금씩 나눠 천천히 해보자.
하나씩 실천하다 보면 언젠가는 네가 원했던 대로 될 거야.

– 츠지 신타로(2005)

1 리더십 이해하기

리더십이란 무엇일까요? 여러분의 생각을 ○, ×에 체크해 보세요.

"리더십에 대한 오해"

첫째, 리더는 전지전능한 슈퍼맨이다. (○, ×)

둘째, 리더는 타고나는 것이다. (○, ×)

셋째, 리더는 명령하는 사람이다. (○, ×)

1) 리더십의 정의

리더십(leadership)은 역량을 가진 리더(leader)가 배(ship)를 이끌어 목적지까지 가는 것을 의미한다. 최근 리더십에 대한 개념은 지도자 한 사람에게만 국한된 능력이 아니라 보편적인 개인적 특성이며, 누구나 살아가면서 크든 작든 리더의 역할을 하고 있다고 본다(이소희 외, 2009). 또한 시대가 필요로 하는 리더는 이전의 보스 개념의 리더가 아닌 개인적 역량을 갖추고 다른 사람들과 함께 하며, 긍정적이고 원만한 대인관계를 갖춘 리더를 지향하고 있다(Covey, 2003). 리더십은 다른 사람의 마음을 변화시키고자 하는 모든 인간관계에서 발생할 수 있는 현상으로 다른 사람의 사고 · 감정 · 행동을 변화시키는 과정에서 나타나는 다양한 형태의 영향력이다(김성숙, 2009).

리더십은 특정한 소수만이 가진 뛰어난 자질이거나 역량을 의미하지 않는다. 리더십은 자신이 가진 고유한 자질을 사용하여 공동체에 유익을 위해 영향력을 발현할 수 있는 능력을 의미한다(김정효, 2006).

유아 리더십의 일반적인 개념은 유아 리더와 또래 간의 상호작용의 결과로서 유아집단의 구성원들과 함께 공유할 수 있고 영향을 미치는 것이다(김민선, 2004; 이은진, 2005). 또한 유아가 자신이 속한 다양한 관계 속에서 리더십뿐 아니라 유아가 자신의 삶을 소중하게 여기고 자신이 이루고 싶은 꿈을 위해 스스로 의지를 발휘하여 목표를 성취해 나가는 능력이라고 할 수 있다(박덕숭, 2009).

리더는 만들어진다

리더십은 선천적으로 타고나는 능력이 아니라,
후천적으로 배워서 갖게 되는 능력이다.
따라서 어느 누구도 리더로 태어나는 것이 아니라,
다만 학습과 교육에 의해 리더로 만들어지는 것이다.

* 출처: 손인춘(2003).

유아가 스스로 의지를 가지고 자신의 뜻을 이루어 나가며, 목표를 성취해 나가는 능력 및 또래집단 내에서 타인과 함께 융화하면서 집단에 영향력을 미칠 수 있는 능력을 말한다(서기남, 2009).

따라서 리더십은 누구나 가지고 있는 자질이며, 사회적 관계 속에서 자연스럽게 발휘될 수 있다. 그리고 리더십은 타고나는 것이 아니라 학습과 교육을 통해 개발될 수 있다.

2) 리더십 교육의 필요성

리더십 교육은 유아기에 시작해야 한다. 우리나라 속담에 '세 살 버릇이 여든까지 간다.' 는 말이 있듯이 리더십 교육이 인간발달 초기에 이루어지는 것이 보다 효과적이라는 관점에 기초한 것이다(Karnes et al., 1999; Mitchell, 1997). 리더십은 단기간에 습득되는 것이 아니라 지속적인 교육과 훈련, 경험을 통해 내면화되어 스스로 반성적인 사고과정이 이루어져야 하므로 전 연령기를 대상으로 하여 발달단계의 특성에 적합하게 실시되어야 한다(김미숙 외, 2006).

유아교육과정의 활동은 리더십 기술의 기초를 형성할 수 있다(Karnes & Stephen, 1999). 유아들이 속해 있는 유아교육기관, 이웃, 지역사회 등 다른 환경 내의 상황을 동일시함으로써 리더십의 잠재성을 발달시킬 기회를 만들 수 있다(Robert, 2004). 또한 계획하기, 의사결정하기 그리고 문제해결 기술은 교사들이 유아들에게 발달시킬 수 있는 리더십 기술로서 다양한 상황 속의 실제는 유능한 리더십 잠재력을 발달시킬 수 있다.

유아들은 자신과 관계를 맺고 있는 사람과의 다양한 경험 등을 통하여 리더로서 자신을 확인하며, 자신과 타인이 갖고 있는 감정에 대한 태도, 의사결정방식의 선택을 하며, 생활 속에서 발생할 수 있는 스트레스를 긍정적인 방향으로 처리할 수 있는 대인관계 기술을 발달시켜야 한다(박덕숭, 2009). 이러한 리더십 교육은 자신의 정체감을 확립하고 건전한 성격을 형성하고 자신이 처해 있는 조직 속에서 원만한 상호작용이 일어나도록 하는 데 큰 역할을 한다(김광수 외, 2003).

유아기에는 가족 이외에 또래들과의 긍정적인 사회적 상호작용을 통하여 친사회적 행동을 습득하여 사회화 과정의 기본 틀을 형성하게 된다. 3~4세 이후에는 신체적, 통제력, 물건을 취급하는 능력, 언어를 구사하는 능력이 형성되어 유아들은 또래와 함께 어울리게 된다. 이때 서로 말을 주고받으며, 또래들 중에서도 서로 마음에 드는 친구를 가려내기 시작한다. 4세가 되면 동정심, 4~7세에는 경쟁심, 5세에는 협동심이 싹트게 되고, 부모로부터 사회적 규범이나 습관을 배우며, 취학 이후에는 도덕적 판단이 형성, 발달되어 간다(박인이, 2002).

많은 학자들의 연구에 의하면, 사회적으로 유능한 유아는 또래와의 관계에서 민주적인 양상을 보이며, 타인의 감정에 귀 기울일 수 있는 사회인지적 관심을 가지고 있다(김민선, 2004). 또한 리더십이 유아기에 뿌리를 두고 있으며 정서적 특성과 관련이 있고 일차적으로 독특한 개인적 관계와 경험을 통하여 발달됨으로 리더십 교육은 지식습득과 실제상황에서 리더십을 실습할 수 있는 기회 모두를 필요로 한다고 하여 유아기 리더십 교육의 중요성을 강조하였다(Mitchell, 1997; 이은진, 2005).

이와 같이 사회가 점점 협력적 관계를 요구하고 긍정적인 타인과의 관계를 유지하기 위해서 유아 리더십 교육의 중요성은 더욱 강조되고 있다. 따라서 유아들이 타인으로부터 신뢰받을 수 있는 리더십이 필요하며, 그들이 갖고 있는 잠재력을 개발시켜야 한다.

3) 리더십의 유형

최근 유아 리더십의 유형을 살펴보면 다음과 같다. Kagan(1994)은 유아 리더십을 독단적 리더십, 지원적 리더십, 이중적 리더십, 공유적 리더십으로 구분하였다. Parten(1993)은 유아 리더를 외교관(diplomat)과 골목대장(bully)으로 구분한 바, 외교관 유형의 리더는 기교가 뛰어나고, 간접적 제안을 함으로써 또래들을 통제하는 반면, 골목대장 유형의 리더는 소수의 유아들을 자신에게 소속시키고 그들에게 폭력 등 부정적인 모습으로 지배한다(이소희 외, 2009 재인용).

박연경과 황혜정(2009)은 관계적 리더십, 조화로운 리더십, 잠재적인 리더십, 창의적인 리더십으로 분류하였고, 김성숙(2009)은 Goleman(2000, 2001, 2002)의 이론에 근거하여 유아 리더십의 유형을 다음과 같이 여섯 가지 유형으로 구분하였다.

① 전망 제시형 리더십

일상적인 놀이상황에서 전체적인 놀이의 흐름을 파악하여 놀이의 시작, 전개, 마무리를 판단하는 통찰력을 발휘하며, 친구들이 놀이에 참여하고 몰입할 수 있도록 동기를 부여하고 분위기를 조성해 주는 모습으로 놀이를 이끄는 리더십 유형이다. 이 유형은 자기확신 능력, 감정이입 능력, 변화를 촉진하는 능력과 메타인지, 창의성 요인으로 구성된다.

② 코칭형 리더십

일상적인 놀이상황에서 놀이에 참여하고 있는 친구들에게 능동적인 관심을 보이며, 친구들의 어려움을 잘 인식하여 개별적인 피드백을 통해 체계적으로 지원함으로써 놀이를 이끄는 리더십 유형이다. 이 유형은 타인 개발 능력, 감정이입 능력, 정서적 자기인식 능력과 비계 설정, 민감한 배려 요인으로 구성된다.

③ 관계 중시형 리더십

일상적인 놀이상황에서 친구들의 정서적 욕구에 민감하며, 이를 해결하기 위해 노력하고 편안하고 조화로운 분위기에서 놀이할 수 있도록 이끄는 리더십 유형이다. 이 유형은 감정이입 능력, 유대형성 능력, 의사소통 능력과 친사회적 행동 요인으로 구성된다.

④ 민주형 리더십

일상적인 놀이상황에서 친구들이 자유롭게 이야기할 수 있는 분위기를 조성하고, 모두가 합의하는 의견은 공정하게 선택하기 위해 친구들의 생각에 능동적으로 귀를 기울이며 설득력 있게 전달하는 모습으로 놀이를 이끄는 리더십 유형이다. 이 유형은 팀워크와 협동을 이끄는 능력, 의사소통 능력과 합리적 의사결정력, 도덕성 요인으로 구성된다.

⑤ 선도형 리더십

일상적인 놀이상황에서 더욱 신속하고 더 좋은 결과를 얻기 위해 자신이 앞서 놀이방법과 역할 등에 대한 시범을 보이며 친구들이 이를 따르기를 요구하며 놀이는 이끄는 리더십 유형이다. 이 유형은 솔직할 수 있는 능력, 성취동기, 주도성과 자기주장, 우월성 요인으로 구성된다.

⑥ 지시형 리더십

일상적인 놀이상황에서 자신의 생각만을 주장하고, 함께 놀이하는 친구들에게 세세한 부분까지 지시하고 통제하며 놀이를 이끄는 유형의 리더십이다. 이 유형은 성취동기, 주도성, 정서적 자기통제 능력과 지배성, 권위 요인으로 구성된다.

이와 같이 유아 리더십의 유형은 학자마다 다양하게 분류하고 있으나 유아 리더십의 대표적인 유형을 다음과 같이 소개할 수 있다(박덕숭, 2009).

(1) 셀프 리더십

셀프 리더십(Self Leadership)이란 스스로 자기 영향력을 행사하기 위해 사용되는 사고 및 행동 전력을 일컫는다. 즉, 스스로 자신을 이끌어 나가기 위해 스스로의 생각과 행동을 변화시켜서 자신의 목적을 달성해 나가는 과정과 책임 있는 행동이라 말할 수 있다.

유아 셀프 리더십의 특성은 유아가 스스로 의지를 가지고 자신의 뜻과 목표를 성취해 나가는 능력과 또래집단 내에서 타인과 함께 융화하면서 집단에 영향력을 행사할 수 있는 능력이다. 현대사회에서 가장 적합한 리더는 스스로를 이끄는 사람이다. 진정한 리더십은 외부로부터가 아닌 인간 내부로부터 비롯된다는 시각에서 출발한다. 외부적 리더십의 작용은 잘 하면 사람들에게 내부의 셀프 리더십에 동기를 부여하거나 지원을 해 주지만, 오히려 내부과정의 혼란을 일으켜 그들의 열의나 창의성을 저해한다. 셀프 리더십은 스스로 자신을 이끌어 나가기 위해 취하는 책임 있는 행동이라는 관점에서 많은 시사점을 제공한다.

(2) 서번트 리더십

서번트 리더십(Servant Leadership)은 단어 그대로 조력자로서의 리더십을 발휘하는 것으로 끝없는 사랑형 리더로서 조직은 지배하려 하지 않고 신뢰로 이끌어 가는 리더십을 말한다. 기존의 리더십이 조직 구성원의 앞에서 조직 구성원을 이끄는 역할을 하였다면, 서번트 리더십은 조직 구성원의 일체화와 공감대 형성을 통하여 조직목표를 달성하는 것이다. 조력자로서의 서번트 리더는 기본적으로 방향 제시자, 파트너, 지원자의 세 가지 역할에 중점을 두고 구성원들을 리드해 나가는 특성이 있다. 특히 오늘날 같이 다원화되고 복잡한 사회에 적용해야 할 리더십으로 서번트 리더십이 주목받고 있다.

(3) 공유적 리더십

공유적 리더십(Shared Leadership)은 협동활동 시 구성원들과 리더십을 공유하는 것으로 협력을 통해 리더십이 다양해지고 리더의 역할도 경우에 따라 달라지는 것을 의미한다. 공유적 리더십에도 주어진 상황에서 탁월한 존재로 한 사람이 드러날 수 있으나 그것은 일시적인 현상이다. 공유적 리더십은 자신이 소속해 있는 그룹에는 구성원들과 문제를 공유할 뿐 아니라 구성원 스스로가 그룹 활동에 참여하는 태도와 성향을 의미한다.

새로운 시대의 리더는 때와 장소에 맞추어 리더와 추종자의 역할을 바꿀 수 있는 사람이다. 따라서 유아들도 때에 따라 역할이 달라질 수 있다는 것과 적절한 상황에서 자신의 역할을 바꿈으로써 상황에 대처하는 능력을 학습할 필요가 있다. 현대사회의 유아에게 필요한 리더십은 리더와 추종자의 역할을 동시에 수행하며 타협과 협상, 결단력, 문제해결력, 합의 등의 사회적 기술 능력에 바탕을 두어야 한다(Kagan, 1994).

2 리더십 지도하기

1) 리더십 교수-학습 방법

유아의 리더십을 발달시키기 위한 효과적인 방법으로 '활동-관찰-반성의 순환적 모델'을 들 수 있다(Hughes, Ginnett, & Curphy, 1993). 이 모델은 계속된 경험 속에서 한 개인이 행한 활동은 어떤 일이 일어났는지의 결과와 그것이 다른 사람에게 준 영향을 알아보는 과정, 그것들에 대해서 느끼는 감정이 어떤 것인지를 반성하는 과정을 통하여 리더십이 획득되는 것이다(최창욱, 2000). 이 모델을 적용하여 앞서 살펴본 리더십 유형의 교수-학습 방법을 제시하면 다음과 같다.

(1) 셀프 리더십 교수-학습 방법

셀프 리더십은 누구에게나 잠재되어 있는 능력으로 학습을 통하여 발휘될 수 있다. 유아가 유아교육기관 및 자신의 일상생활에서 셀프 리더십을 발휘할 수 있도록 지도하는 것이 중요하다. 유아 셀프 리더십이 향상될 수 있도록 활동의 교수-학습 방법을 제시하면 다음과 같다(정유정, 2007 재인용).

① 계획하기

유아에게 스스로 계획하는 기회를 제공함으로써 유아 스스로 목표를 설정하는 데 의의가 있다.

② 선택하기

유아 스스로 자신의 활동을 결정하는 기회를 부여한다. 즉, 사소한 문제에서부터 중요한 문제까지 자유롭게 선택할 수 있는 기회를 줌으로써 자기조절의 기회를 형성한다.

③ 협력하기

문제해결을 위해 서로 도우면서 공동의 목표를 달성하는 것으로 타인의 생각과 교류할 수 있는 풍부한 학습기회를 제공한다.

④ 또래 가르치기

학습에 자신 있는 유아가 그 학습에 익숙하지 않은 다른 또래를 가르치고 돕는 방법으로 바람직한 교실 분위기를 만드는 핵심이며, 서로의 사고를 강화할 수 있는 매우 중요한 활동이고 신뢰감을 기를 수 있는 방법이다.

⑤ 평가하기

유아가 활동을 통해 느끼는 자신의 감정을 솔직히 표현하도록 하거나 활동의 진행속도를 새롭게 조정하여 활동이 원활하게 이루어지도록 모색해 보는 과정이다. 평가하기는 자기평가와 또 다른 계획을 위한 목표 설정으로 비판적이고 창의적인 사고 기술을 강화시킨다.

⑥ 또래와의 피드백 주고받기

유아가 또래와 함께 묻고, 답하고, 서로의 생각을 주고받는 일련의 피드백을 통해 다른 사람의 관점을 파악하고 열려진 마음을 갖게 된다.

⑦ 질문 및 언어적 의사소통하기

유아의 발달적인 수준과 흥미를 고려하여 질문과 같은 언어적 의사소통 방법을 주로 사용한다. 지시가 아닌 질문을 사용함으로써 유아는 책임감을 갖게 되고 자신의 목적을 지닌 학습을 하게 되며 자신의 경험을 구체화할 수 있게 된다.

(2) 서번트 리더십 교수-학습 방법

서번트 리더십은 이타적이고, 친사회적인 행동과 도덕적 행동 특성을 많이 포함하고 있으며, 다른 사람을 돕고, 위로하고 방어해 주고 나누는 이타적인 행동은 유아기부터 나타나는 능력이다(Greenleaf, 1991).

서번트 리더십 교육의 목적은 유아들이 어려서부터 목표의식을 가지고 자기관리를 하며 친사회적인 대인관계 능력을 신장하여 성공적인 삶을 살도록 돕는 것, 즉 자기관리와 대인관계 능력의 신장이다(박덕승, 2009). 이를 위한 유아 서번트 리더십 교수-학습 방법은 학습자인 유아의 특성을 고려하고 흥미를 끌 수 있는 적절한 방법으로 실시하여야 한다.

유아의 자기조절력과 사회인지의 발달, 도덕적 행동의 발달, 의사소통의 발달에 서번트 리더십이 효과적이라고 밝혀진 최남례(2006)의 내용은 〈표 10-1〉과 같다.

표 10-1 ● 서번트 리더십의 구성요소와 내용

<table>
<tr><th colspan="2">구성요소</th><th>내 용</th></tr>
<tr><td>비전 제시</td><td>목표 세우기</td><td>하고 싶은 일을 미리 계획하고 실천한다.</td></tr>
<tr><td rowspan="3">사람에 대한 존중</td><td>배려하기</td><td>다른 사람에게 방해나 폐가 되지 않게 행동한다.</td></tr>
<tr><td>존중하기</td><td>사람은 서로 다르다는 것을 알고 존중하며 부모님이나 어른께 공손하게 대하고 존댓말을 쓴다.</td></tr>
<tr><td>들어주기</td><td>중간에 말을 자르거나 끼어들지 않는다.</td></tr>
<tr><td rowspan="3">성장하도록 지원</td><td>나누기 (양보)</td><td>물건(놀잇감, 학용품, 음식물 등)을 나누어 쓰고 서로 양보한다.</td></tr>
<tr><td>격려하기</td><td>새로운 기술이나 진보를 축하해 준다.</td></tr>
<tr><td>도와주기</td><td>도움이 필요한 사람을 자발적으로 돕는다.</td></tr>
<tr><td rowspan="2">공동체 형성</td><td>설득하기</td><td>다른 사람의 의견에 차이가 있음을 알고 논의하여 조정한다.</td></tr>
<tr><td>협력하기</td><td>협력해야 함을 실천한다.</td></tr>
</table>

출처: 최남례(2006).

(3) 공유적 리더십 교수-학습 방법

공유적 리더십은 협동활동 시 구성원들과 리더십을 공유하는 것이다. 공유적 리더십 프로그램을 실시하기 위해서는 주별 교육과정에 짧게 교수활동을 추가하거나 리더십을 강조하는 주제를 선택할 수 있고, 형식에 개의하지 않고 리더십과 관련된 목표를 선택하는 것으로 시작할 수 있다(박덕승, 2009).

공유적 리더십이 잘 드러나 있는 책

이 책에서 가족들은 여러 가지 위기상황을 극복해 가는 과정에서 협력한다. 가족들은 곰 사냥이라는 문제와 문제해결 과정, 결과를 공유하며, 곰 사냥을 위한 과정에서 일시적인 개별적 리더 역할을 하기도 한다.

▸▸ 곰 사냥을 떠나자
마이클 로젠 글,
헬렌 옥슨버리 그림,
공경희 옮김/시공주니어/1994

유아의 공유적 리더십을 증진시키기 위한 프로그램의 내용을 살펴보면, 〈표 10-2〉와 같다(황성원, 사영숙, 이성희, 조정신, 2008). 공유적 리더십 교수-학습 방법에서는 단순한 지식의 전달보다는 체험을 통한 태도의 형성이 효과적이다. 따라서 효과적으로 가르칠 수 있는 좋은 매체로서 게임, 동화, 역할놀이, 시청각 수업 등을 다양하게 활용할 수 있다.

표 10-2 ● 공유적 리더십 프로그램

구성요소	정의	목표
목표달성 능력	• 유아가 스스로 선택한 활동을 주도적으로 계획하여 끝까지 완성하는 능력 • 과제를 완성한 결과를 예측하며, 관심과 흥미가 있는 활동은 집중하여 평소보다 과제를 많이 하려고 노력함	• 과제를 완성하려 노력하기 • 놀이계획을 하고 활동을 선택하기 • 잘할 수 있는 일에 적극 참여하기 • 관심 있는 것(놀이, 활동)에 집중하기 • 주어진 과제보다 더 하기 • 정해진 규칙 잘 지키기 • 행동의 결과 알기 • 어려운 활동이라도 참고하기
재창조 능력	• 유아는 주어진 환경이나 여건에 영향을 받지만 자신을 부단히 변화시켜 가는 능동적 존재 • 친구나 타인을 설득하고 자신이 하고 싶은 것을 명확히 표현하여 자신의 내면적인 변화를 스스로 해 갈 수 있는 능력	• 쾌활하게 친구들과 즐겁게 지내기 • 친구들이 많이 모인 곳에서도 재미있게 말하기 • 낯선 사람에게 관심을 갖고 이야기하기 • 친구나 다른 사람 설득하기 • 유머감각 기르기 • 다른 사람의 마음 이해하기 • 자신의 의견을 분명하게 표현하기
통솔력	• 유아 자신의 미래와 현재, 생각과 감정을 조절하는 능력 • 통솔력이 높은 유아는 새로운 과제나 일에 호기심이 많아 도전적인 과제를 좋아함	• 미래의 되고 싶은 모습 갖기 • 노력하면 하고자 하는 일(꿈, 희망)을 이룰 수 있음을 알기 • 창의적이고 독창적으로 생각하기 • 자신의 생각, 느낌을 소중히 여기기 • 새로운 것에 대해서 호기심 갖고 도전하기
인간관계 능력	• 또래관계뿐 아니라 부모, 교사 등의 성인과의 관계도 원만함 • 유아 자신이 기본적 감정 조절을 하지만 타인의 말과 생각을 존중하고 친구들을 솔직하게 대함	• 친구의 입장을 생각할 줄 알기 • 모든 친구를 공정히 대하기 • 다른 사람의 말과 생각을 존중하기 • 자신의 기분과 감정을 조절하기 • 솔직하게 말하기 • 친구를 잘 사귀기

출처: 황성원, 사영숙, 이성희, 조정신(2008).

2) 교사의 역할

유아 리더십 교육에 있어서 교사는 중요한 영향력을 미친다. 이때 교사의 역할은 교육과학기술부(2009)가 제시한 유아의 발달을 촉진하고 미래를 준비시킬 수 있는 유아 교사의 일반적인 역할과 비교할 때 특히 교육과정 설계자, 일과 계획 운영자, 상담자 및 조언자, 생활지도자, 현장 연구자, 의사결정자의 역할을 강조할 수 있다. 이를 자세히 살펴보면 다음과 같다(이소희 외, 2009).

① 교육과정 설계자

유아교육이론과 실제를 토대로 유아의 능력에 적합하면서 지역사회 및 기관에서 중요하다고 여기는 가치나 신념 등을 반영하여 '왜, 무엇을, 어떻게, 어느 수준과 범위로 가르치고 평가하느냐'를 계획하여야 한다.

② 일과 계획 운영자

연간 · 월간 · 주간 교육계획에 의거하여 체계적이고 구체적인 일과를 계획하고 융통성 있게 일과를 수행하여야 한다. 특히 유아는 환경과의 적극적인 상호작용을 통해 많은 것을 학습하므로 교사는 적합한 환경 및 학습활동을 계획해야 하고, 유아가 활동에 참여할 때 지속적으로 관찰하고 적절한 개입과 의사소통을 해야 한다.

③ 상담자 및 조언자

유아와 상호작용하면서 정서적으로 지원해 주는 보호자 역할을 하여야 한다. 유아가 정서적으로 안정감을 느낄 수 있는 물리적 환경 및 심리적 분위기를 조성하기 위해 교사는 가정과 같이 편안하고 안락하며 일관성 있는 환경을 통해 예측 가능한 환경을 마련해 주어야 한다. 특히 유아들이 갖는 불안이나 실패에 대한 두려움을 수용하고, 유아가 자신감을 갖고 활동에 참여할 수 있도록 격려해 주고, 유아들이 활동에 몰두하고 있을 때에는 적절한 격려를 해 주어 성취감을 느낄 수 있도록 해야 한다.

④ 생활지도자

유아가 지켜야 할 예절이나 질서 또는 규칙에 대해 올바른 습관을 형성하도록 지원하여야 한다. 이를 위해 교사는 예절이나 질서 또는 규칙이 필요한 상황에 대해 생각하고, 토론하며, 결과를 추측해 볼 수 있는 기회를 제공하여 유아 스스로 자신과 타인을 고려한 행동이 무엇인가를 올바르게 판단하고 실천하도록 도와주어야 한다.

⑤ 현장 연구자

유아교육 현장에서 부딪히는 실제적인 문제상황을 해결하기 위해 노력하거나 새로운 이론 및 활동을 현장에 적용하여야 한다. 이를 위해 교사는 유아와의 상호작용에서 문제상황에 직면할 때, 이러한 문제를 현장 연구의 적합한 자료로 활용할 수 있어야 하며 가장 적합하다고 생각하는 해결방안을 적용하고 분석할 수 있어야 한다.

⑥ 의사결정자

유아교육 현장에서 일어나는 모든 일에 대해 전문적으로 판단하고 결정을 내릴 수 있어야 한다. 이를 위해 교사는 항상 유아들을 관찰하고 기록해야 하며, 이를 프로그램 수정 시에 반영하고, 기본적인 프로그램이 설정되면 언제, 어디에서, 어떻게 상호작용할 것인지를 결정하여야 한다.

3) 리더십 평가

유아 리더십 평가는 유아가 지닌 잠재력과 발휘할 수 있는 가능성을 파악하기 위한 것이다. 유아교육기관에서 생활하는 전반적인 교육활동에서 유아의 리더십을 측정할 수 있다. 이채호와 최인수(2008)는 유아 리더십 개념을 놀이상황에서 또래와 함께하는 놀이를 촉진하고 친구들을 배려하고 평가함으로써 놀이에 몰입할 수 있게 도와주는 능력으로 정의하고 유아 리더십을 주도성(1~7번), 사교성(8~13번), 민감성(14~17번), 몰입(18~20번)의 4개 요인으로 구성된 20개 문항의 질문지를 개발하였다. 이는 교사용 유아 리더십 평가도구이며, 질문 내용은 다음과 같다.

표 10-3 ● 교사용 유아 리더십 평가도구

번호	질문 내용	전혀 그렇지 않다	그렇지 않다	보통 이다	그렇다	매우 그렇다
1	○○는 새로운 친구를 쉽게 잘 사귄다.	1	2	3	4	5
2	○○는 놀이에서 다른 친구들이 어려움을 겪는지 걱정한다.	1	2	3	4	5
3	○○는 말이나 행동으로 다른 친구에게 즉각적인 반응을 얻어내는 방법을 알고 있다.	1	2	3	4	5
4	○○는 놀이 중에 규칙을 어긴 유아에 대해 불평한다.	1	2	3	4	5
5	○○는 친구들 사이에서 주도적인 역할을 한다.	1	2	3	4	5
6	○○는 유아들 간에 다툼이 일어나면 중재를 한다.	1	2	3	4	5
7	○○는 기존의 놀이규칙을 새롭게 만들어 논다.	1	2	3	4	5
8	○○는 친구들에게 자신의 의견을 명확히 표현한다.	1	2	3	4	5
9	○○는 놀이 중에 다른 친구를 끼워 주거나 뺀다.	1	2	3	4	5
10	○○는 놀이를 하기 전 다른 유아에게 함께 놀자고 제안한다.	1	2	3	4	5
11	○○는 새로운 친구를 쉽게 잘 사귄다.	1	2	3	4	5
12	○○는 놀이에서 친구들과 "잘하자."라고 자주 격려한다(예: 파이팅, 아자).	1	2	3	4	5
13	○○는 놀이를 긍정적으로 받아들인다.	1	2	3	4	5
14	○○는 친구들의 제안을 긍정적으로 받아들이는 편이다.	1	2	3	4	5
15	○○는 어려움에 처한 친구를 잘 돕는다.	1	2	3	4	5
16	○○는 다른 교사나 친구들의 감정을 잘 이해하는 편이다.	1	2	3	4	5
17	○○는 친구들이 함께 놀고 싶어 한다.	1	2	3	4	5
18	○○는 혼자서도 잘 논다.	1	2	3	4	5
19	○○는 다른 유아들이 시끄럽게 떠들어도 자신이 하고 있는 놀이나 일에 잘 집중한다.	1	2	3	4	5
20	○○는 단체놀이에 잘 참여하고 협조적이다.	1	2	3	4	5

4) 리더십 교육 실천하기

(1) 리더십 교육 목표

유아 리더십 교육의 목표는 영아기부터 일상생활 속에서 맺게 되는 다양한 인간관계를 통하여 자연스럽게 리더십을 발휘할 수 있어야 한다. 즉, 유아들이 자신에게 주어진 문제상황을 해결하기 위한 능력과 자질을 갖추고 나아가 협력할 수 있도록 한다.

유아 리더십 교육은 모든 유아들이 리더십을 발휘할 수 있다는 것을 전제로 해야 하며, 그들이 발휘하는 리더십은 그 영향력이 얼마나 크고 작은지의 문제보다는 유아가 함께 놀이하는 친구의 마음을 변화시키기 위해 구성원과 상황을 적절하게 인식하고, 어떤 방식의 리더십 유형을 사용하고 있는지에 주목할 필요가 있다(김성숙, 2009). 유아 리더십 발달에 영향을 미치는 또래 간의 상호작용은 주로 놀이를 통해 이루어지며, 유아들은 놀이상황에서 자신이 원하는 방향으로 놀이를 진행시키기 위해 다양한 모습으로 리더십을 발휘할 수 있다.

이를 위한 유아 리더십 교육이 갖는 구체적인 목표는 다음과 같이 제시할 수 있다(이소희 외, 2009).

첫째, 전체적인 문제상황을 체계적인 사고와 분석을 통해 판단함으로써 적절한 목표를 설정하는 능력을 기른다.

둘째, 자신의 능력을 인식하고 이를 최대한 계발 및 활용함으로써 주어진 문제를 주도적으로 해결하는 능력을 기른다.

셋째, 문제상황에 처해 있는 친구들을 적극적으로 지원함으로써 모두 함께 문제를 해결할 수 있도록 배려한다.

넷째, 친구들의 정서적 욕구에 민감하여 이에 적절하게 반응함으로써 조화로운 분위기를 형성한다.

다섯째, 합리적으로 문제를 해결하기 위해 친구들의 생각을 경청하고 가능한 많은 사람들이 합의하는 방식으로 문제를 해결한다.

여섯째, 함께하는 친구들의 장점을 인식하고 이를 활용함으로써 서로 더욱 성장·발전할 수 있는 기회를 가진다.

(2) 리더십 교육활동방법

유아 리더십 교육활동은 놀이를 통해 또래관계에서 의견을 나누고 서로 함께 변화를 주도할 수 있도록 제안해야 한다. Bisland(2004)는 리더십 교육활동을 다음과 같이 제안하고 있다(이명숙, 조희정, 2005).

① 위인들의 전기

유아는 과거의 리더들에 대한 전기를 읽거나 들음으로써 지혜를 얻을 수 있다. 이러한 과거에 리더들이 이룬 것을 분석함으로써 유아는 다양한 리더십 스타일과 특성을 발견한다. 교사는 다른 인종적 배경과 권력을 갖고 있는 다양한 리더를 소개하는 책을 선택한다. 유아는 각각의 리더들이 존경받는 이유에 대해, 리더들이 갖고 있는 긍정적인 특성이 무엇인지 그리고 각각의 리더들이 리더가 되는 길에서 극복한 장애물은 무엇인지를 토론하는 것에 참여한다.

② 리더십 특성에 대해 브레인스토밍하기

유아는 리더들이 소유한 특성을 이해해야 한다. 리더의 특성을 이해한 후에, 그들 스스로는 물론 다른 유아들과 어른들의 특성을 알아보기 시작할 것이다. 유아는 친절함, 지능, 문제해결, 의사소통, 협력, 정직, 공정함 그리고 확신과 같은 공통적인 특성에 대해 들어볼 필요가 있다. 유아는 특성을 기억하도록 하기 위해서 각각의 단어를 다른 모양으로 이동시키거나, 각각의 자질을 보여 주는 사람의 포스터를 만들거나 또는 정도를 기억하도록 하기 위해 노래와 리듬을 만든다.

③ 리더십 소책자

리더십 단원에 대해 학습하는 동안 유아는 그들이 학습한 각각의 리더들에 대한 기록과 리더십에 필요한 아이디어 목록을 남긴다. 교사는 유아들에게 그 리더가 왜 유명한지, 그 리더가 존경받는 특징이 무엇인지 그리고 그들 자신의 삶 속에서 그 특별한 리더의 어떤 점을 닮아 배울 수 있는지를 묻는다. 유아들은 리더와 그들의 업적을 글로 쓰기보다는 그리기를 통해 기록으로 남길 수 있다.

④ 파트너 의사결정 시나리오

유아는 다른 관점으로 보도록 격려되어야 한다. 감정과 아이디어에 대해 말해봄으로써 유아는 그들 스스로를 이해하고 그들의 행동을 다른 사람들에게 어떻게 영향을 미칠지를 이해하기 시작할 것이다. 교사는 유아들이 윤리적 결정을 하거나 누군가의 관점을 고려하도록 요구하는 연령에 적합한 짧은 시나리오를 고안해야 한다.

⑤ 집단 역동성

유아는 가능한 한 빨리 다른 사람들과 작업하는 것을 학습할 필요가 있다. 협력을 촉진시키는 한 가지 방법은 유아들에게 집단 속에서 프로젝트를 하도록 요구하는 것이다. 유아들은 3~5명의 소집단으로 나눈다. 각각의 집단은 다양한 관련 없는 자료들을 준다. 이러한 활동은 집단 의사결정, 의사소통, 팀 작업의 발달을 촉진시킨다.

⑥ 리더십 게임

리더십 기술을 발달시키는 한 가지 게임은 기억 게임이다. 교사는 유아들과 연구한 각각의 리더들에 대한 2개의 카드를 만든다. 게임을 할 때 유아들은 과거와 현재의 리더들의 이름과 얼굴에 친숙해지기 시작할 것이다.

⑦ 동화

유아들이 리더십의 개념과 리더의 특성에 우선 친근해지면 전기보다는 다른 책 속에서 리더들을 알기 시작한다. 동화와 우화 그리고 평범한 유아들의 이야기는 효과적인 리더들의 많은 예들을 포함한다. 이야기를 읽은 후에, 유아들은 리더를 확인하고 각각의 리더들이 가지고 있던 특성을 토론한다. 동화 또한 긍정적이고 부정적인 리더들을 토론할 기회를 제공한다.

⑧ 미래와 연계하기

유아는 리더들의 삶에 리더십에 대한 새로운 정보를 적용시킬 많은 기회를 갖게 된다. 다양한 직업 분야에 있는 리더들에 대해 탐색한 후에, 유아는 그들이 자랐을 때 하게 될 일에 대한 글을 쓰거나 그림을 그릴 수 있다. 유아는 또한 그들이 자신의 학교, 공동사회 또는 종교적 활동 속에서 어떻게 리더가 될 것인지를 묘사하는 리더십 도덕성에 대해 계속에서 논의해야 한다. 리더십 연계를 강조하는 다른 활동에는 역할놀이, 외부 인사의 얘기, 팀 형성, 모의실험 등을 포함시킨다.

⑨ 부모와 협력하기

교사는 부모에게 결정적인 사고와 평가 기술을 발달시키기 위해서 가능한 한 많은 결정을 할 수 있는 활동과 가족 휴가계획에 유아를 참여시킴으로써 일상생활 속에서 리더십 기술을 실행해 볼 수 있도록 많은 기회를 제공하도록 해야 한다. 현재 사건에 대한 가족 토의는 유아의 독립적인 사고 능력과 의사결정 능력을 향상시킨다.

활동 1 ▶ 관련 생활주제: 정서이해와 표현 ▶ 대상 연령: 만 5세

기쁨 주고 사랑받기

활동목표

- 다른 사람에게 기쁨을 주는 말과 격려하는 말이 무엇인지 안다.
- 긍정적인 언어습관을 통해 사회적 관계 형성 능력을 기른다.

활동유형

소집단활동(미술)

활동자료

기쁨공(사랑공), 샌드페이퍼, 크레파스, 활동지

활동방법

- 모두 동그랗게 둘러앉은 후 한 명이 다른 친구에게 공을 굴리면서 그 친구의 장점을 이야기한다.
  - 친구의 좋은 점을 생각해 볼 수 있도록 하고, 모두에게 한 번씩 공이 갈 수 있도록 교사가 진행한다.
- 교실에 동그랗게 둘러앉는다. 공(기쁨공, 사랑공)을 굴려 친구들에게 보낸다.
  - "우리가 이 공을 친구에게 굴려서 줄 거예요. 지금은 자기가 원하는 친구에게 보낼 수 있고, 공이 친구에게 굴러가는 동안 나는 왜 그 친구가 좋은지, 어떤 점이 그 친구의 장점인지 이야기해 주세요."
- 공을 주는 차례가 골고루 돌아갈 수 있도록 진행을 돕는다.
  - "우리가 생각하는 친구들의 장점이 이렇게 다양하네요."
- '따로, 또 같이 그리기' 활동을 통해서 함께 작품을 만들어 보고 느낌을 이야기해 보는 경험을 갖는다.

- 샌드페이퍼를 인원수에 맞춰서 모아 붙인다.
- 큰 그림으로 물고기, 구름, 자동차 등의 밑그림을 그려 준다(흰색 크레파스로).
- 한 장씩 따로 떼어서 나누어 준 후 크레파스로 자유롭게 꾸미도록 한다.
- 각자 그린 그림을 다시 처음처럼 모아서 큰 그림을 완성한다.
- 그림을 맞춰 보고 그림이 따로 있을 때와 함께 모았을 때의 느낌을 나누고 이야기를 나누어 본다.
- "따로 그림을 그렸을 때와 함께 모아서 하나의 그림을 완성해 보니 느낌이 어때요?"
- "함께 모은 그림은 제목을 붙여 본다면 어떤 것이 될까요?"
  (반드시 샌드페이퍼가 아니어도 되며 전지나 큰 종이를 잘라서 사용할 수 있다.)

- 친구들과 함께 게임을 하거나 만들기를 할 때의 기쁨에 이야기를 나누고, 서로를 격려해 줄 수 있는 말을 생각해 본다.
  - "우리가 어떤 일을 혼자서 할 때와 함께하는 것이 어떻게 다른지 이야기해 보세요."
  - "친구들과 게임을 하거나, 만들기를 하면 어떤 기분을 느끼죠?"
  - "함께할 때는 서로에게 어떤 이야기로 기쁨을 주거나 격려해 줄 수 있을까요?"
    "그래요. 이렇게 기쁨을 주거나 격려해 주는 말들은 서로의 관계를 더 좋게 해 주는 역할을 해요. 여러분들도 가족이나 친구들과 함께 무슨 일을 할 때에는 격려의 말과 기분 좋게 하는 말을 사용해 보도록 해요."

확장활동

- 가정에서도 앞과 같이 서로를 격려하는 말을 실천해 보고, 그 말을 들은 가족의 반응을 살펴본 후 이야기를 나누어 본다.

유의사항

- 유아들이 함께하는 즐거움을 느낄 수 있도록 교사가 활동을 진행할 때 격려하는 말을 많이 사용함으로써 모델링이 될 수 있도록 해 주세요.
- 유아의 활동성을 보고 적절한 구호나 신체표현을 사용해 보세요.

활동 2

▶ 관련 생활주제: 정서이해와 표현 ▶ 대상 연령: 만 5세

또 다른 이야기

활동목표

- 동화에 나오는 등장인물의 입장이 되어 이야기해 본다.
- 다른 사람의 입장이 되어 봄으로써 상대방의 마음을 이해하고 배려하는 기회를 갖는다.

활동유형

요리

활동자료

신나는 음악, 삶은 달걀, 이쑤시개, 색종이, 테이프, 풀, 필기도구, 가위, 활동지

활동방법

- 두 명씩 짝을 지어서 서로가 거울이 되어 포즈를 취하거나 춤을 추는 게임을 해 본다.
  - 한 명의 친구가 술래가 되어 거울이 되면 다른 친구가 재미있는 포즈를 취해 보거나 춤을 추고, 술래가 된 친구는 그것을 똑같이 해 본다.
  - 차례대로 술래를 바꾸어 게임을 진행해 본다(신나는 음악을 틀어 준다).
- 유아들이 잘 알고 있는 전래동화 '흥부놀부', 명작동화 '아기돼지 삼형제' 등을 들려준다(유아들이 잘 알고 있는 동화면 어떤 것이라도 활용할 수 있다).
- 줄거리에 대해서 이야기를 나누고 등장인물에 대해서 이야기를 나눈다.
  - 각 등장인물이 되어서 자신을 이야기해 본다.

    "여러분이 '흥부놀부'의 놀부라면 왜 흥부에게 그런 행동을 했을지 생각해 보세요."

"여러분이 '아기돼지 삼형제' 의 늑대라면 왜 아기돼지들을 잡아먹으려고 했을지 생각해 보세요."

"이렇게 서로의 입장이 되어 보면 다르게 생각할 수도 있네요. 이렇게 어떠한 상황이 벌어졌을 때 다른 사람의 입장이 되어서 생각해 보는 일은 중요한 것 같아요."

- 다른 사람의 입장을 생각하고 배려하는 것을 바탕으로, 서로를 위해 정성껏 요리를 해서 선물해 준다.
  - 요리활동을 설명한다.
  - 삶은 달걀을 반으로 잘라서 그 위에 이쑤시개와 종이를 가지고 돛을 만들어 달걀배를 만든다.
  - 이때 돛을 여러 가지 재료를 이용하여 선물할 사람에게 하고 싶은 이야기를 쓰고 멋지게 꾸며 본다.
  - 만든 요리를 사진으로 찍어서 활동지를 꾸민다.
  - 선물하고자 하는 친구의 입을 향해 항해를 시작한다('~ 쏘옥' 이라고 말하면서).

확장활동

- 가정에서도 앞과 같은 요리를 해서 가족 구성원에게 선물해 보고 느낌을 이야기해 본다.

유의사항

- 앞에 제시한 동화 이외에도 아이들이 쉽게 공유할 수 있는 이야기나 영화내용을 갖고 활동을 전개할 수 있다.
- '배려' 는 다른 사람에 대한 이해에서부터 시작된다.
- 다른 사람의 입장을 이해한다는 것은 결코 쉬운 것이 아니다. 쉬운 예부터 시작하여 조금씩 더 깊이 타인을 이해하고 배려하는 연습이 필요하다.
- 활동을 진행할 때 '너의 생각은 어떠니?' '그럼 다른 친구의 생각은 어떤지 궁금하구나.' 라는 식으로 교사가 먼저 '배려' 하는 말과 행동을 보여 준다.

활동 3

▶ 관련 생활주제: 정서이해와 표현 ▶ 대상 연령: 만 5세

너의 말을 들어줄게

활동목표

- 자신의 감정이나 생각을 바르게 표현하는 방법을 안다.
- 다른 사람의 말, 표정, 행동을 보고 그 사람의 감정, 기분, 생각을 알 수 있다.
- 다른 사람의 이야기를 경청할 수 있다.

활동유형

게임

활동자료

표정카드, 활동지, 말 전달하기 게임 쪽지

활동방법

- 각 모둠마다 사람의 각기 다른 표정을 나타내는 그림카드를 5개씩 나누어 준다.
- 카드를 1개씩 갖고 카드에 나와 있는 사람의 표정과 같은 표정을 지어 보도록 한다.
- 카드를 가운데에 뒤집어서 모아놓고 차례로 한 사람이 카드를 뒤집어 그 표정을 지으면, 다른 사람들이 어떤 표정인지, 그 표정을 지을 때 기분은 어떤지, 어떨 때 그러한 표정이 나오는지 서로 이야기를 나눈다.
- 나를 나타내는 것은 말뿐 아니라 표정, 행동, 분위기 등이 있음을 알려 준다.
- 다른 사람의 말을 경청하는 방법과 내 생각을 말로 잘 표현할 수 있는 방법에 대해서 이야기를 나눈 후 활동지를 완성한다.
- 내가 이야기할 때 다른 친구들이 어떻게 들어주면 좋겠는지 이야기를 나눈다.
- 경청하는 방법에 대해서 이야기를 나눈다.

(고개 끄덕이기, 대화 중간 중간에 잘 이해하고 있다는 메시지 보내기, 공감, 긍정적 피드백, 반응적 경청에 대해서 설명해 줄 수 있다)

- 내 마음(생각)을 바르게 전달하는 것에 대해서 이야기를 나눈다.
  - "내가 이야기를 할 때 어떻게 말하는 것이 다른 친구들에게 흥미롭고 이해가 잘될까?"
- 말을 또박또박, 천천히, 내가 하고자 하는 말의 주제를 먼저 생각한다.
- 다른 사람과 대화를 할 때 상대방의 이야기를 끝까지 듣고 그 이야기의 내용을 생각한 후 나의 이야기를 시작한다.
- '말 전달하기' 게임을 통해서 말을 바르게 듣고, 바르게 전달하는 시간을 갖는다.
  - 팀에서 가장 앞에 있는 친구에게만 미리 준비해 놓은 쪽지를 보여 준다.
  - 이때 다른 친구들은 모두 뒤를 돌아 쪽지를 볼 수 없도록 한다.
  - 쪽지를 본 친구는 뒤에 있는 친구에게 귓속말로 쪽지 내용을 그대로 전달한다.
  - 전달받은 친구는 그 뒤의 친구에게 전달받은 내용을 귓속말로 전달한다.
  - 맨 끝에 있는 친구까지 전달하여 맨 끝의 친구가 쪽지 내용을 그대로 전달하면 이긴다.
  - 쪽지 내용의 예: 우리 집 강아지 이름은 나비 그리고 아랫집 고양이 이름은 뽀삐

확장활동

- 가정에서도 앞과 같은 방법으로 경청하고, 바르게 말하는 방법을 사용하여 서로의 반응을 살펴본다.

생각해 보기

- 유아의 리더십이란 무엇인지 생각해 보자.
- 유아의 리더십 교육을 실천하기 위한 활동을 생각해 보자.

참고문헌

교육과학기술부(2009). 유치원 지도서 1. 총론. 서울: 두산.

김광수 외 (2003). 대학생과 리더십. 서울: 학지사.

김미숙, 박효정, 유효현, 전미란, 박춘성, 손은영(2006). 리더십 검사도구의 타당성 및 신뢰성 분석: 영재의 리더십 육성을 위한 기초 연구 및 프로그램 개발 II. 한국교육개발원 수탁연구 CR2006-44.

김민선(2004). 긍정적 유아 리더의 특성에 관한 문화 기술적 연구. 이화여자대학교 대학원 석사학위논문.

김성숙(2009). 유아 리더십 유형 검사도구 개발 및 타당화. 중앙대학교 대학원 박사학위논문.

김정효(2006). 아동 리더십-인성교육의 열쇠. 서울: 교육과학사.

박덕숭(2009). 유아 리더의 형성과정과 유아 리더십 관련 변인 탐색. 한영논집, 13, 128-450.

박연경, 황혜정(2009). 유아 리더십의 유형화 특성에 관한 연구. 유아교육연구, 29(4), 281-308.

박인이(2002). 놀이 프로그램이 발달지체 유아의 사회성 발달에 미치는 효과. 대구대학교 대학원 석사학위논문.

서기남(2009). 유아의 리더십과 관련된 변인 연구: 유아의 개인 변인과 환경 변인을 중심으 로. 가톨릭대학교 대학원 박사학위논문.

손인춘(2003). 세상을 뒤엎는 리더십. 서울: 선미디어.

이명숙, 조희정(2005). 포스트모더니즘 시대에 적합한 유아 리더십 교육. 아동복지연구, 3(2), 141-159.

이소희, 정남미, 강은진, 박혜숙, 김금희, 유연일, 박성희, 김성숙, 전영순, 연혜민, 최유경, 김보정(2009). 유아 리더십 교육의 이론과 실제. 서울: 창지사.

이은진(2005). 유아 대안관계 리더십 프로그램의 효과에 관한 연구. 숙명여자대학교 대학원 석사학위논문.

이채호, 최인수(2008). 교사용 유아 리더십 평가척도 개발연구. 열린유아교육연구, 13(3), 23-37.

정유정(2007). 유아 셀프 리더십 프로그램 개발 및 적용 효과. 원광대학교 대학원 박사학위논문.

최남례(2006). 유아 서번트 리더십 교육 프로그램 개발 연구. 숙명여자대학교 대학원 박사학위논문.

최창욱(2000). 청소년의 리더십 생활기술과 관련 변인에 관한 연구. 서울대학교 대학원 박사학위논문.

츠지 신타로(2005). 학교에서 가르쳐 주지 않는 100가지. 서울: 그리고책.

황성원, 사영숙, 이성희, 조정신(2008). 유아의 공유적 리더십 생활기술 프로그램 개발. 유아교육학논집, 12(5), 321-348.

Bisland. A. (2004). Developing Leadership Skills in Young Gifted Students. *Gifted Child Tody*, *27*(1), 24-27.

Covey, S. R. (2003). 성공하는 사람들의 7가지 습관(The seven habit of highly effective people). (김경섭 역). 서울: 김영사.

Greenleaf, R. K. (1991). *Servant leadership: journey into nature legitimate power and greatness*. New York: Paulist Press.

Hughes, R. L., Ginnett, R. C., & Curphy, G. J. (1993). *Leadership* 2nd ed, Irwin, IL: R.D Inc.

Kagan, L. S. (1994). Leadership: Rethinking it-making it happen. *Young Children*, *59*(4), 50-54.

Karnes, F. A., & Stephen, K. R. (1999). Lead the way to leadership education. *Education Digest*, *64*(8), 6-65.

Mitchell, A. (1997). reflection on early childhood leadership development: Finding your own path. *In leadership in early care and education*, Ed. by Kagan, S. L., & Bowman, B. T. 85-96. NAEYC, Washington, DC.

Robert, J. L. (2004). Leadership is a 'must' for Children Who Are Gifted and Talented. *Gifted Child Today*, *27*(1), 5.

제11장

사회인지

1. 사회인지 이해하기
2. 사회인지 지도하기

배려란

엄마가 전화 받으실 때 목소리를 낮추는 것

밥 먹을 때 할머니께서 잘 드시는 음식을 할머니 가까이 놓아 드리는 것.

'할머니는 눈이 어두워 앞에 놓아 드리지 않으면 잘 못 보시니까.'

인내란

차가 밀려 꼼짝 못하고 있을 때 참고 기다리는 것

배가 고파도 엄마가 요리를 다 할 때까지 얌전히 기다리는 것

마음 나누기란

공원에서 다리가 하나밖에 없는 비둘기를 보고 가엾고 불쌍하다는 생각이 드는 것

놀이에 끼지 못하고 혼자 있는 아이를 보고 '이리와, 우리랑 같이 놀자.' 라고 말하는 것

– 채인선, 김은정(2005)

1 사회인지 이해하기

1) 사회인지의 개념

유아가 사회생활을 하고 친구를 사귀기 위해서는 다양한 사회적 지식이 필요하다. 이러한 사회적 이해는 또래 간 상호작용에서 흔히 발생하는 사건에 대한 다른 사람들의 반응을 정확하게 예측하고, 다른 사람들의 선호를 예견하며, 다른 사람들이 경험하는 감정을 이해하는 능력을 포함한다. 유아의 사회적응에 필요한 의사소통하기, 토론과 협상하기, 협력하고 상호작용하기, 차례 지키기, 동기 명료화하기, 감정이입하기 등은 모두 이러한 사회적 이해에 기초하여 이루어진다(Katz & McClellan, 2001). 이와 같은 특별한 종류의 사회적 지식을 사회인지라고 한다.

사회인지는 사람과 관련되는 모든 대상의 제반 특성에 관한 사고와 판단을 의미하는 광범위한 개념으로, 감정, 정서, 의도, 욕구, 신념, 행동의 원인 등 개인의 내재적 특성에 대한 이해를 포함한다(송명자, 1995). 따라서 사회인지의 대상에는 자기, 타인 및 사회적 관계 등이 포함된다. 즉, 사회인지는 자신과 타인 및 사회적 관계에 대한 이해(Flavell, Miller, & Miller, 1993)를 통해 대인관계나 사회적 조직 내에서의 사회적 행동을 결정하는 내재적 과정이라고 볼 수 있다. 또한 이러한 사회인지는 인간이 사회적 존재로 적응하기 위해서 필요한 특별한 종류의 이해를 포함한다.

결국 사회인지는 인지 대상이 사회적 세계이므로, '사회적 세계' 에 대한 이해를 사회인지라고 볼 수 있다. 따라서 사회인지의 내용이 되는 사회적 세계에 대한 이해에는 개인의 심리적 특성에 대한 이해와 개인 간 관계에 대한 이해를 모두 포함한다.

사람에 대한 이해는 자신과 타인에 대한 이해로 개인의 심리적, 내적 특성에 대한 이해를 말한다. 따라서 이러한 이해에는 자아인지와 자아통제를 포함하고 있으나, 각각의 경우와 관련된 자아개념이 다른 장에서 다루어지고 있으므로 이 장에서는 자신에 대한 이해를 제외하고 타인에 대한 이해만을 다루었다. 다른 사람에 대한 이해에는 의도와 정서에 대한 이해와 행동에 대한 원인 설명을 포함하는 귀인 그리고 마음이론 등이 포함된다. 이 밖에도 사람들 사이의 관계 혹은 사회집단과 조직 등에 대한 이해가 사회인지에 포함될 수 있다. 개인 간 관계에 대한 이해에는 우정 개념과 역할 수용, 대인 지각, 도덕적 추론 등이 해당한다. 내적, 심리적 과정인 사회인지는 외현적, 물리적 과정인 사회적 행동으로 나타나므로, 이러한 관점에서 보면 유아는 사회적 세계에 대한 이해를 통해 사회적 행동을 하게 된다.

2) 사회인지의 중요성

사람들은 눈에 보이지 않는 심리 내적 과정을 통해 눈에 보이는 다른 사람의 행위를 이해하거나 설명하려고 한다. 어떤 사람이 친구를 도와준 것은 '그 사람이 착해서' 나 '그 친구와 아는 사이라서' 라는 식으로 타인의 행동을 설명한다. 즉 사람들이 믿음, 바람, 정서, 의도 등의 총합체인 정신을 가지고 있다고 가정하고, 이러한 가정하에 타인의 행위를 설명하고 예측한다(Astington, 1993).

이와 같이 다른 사람과 상호작용하고 살아가기 위해서는 다른 사람의 마음에 대한 이해가 필수적이다. 우리는 일상적인 사회적 관계에서 타인의 마음상태에 대한 우리의 지식을 사용한다(송영주, 2008). 상대방이 어떤 사건에 대해 잘 모른다고 생각하면 그 사람에게 더 구체적으로 사건에 대해 설명하며, 놀이나 게임에서 반대편이 잘못된 정보를 갖도록 하기 위해 다양한 위장 기술을 사용하기도 한다. 또한 상대방의 행동이 의도적인 것인지 아닌지를 생각해 보고 자신의 다음 행동을 결정한다. 이처럼 인간은 마음에 대한 이해에 따라 행동하며, 이러한 이해에 따라 행동하는 것은 사회생활에서도 중요하다.

사람들이 표현하는 감정과 실제로 느끼는 감정이 다를 수 있음을 아는 것, 상대방의 지식상태에 따라 의사소통의 수준을 조절하는 것 그리고 외양과 실재, 정신적인 것과 물리적인 것을 구분하는 것(Flavell, 1988) 등은 성공적인 사회적 상호작용을 위해 필요한 능력이다. 또한 이러한 사회인지적 기술은 형제·자매나 또래친구와의 성공적 의사소통과도 관련되어 있다. 실제로 인기가 있는 유아는 다른 유아에 비해 대화할 때 맥락과 주제에 적합한 이야기를 하며 의견이 다른 상대를 설득하려는 시도를 더 많이 보여 준다. 이것은 인기 있는 유아일수록 상대방의 마음을 정확하게 읽고 이에 기초한 의사소통을 진행하기 때문이다. 따라서 영유아가 사회적 세계를 이해하고 이에 따라 행동하는 사회인지는 영유아기 사회 · 정서 분야의 대표적 발달과업이며 동시에 사회교육의 주요 주제로 다루어지는 것이다.

3) 사회인지의 영역

(1) 마음이론

사회인지의 대표적 영역으로 최근 많은 주목을 받고 있는 분야가 마음이론(theory of mind)이다. 유아는 성장해 가는 과정에서 다양한 사람과의 상호작용을 경험하게 된다. 이러한 사회적 상호작용을 통해 유아는 다른 사람의 마음을 이해하게 되고, 이러한 이해는 유아가 사회적 존재로 적응하는 데 꼭 필요하다.

사람은 자신과 타인을 포함하는 인간이 감정이나 욕구, 사고 등 내적 정신과정을 갖는 존재이며, 인간 행동이 이러한 내적 정신과정과 관련되어 있음을 이해해야 한다. 예를 들어, 어떤 사람이 냉장고에 가서 물을 찾는 행동을 하면, 우리는 그 사람이 '물이 먹고 싶거나' '물이 냉장고에 있다고 생각해서' 그러한 행동을 하는 것으로 설명하게 된다. 이와 같이 마음이론은 인간 행위에 대한 설명에서 일종의 이론 역할을 하는 것이다. 따라서 마음이론은 유아가 타인의 생각이나 바람, 감정 등을 정확하게 추론하고 이러한 추론에 따라 타인의 행동을 예측하고 설명하는 능력을 말한다.

마음이론은 경험, 내재적 상태 및 행동 간의 관계를 이해하고, 이것과 행동 간의 관계를 이해하는 사고체계를 말한다(Wellman, 1990). 자신과 타인의 행동이 믿음이나 바람 등을 포함하는 심리내적 상태의 산물임을 이해함으로써 사회적 관계를 이해하는 기초가 된다. 마음에 대한 이해에서 유아는 연령이 증가함에 따라 다른 사람의 행위나 정신에 대한 '외적이고 물리적인 이해'로부터 '내적이고 심리적인 이해'로 발달해 간다(Bartsch & Wellman, 1995; Wellman, 1990).

이러한 마음이론은 의도성에 대한 이해에서 출발한다. 예를 들어, 나무에서 나뭇잎이 떨어지는 것은 '일부러' 혹은 '의도적으로' 떨어지는 것이 아니다. 나무나 나뭇잎은 '마음'을 갖고 있는 '심리적 존재'가 아니므로, 이러한 현상에 대해 의도성을 부과하는 것은 불가능하기 때문이다. 따라서 사람의 행위에 대해 의도성을 부과하고 해석하는 것은 대상을 심리적 · 사회적 존재로 이해하는 첫 단계라고 볼 수 있다.

사람은 이러한 의도뿐 아니라 동기, 정서, 믿음, 지식과 같은 다양한 마음현상을 갖는 존재다. 따라서 마음이론은 대상을 심리적 존재로 이해하는 것, 즉 자신과 타인의 이러한 다양한 마음현상에 대해 이해하는 것을 말한다. 이러한 마음이론 발달의 대표적 지표로 사용되는 것은 '틀린 믿음 이해(false belief understanding)'다.

틀린 믿음은 실재와 다른 믿음이라는 의미에서 붙여진 이름이다. 틀린 믿음 과제는 Wimmer와 Perner(1983)가 고안한 장소이동 과제(maxi task)에서 시작되었다. 이 과제에서는 주인공이 A 장소에 물건을 두고 나간 후 다른 사람이 이 물건을 B 장소로 옮기는 것을 유아에게 보여 준 다음, 돌아온 주인공이 어디에서 그 물건을 찾을지를 유아에게 묻는 것이다. 실제로 물건이 있는 장소(B)는 물건의 장소가 바뀌는 것을 보지 못한 주인공이 알고 있는 장소(처음에 물건을 두었던 A)와 일치하지 않으므로, 유아는 주인공의 틀린 믿음을 추론해야 하는 것이다. 이 과제에서의 성공을 위해서는 실재(B)와 일치하는 유아 자신의 믿음(B)과 주인공의 믿음(A)을 구분하고, 주인공의 관점에서 틀린 믿음을 추론해야 한다.

이러한 틀린 믿음 이해를 알아보는 또 다른 과제로 내용교체 과제와 외양실재 과제가 있다. 내용교체 과제의 경우, 빼빼로 과자 상자 안에 색종이가 들어 있는 경우가 이에 해당한다(송영주, 2008). 실재와 믿음이 일치하면 다른 사람의 믿음을 읽는 것은 그다지 어렵지 않다. 예를 들어, 빼빼로 상자 안에 진짜로 빼빼로가 들어 있고(실재), 이러한 사실을 유아가 알고 있으면(유아의 믿음) 다른 사람이 빼빼로 상자 안에 무엇이 들어 있다고 생각할지(타인의 믿음)를 유아가 추론하는 것은 비교적 쉬운 일이다. 그러나 내용교체 과제와 같이 실재를 알고 있는 유아가 자신의 믿음('빼빼로 상자 안에는 색종이가 있다.')과도 다르고 실재와도 다른 믿음을 갖는 있는 사람의 생각('빼빼로 상자 안에는 당연히 빼빼로 과자가 있다.')을 읽는 것은 매우 어려운 일이다. 외양실재 과제는 사과처럼 보이는 양초나 바위처럼 보이는 스펀지를 보여 주고, 다른 친구가 이것을 보면 무엇이라고

● 그림 11-1 ●

틀린 믿음 이해: 장소이동과제 (Frith, 1989)

생각할지를 묻는 것으로 역시 틀린 믿음 이해를 알아보는 과제다.

틀린 믿음 이해는 유아가 사고의 표상적 특성에 대해 잘 이해하고 있음을 보여 주는 것이다. 유아는 이러한 틀린 믿음 이해를 포함한 다양한 마음현상에 대한 이해를 통해 자신과 타인의 행동을 더 효율적으로 설명하고 예측하게 된다. 따라서 마음이론은 유아가 대인관계에서 사회적 능력을 발휘하도록 하는 중요한 역할을 한다고 볼 수 있다.

(2) 정서지능: 정서이해와 조절

정서이해와 조절은 자신과 타인의 정서를 정확하게 읽고 대상과 상황에 맞는 정서를 표현하는 것을 말한다. 특히 타인의 정서에 대한 이해는 다른 사람의 고통과 불편을 공감하고 적절한 도움을 제공하는 감정이입과 친사회적 행동의 기초가 된다.

이러한 정서 관련 능력은 정서지능(Emotional Intelligence)을 통해 확인할 수 있다. 정서지능은 자신과 타인의 정서를 정확하고 읽고 표현하는 정서 '평가와 표현', 자신과 타인의 정서를 '조절' 하는 것 그리고 이러한 다양한 과제수행과 목표 관련 행동에서 정서를 '활용' 하는 것으로 구성된다(Salovery & Mayer, 1990).

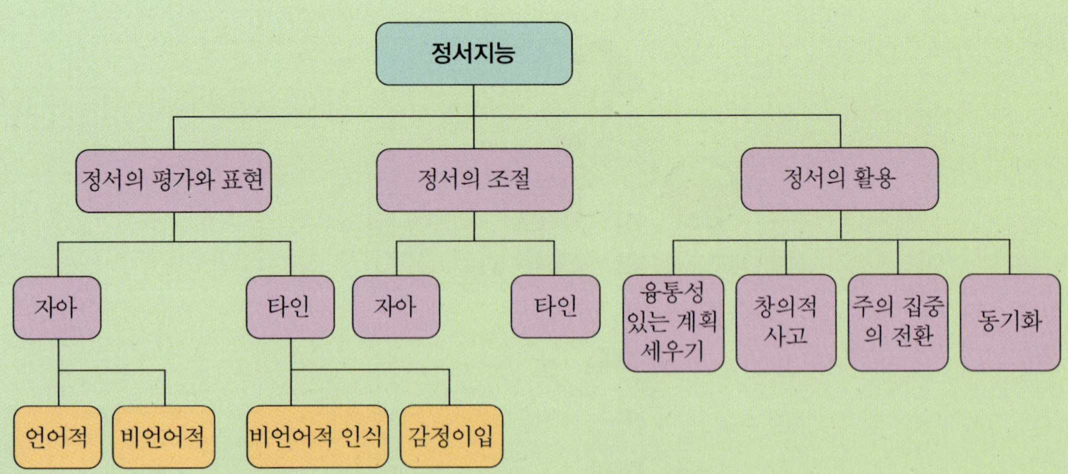

●그림 11-2● 정서지능의 요소(Salovery & Mayer, 1990)

① 정서이해

정서이해의 출발인 공감 혹은 감정이입은 타인의 다양한 정서를 감지하고, 조망을 수용하며, 상대방처럼 느끼고 정서적으로 유사하게 반응하는 것이다. 이러한 감정이입은 이타적 행동의 동기를 제공함으로써 유아가 친사회적 행동을 하도록 만든다. 감정이입은 매우 이른 시기부터 가능해서 신생아실에서 옆 아이를 따라 우는 아이의 행동이 최초의 감정이입의 증거라고 주장하기도 한다. 그러나 일반적으로 진정한 감정이입은 자아에 대한 이해와 함께 시작되므로, 자신을 독립적 존재로 인식할 수 있어야 가능하다고 볼 수 있다.

유아는 학령기가 되어 다양한 정서적 표현을 이해하게 되고, 중기 아동기 이후 조망 수용 능력에서의 발달로 인해 점점 더 감정이입을 잘 하게 된다. 또한 감정이입은 개인차를 보이기도 하는데, 감정이입을 유발하는 상황(distress)에서 기질에 따라 감정이입이 다르고 이에 따라 친사회적 행동에서 차이를 보이기도 한다.

정서이해와 관련하여 유아는 불확실한 상황에 대한 평가를 위해 타인의 정서적 반응을 읽고 이를 자신의 행동결정에 활용한다. 타인의 정서표현을 해석하고 그 정보를 자신의 행동을 조절하기 위해 사용하는 것을 '사회적 참조'라고 하며, 어린 영아들도 이러한 능력을 보여 준다. 이행 능력이 발달하여 기어 다니기를 시작한 영아를 대상으로 한 시각벼랑실험에서, 아이들은 시각벼랑 반대편에 있는 어머니의 얼굴 표정과 말투에 따라 시각벼랑을 건너거나 건너가지 않는다. 영아들은 탐색을 위한 안전기지로 양육자의 정서적 반응을 참조하는 것이다. 12개월에서 18개월 사이의 영아가 어머니의 표정을 보고 낯선 대상에 대해 접근할지 말지를 결정하는 것 등도 모두 사회적 참조에 해당한다. 이 시기 영아들은 어머니의 표정에 나타난 정서를 읽고, 어머니가 웃으면 낯선 사람에게 다가가거나 낯선 이의 접근을 받아들이지만, 어머니가 긴장된 표정을 보여 주면 낯선 이에게 다가가지 않는다(Gross & Ballif, 1991).

② 정서 조절과 활용

정서 조절은 자신의 감정을 적절히 통제하고, 적절한 강도로 정서적 각성을 조절하는 것이다. 유아는 발달에 따라 목표달성을 위해 정서상태를 안정된 수준으로 맞추기 위해 다양한 책략을 사용할 수 있고, 이러한 책략의 사용은 다양한 인지적 역량을 필요로 한다.

이와 관련하여 유아는 정서를 표현하고 의사소통하는 방법인 정서표출규칙을 익히게 된다. 정서표출규칙은 언제, 어디서, 어떻게 정서를 표현하는 것이 적합한 것이냐에 대한 약속이다. 다른 사람의 정서표출규칙을 이해하고 자신의 정서를 적절히 가장하여 표현할 수 있는 것 등은 사회적 적응에 매우 필요한 능력이다. 예를 들어, 마음에 들지 않는 선물을 받아도 친구가 실망하지 않도록 기쁜 표정을 짓거나, 예방주사를 맞는 것이 무섭고 두렵지만 동생들이 보고 있어서 안 아픈 척 태연하게 서 있는 것이다. 일반적으로 유아는 연령 증가에 따라 표출규칙을 점점

〈정서이해〉
문장 내용과 불일치하는 표정단서를 고려한 진짜 정서 읽기

〈정서 조절과 표현〉
어린 동생에 대한 질투를 상황을 고려하여 애정으로 바꾸어 표현하기

● 그림 11-3 ●
정서이해와 조절

더 잘 인식하게 되고, 사회적 조화를 위한 표출규칙의 가치를 잘 이해하게 된다.

(3) 조망 수용

조망 수용은 타인의 사고와 감정을 인식하는 능력으로, 다른 사람의 정서이해와 참조적 의사소통, 대인 지각, 의도 추론 등에서 필요한 인지적 이해다. Piaget의 인지발달이론에 의하면, 전조작기 유아는 자기중심적 사고를 하므로 자신의 조망과 타인의 조망을 구분하지 못하고 주어진 상황을 자신의 관점으로 이해하고 평가한다. 물리적 세계에 대한 이해에서 전조작기 유아가 대상의 한 측면에만 주의를 기울여 직관적 판단을 하는 것과 마찬가지로, 자기중심적 사고를 하는 유아는 사회적 세계에 대한 이해에서도 자신과 다른 타인의 관점을 인식하거나 관점의 차이를 고려하는 것이 매우 어렵다는 것이다.

조망 수용은 Selman의 딜레마 이야기 과제를 통해 확인할 수 있으며, 인지발달에 따라 조망 수용 단계에서 차이를 보인다. 조망 수용 기술은 발달에 따른 차이뿐 아니라 개인에 따라서도 차이를 보인다. 다른 사람과 함께 각자의 의견과 생각을 설명해 보는 경험을 하거나 타인의 관점을 고려해 보는 경험을 통해 조망 수용 기술이 증진될 수 있다. 예를 들어, 다른 인종이나 다른 민족 구성원을 만나고 함께 놀이하는 경험은 내외집단 구분을 통한 인종차별적 편견을 줄이고 (Berk, 2003), 다른 사람의 사고와 감정을 인식하는 데 도움이 될 수 있다. 이러

조망 수용 딜레마 이야기

현지는 나무에 오르기를 좋아하는 8세 여자아이로, 동네에서 나무를 가장 잘 탄다. 어느 날 현지는 나무에 오르다 떨어졌지만 다치지는 않았다. 현지 아빠는 이것을 보고 화가 나서 다시는 나무에 오르지 않겠다고 현지한테 약속을 받아냈고, 현지는 다시는 나무에 오르지 않겠다고 하였다. 그날 늦게 현지와 친구들은 순기를 만났는데, 순기는 자기 고양이가 나무에 올라가서 내려오지 않는다고 말했다. 바로 조치를 취하지 않으면 고양이는 나무에서 떨어질 것이다. 현지는 나무에 올라가 고양이를 데려올 수 있는 유일한 아이였지만 아빠와 한 약속을 기억하고 있다.

한 점에서 다문화 사회로 진행되고 있는 우리나라에서 유아들에게 다양한 문화권의 친구들을 만나고 이들과 함께 놀이하는 경험을 제공하는 것은 조망 수용 발달을 통한 유아기 인성교육에 크게 기여할 수 있다.

4) 사회인지의 발달

일반적으로 사회인지는 세 단계를 통해 발달이 이루어진다(송명자, 1995). 첫 번째는 사회적 존재에 대한 인식으로, 다른 사람이 자신과 다른 생각이나 감정 등의 심리적 상태를 갖고 있다는 것을 아는 것이며, 사회조직은 지켜야 할 나름의 규칙과 약속이 존재한다는 것을 아는 것이다. 두 번째는 사회인지를 지향하는 욕구로, 다른 사람의 관점이나 생각, 감정 등을 이해하고자 하는 바람을 통해 실제 사회인지 능력이 발달하게 된다. 마지막은 추론의 단계로 사회인지를 정확하게 수행할 수 있는 기술이나 역량을 말한다. 다른 사람의 마음을 정확하게 추론하고 적용하는 능력은 조망 수용 능력의 발달과 함께 일어난다. 사회인지를 정확하게 수행할 수 있는 추론 능력은 탈중심화된 조망 수용 능력의 발달과 관련되어, 성인기에 이르기까지 서서히 발달한다(Flavell, Miller, & Miller, 1993).

(1) 마음이론 발달

유아의 마음이론 발달은 이해의 대상이 되는 마음상태(mental states)에 따라 다르게 나타난다. 일반적으로 '의도' 의 이해는 다른 마음상태에 대한 이해보다 가장 먼저 나타나서, 6개월 된 영아도 잡으려는 행동인 뻗기 행위는 '사물' 에 대해서, 말하기는 '사람' 에 대해서 나타날 것으로 기대한다(Legerstee, Barna, & Di Adamo, 2000). 즉, 사람은 사물과 사람에 대해 서로 다른 '의도' 를 가짐을 아는 것이다.

마음에 대한 이해는 이러한 의도성에 대한 이해과 감정이입 등을 포함하는 것으로, 매우 이른 시기인 2세 이전의 영아도 다른 사람의 마음에 대한 초보적 이해를 할 수 있다(Wellman & Gelman, 1992). 유아들은 2세가 되면 자신과 타인의 바람과 같은 내적 상태를 이해하고 표현하며, 바람에 따라 사람의 행동을 설명할 수 있다. 성인이 유아들이 싫어하는 브로콜리를 맛보며 좋아하는 표정을 지어 보이면, 18개월 된 유아도 자신이 좋아하는 과자가 아닌 브로콜리를 연구자에게 제시함으로써 자신과 타인의 바람을 이해하고 행동을 설명하는 것으로 나타났다(Repacholi & Gopnik, 1997). 또한 바람과 관련된 정서의 이해, 즉 원하는 것을 얻으면 긍정적 정서를 경험함을 아는 것은 2세에게도 가능한 이해다(Bartsch et al., 1995).

유아는 연령이 증가함에 따라 행동 단서에 더 민감해지고 다른 사람의 의도를 점점 더 잘 이해하게 된다. 또한 자신의 의도성을 이해하고 표현하는 것이 먼저 나타나며, 다른 사람의 의도성 이해와 표현은 더 늦게 나타난다. 이러한 의도 이해는 다른 정신과정이나 행위의 결과와 구분되는 정신과정으로서의 의도를 이

표 11-1 ● 연령별 마음이론의 발달(김혜리, 2001)

2세 아동
1. 가장놀이를 한다.
2. 사람의 시선 방향과 지각의 관계를 이해한다.
3. 자신이 바라는 목표상황을 이루기 위해 목표지향적 행동을 할 수 있다.

3세 아동
1. 자아중심적으로 자신이 본 것을 남도 본다고 생각하지는 않는다. 그러나 동일한 사물이 나와 다른 사람에게 서로 다르게 보일 수 있다는 것, 즉 지각의 표상적 특성은 이해하지 못한다.
2. 추상적인 사고가 물리적인 사물과 다르다는 것을 이해한다. 즉, 어떤 물건에 대한 생각은 물리적 사물과는 달라서, 생각하고 있는 물건을 만지거나 볼 수 없다는 것을 이해한다.
3. 사람의 행동은 바람, 의도, 생각 등에 의해 결정된다는 것을 이해한다.
4. 보고 듣는 지각행동과 아는 것 간의 관계를 알기 시작한다. 즉, 어떤 사실을 본 사람은 그 사실에 대해 알지만, 보지 못한 사람은 모른다는 것을 어느 정도 이해한다.

4세 이상 아동: 다양한 마음상태의 표상적 특성을 알게 된다.
1. 실제로 일어난 상황과는 다른 상황을 의도하였을 수도 있다는 의도의 표상적 특성을 이해한다.
2. 한 장면은 보는 방향에 따라 다르게 보인다는 지각의 표상적 특성을 이해한다.
3. 지식은 어떤 사실에 대한 정확한 표상이라는 것과 그 사실에 대한 정보에 접해야만 정확한 표상을 가지게 된다는 지식의 표상적 특성을 이해한다. 따라서 어떤 사실에 접하지 않은 사람이 그 사실에 대해 정답을 했더라도 그것은 아는 것이 아니고 단순히 추측한 것이라는 사실을 이해한다.
4. 어떤 사실에 대한 우리의 생각이 사실과 다를 수 있다는 믿음의 표상적 특성을 이해하게 되어 사람이 틀린 믿음을 가질 수 있다는 것을 이해한다.

해하는 것이며, 점차 의도가 있는 것처럼 가장하는 것도 이해할 수 있게 된다. 예를 들어, 재채기나 하품 등은 불수의적인 행동으로 저절로 나오게 되지만, '하품을 하는 척' 하는 가장 행동은 의도적으로 이루어질 수 있음을 이해하게 되는 것이다.

이러한 마음이론 발달은 욕구심리학에서 믿음심리학으로 이동하는 것으로 설명할 수 있다. 2, 3세 유아들은 다른 사람의 바람(혹은 욕구)이나 정서 등을 언급하고, 이러한 바람에 근거한 행동이나 정서를 예측하고 설명할 수 있다. 그러나 타인의 믿음이나 신념에 따른 행동을 설명하고 예측하는 것은 더 어렵고 3, 4세가 되어야 가능하다.

또한 마음이론 획득의 대표적 지표인 틀린 믿음 이해는 만 4세가 지나야 가능하며, 이러한 실재와 다른 믿음을 기초로 타인의 행동을 정확하게 예측하는 것은 이보다 늦게 출현한다(Wellman, 1990). 타인의 틀린 믿음을 이해하기 위해서는 특정 상태의 지각경험이 사고의 내용을 결정한다는 것을 먼저 알아야 한다. 또한 '타인이 자신의 표상에 대해 실재와 같다고 믿고 있다.' 는 것을 유아 자신이 표상할 수 있어야 하며, 동시에 '타인의 그러한 표상이 실재와 다른 것' 이라는 것도 알아야 한다. 따라서 틀린 믿음 이해는 더 어렵고 더 늦게 나타나는 것이다.

(2) 정서지능의 발달

① 정서이해의 발달

유아의 정서이해는 인지발달과 관련되어 있다. 어린 유아도 정서를 나타내는 행동신호와 정서의 원인, 결과 등을 말로 표현하고 이해할 수 있다. 또한 사고와 정서 간 관련성을 이해하고 정서가 행동에 영향을 준다는 것을 안다. 그러나 심리 내적 상태보다는 외적 행동 단서에 따라 정서를 판단하는 한계를 보여 준다.

유아는 발달에 따라 상황단서 혹은 표정단서를 이용하여 정서를 잘 이해하게 된다. 그러나 심리 내적으로 경험되는 실제 정서와 겉으로 드러난 표현 정서를 구분하는 것은 4세가 지나야 가능하다. 이것은 이 시기 유아가 전조작적 사고로 대상의 두 가지 차원을 동시에 고려하지 못하는 것과 마찬가지로, 정서에 대해서도 동일한 대상에 대한 불일치하는 정서를 고려하지 못하기 때문이다. 8세가 지나면 불일치하는 상황단서와 표정단서를 동시에 고려하여 정서의 추론이 가능해진다.

특정 상황에서 경험하는 정서에 대해 이름을 붙이고 설명하거나 정서에 대해 이야기하는 경험은 유아의 정서이해 발달에 도움이 된다. 예를 들어, 동일한 조건에서 느끼는 가족의 정서경험이 다른 경우, 서로 다른 정서경험에 대해 이야기를 나누는 것은 타인의 정서이해를 도와준다. 또한 유아가 양육자와 안정된 애착을 형성하고 있는 경우, 형제·자매 간에 가작화 놀이를 많이 하는 경우에도 유아의 정서이해 능력이 높은 것으로 나타났다. 이것은 유아의 정서이해가 연령에 따른 발달의 문제이기도 하지만, 동시에 양육 실제나 사회적 관계와 같은 경험의 문제이기도 함을 말해 주는 것이다.

② 정서표현과 조절의 발달

유아들은 나이가 들면서 어떤 상황에서는 자신의 솔직한 정서를 감추거나 위장해야 함을 알고 자신이 속한 사회에 적합한 것으로 기대되는 정서적 통제 능력을 발달시키게 된다. 이와 함께 대인 간 관계의 조절기능을 담당하여, 타인의 표정이나 몸짓 등을 단서로 정서상태에 대한 지식을 얻고 이를 통해 타인의 행동을 예언하거나 자신의 행동을 조절하게 된다. 또한 사회적 사건에 대한 정서의 이해와 관련하여, 사회적 상호작용에서 정서를 인식하고 이해할 수 있다.

영아기에는 대뇌피질이 급속한 발달을 이루게 되고, 자녀의 정서에 맞추어 부모가 제공하는 놀이나 양육 실제를 경험하면서 정서 자극에 대한 내성이 증가한다. 한 살이 되면 기기와 걷기 등을 통해 자극에 대한 회피와 접근이 가능해짐으로써 자신의 정서를 스스로 조절할 수 있게 된다.

두 살이 지나면서 언어와 표상 발달을 이루게 되고, 이로 인해 정서 조절의 새로운 책략을 획득하게 된다. 자신의 정서를 말로 설명하고 이름을 붙이게 되며, 3세가 지나면 자신의 진짜 감정을 숨길 수 있는 수준까지 이른다. 특정의 정서를 불러일으키는 사회적 사건의 상황적 맥락 내에서 추론이 가능해서, 3, 4세경이면 비교적 단순하고 명백한 정서와 이들 정서를 야기하는 상황 간 관계를 이해할 수 있다. 또한 유아기가 되면 점차 급격하고 강한 정서적 표출이 줄어들고 다양한 정서 조절 책략과 함께 언어를 통한 정서표현이 늘어나게 된다.

학교에 입학하게 되면 아동의 정서표현과 조절은 급속한 발달을 이루게 된다.

정서를 조절하는 다양한 적응적 기법을 획득하고, 정서를 조절하는 내적 책략을 점점 더 많이 사용하게 된다. 이것은 아동이 자신의 사고와 감정 등 내적 상태에 대한 숙고 능력이 발달하면서 가능해지는 것이다. 유아와 아동이 효율적인 정서 표현과 조절을 할 수 있다는 것은 정서적인 자기효율성을 획득한다는 것으로, 발달에 따라 자신의 정서경험을 통제할 수 있다는 느낌을 갖게 되는 것이다.

(3) 조망 수용 발달

다른 사람의 관점과 역할을 이해하고 추론하는 조망 수용은 유아의 인지발달과 관련되어 있다. 예를 들어, 동일한 모호한 자극에 대해 사람마다 다르게 해석할 수 있다는 것을 이해하려면 필연적으로 자기중심적 사고에서 벗어나는 것이 필요하다.

딜레마 이야기를 통해 확인된 조망 수용 발달단계는 다음과 같다.

표 11-2 ● 조망 수용 발달단계(Selman, 1980)

단계	연령	특징	반응예시
0수준: 미분화된 조망 수용	3~6세	자신과 타인이 다른 생각과 감정을 가질 수 있음을 인식하지만, 자주 혼동한다.	"현지는 고양이를 구할 거예요. 왜냐하면 고양이가 다치기를 바라지 않으니까요. 그리고 아빠도 그럴 거예요."
1수준: 사회정보처리적 조망 수용	4~9세	서로 다른 정보를 경험하면 서로 다른 조망을 가질 수 있음을 이해한다.	"아빠가 고양이에 대해 몰랐다면 화를 내겠죠. 하지만 현지가 아빠한테 고양이를 보여 주면 마음을 바꿀거 같아요."
2수준: 자기반영적 조망 수용	7~12세	'다른 사람 신발 신어 보기'를 통해 상대방의 생각, 느낌, 행동을 상대방의 관점에서 볼 수 있다.	"현지는 자기가 야단맞지 않을 거라고 생각해요. 왜냐하면 자기가 왜 나무에 올라갔는지를 아빠가 이해할 거라고 생각하니까요."
3수준: 제3자 조망 수용	10~15세	양자 간 상황을 벗어나 중립적인 제3자의 관점에서 자신과 상대방이 어떻게 보일지를 떠올릴 수 있다.	"현지는 벌 받으면 안 돼요. 현지는 고양이를 구하는 게 중요하다고 생각했으니까요. 하지만 아빠가 나무에 올라가지 말라고 한 것도 알고 있잖아요. 그래서 아빠한테 말해서 자기가 왜 나무에 올라갔는지를 이해시킬 수 있으면 야단맞지 말아야 한다고 생각할 거예요."
4수준: 사회관습적 조망 수용	14~성인	제3자적 조망 수용이 사회관습적 가치의 상위체계에 의해 영향받을 수 있음을 이해한다.	"야단 맞으면 안 돼요. 현지의 행동은 사람이 동물을 대하는 중요한 가치를 보여 주는 것이니까요. 아빠가 이런 중요한 가치를 안다면 현지에게 벌을 주지 않을 거예요."

2 사회인지 지도하기

1) 사회인지의 교육적 의미

(1) 정서지능의 교육적 의미

정서의 이해는 중요한 적응적 가치를 가진다. 예를 들어, 신생아실에서 옆 아이가 우는 소리에 다 같이 따라 우는 영아들은 감정이입 능력, 즉 타인의 불편함을 비슷하게 지각하는 것으로 친사회적 행동의 기초가 된다. 또한 유아는 불확실한 상황에 대한 엄마의 정서적 반응을 읽고 이를 기초로 자신의 행동을 조절하는 데 점점 더 능숙해진다. 즉, 어린 유아기부터 중요한 타자인 어머니의 마음(정서, 선호 등)을 읽고 이에 따라 사회적 행동을 하게 되는 것이다. 따라서 이 시기 주변의 사회적 양육환경(어머니, 교사, 친구 등)은 유아에게 사회인지의 발달적 변화를 가져오는 중요한 역할을 하는 것이다.

또 다른 중요한 정서지능의 하나로 정서조절이 있다. 사회적 상황에서 정서표현을 위해 사회적 규칙을 이해하고 적용하는 것을 정서표출규칙의 이해와 사용이라고 한다. 이것은 정서의 표현에 대해 한 사회가 지니는 태도와 기대를 반영하며, 진짜 감정표현을 숨기고 더 적합한 정서적 표현을 하는 것을 말한다. 즉, 타인이 정서를 가장하는 표출규칙을 이해하거나, 자신의 정서를 적절히 위장하기 위해 표출규칙을 사용하게 된다.

그러나 이것은 어린 유아에게는 매우 어려운 일로, "정서적 표현이 항상 정서적 실재인 것은 아니다."라는 것을 알아야 자신의 진짜 감정을 가장하고 사적인 정서적 경험을 유지할 수 있게 된다. 예들 들어, 어떤 유아는 실망스러운 선물에 대해 부정적 감정을 감추고, 마음에 드는 선물을 받았을 때의 표현규칙에 부합되는 감정을 표현하지만, 또 어떤 유아들은 실망감을 표현하며, 진짜 감정을 감추지 못하기도 한다. 이와 같이 자신과 타인의 정서를 인식하고 이해하며, 자신과 타인의 정서를 조절하는 것은 사회적으로 매우 중요한 능력임을 알 수 있다.

(2) 마음이론의 교육적 의미

① 마음이론과 의사소통

의사소통을 잘 하는 유아는 의사소통 상대방의 정신상태(마음)를 잘 고려하는 유아다. 듣는 사람과 말하는 사람은 서로 다른 경험과 정신적 배경을 가지고 있음을 아는 것, 이러한 이해에 비추어 의사소통과정을 점검하는 것이 성공적인 의사소통을 가능하게 한다.

② 마음이론과 가작화 놀이

가작화 놀이는 유아가 실제적인 지각으로부터 형성되는 정보의 일차적 표상을 수정하거나 변형하여 상위표상체계를 발달시키는 것이다. 이러한 놀이는 실재와 표상을 구분하게 함으로써 마음이론 발달에서 중요한 표상의 구성적 특성을 이해하게 해 준다. 역할놀이나 가작화 놀이에 많이 참여하는 것은 유아가 다른 사람의 관점과 조망을 일시적으로 수용해 보는 경험을 제공하고, 이러한 과정을 통해 다른 사람의 마음에 대해 더 잘 이해하게 해 주는 것이다.

③ 자폐아의 마음이론

사회성의 결함을 보이는 자폐아는 마음에 대한 이해를 재는 과제에서 실패함으로써 마음이론이 사회적 적응에 반드시 필요한 능력임을 보여 준다. 일반적으로 자폐아들은 어린 영아기부터 눈 맞추기나 눈길 감시(joint attention), 서술적 지적 등과 같이 사람의 의도나 마음을 이해하도록 돕는 행동을 나타내지 않는다. 또한 정상 유아들이 발달에 따라 보여 주는 가작화 놀이를 하지 않으며, 틀린 믿음 과제에서 실패하여 마음의 구성적 특성에 대해 이해하지 못한다. 이들은 수 연산과 같은 물리적 과제에서 때로는 비상한 능력을 보여 줌에도 불구하고 여전히 사회적 관계를 수립하고 다른 사람과 의사소통하는 부분에서 심각한 어려움을 보여 줌으로써, 마음에 대한 이해가 사회적 인간으로 적응하는 데 반드시 필요한 능력임을 확인해 준다.

(3) 공격적 아동의 사회인지과정

사회인지적 관점에서 보면 공격적 아동의 문제는 사회적 단서를 잘못 해석하는 것에서 시작된다. 공격적인 아동은 중립적이거나 우연인 타인의 행동을 적대적인 것으로 해석하고 상대방에게 적대적 행동을 하게 된다. 이러한 행동은 아동과 상대방 간에 공격적 관계를 형성하게 되고, 상대방이 공격적인 아동을 거부하고 배척하는 적의적 반응을 가져오게 만든다. 상대방의 이러한 적의적 반응은 다시 사회적 단서에 대한 공격적 아동의 적대적 해석을 강화하게 되고, 결국 공격성 행동이 지속적으로 순환하는 과정을 겪게 되는 것이다. 따라서 아동의 사회인지과정은 아동의 친사회적, 공격적 행동의 설명과 지도에 유용한 이론적 틀을 제공할 수 있다.

2) 사회인지 지도 계획하기

(1) 감정이입 도와주기

정서이해의 출발인 감정이입은 인지적 측면과 정서적 측면을 모두 포함한다. 인지적 측면에서의 감정이입은 Piaget가 말하는 '탈중심화' 혹은 Selman의 '조망 수용'에 해당한다. 따라서 인지적 측면에서의 감정이입은 일정한 인지발달이 이루어져야 가능하다고 볼 수 있다. 그러나 정서적 측면에서의 감정이입은 어린 영아와 걸음마기 영아도 타인의 정서를 알아차릴 수 있다는 점에서 발달적으로 매우 빨리 나타난다고 볼 수 있다.

감정이입은 타인의 감정을 민감하게 알아차리고 자신의 감정으로 비슷하게 경험하며, 타인의 말에 귀를 기울이는 공감 등을 포함하는 것이다. 이러한 감정이입을 도와줄 수 있는 교수전략으로 '모델링, 인정해 주기, 격려하기' 등을 들 수 있다(Epstein, 2009). 예를 들어 언어적 반응, 얼굴표정, 몸짓 등을 사용하여 교사가 다른 사람의 기분을 알고 있음을 표현해 주는 것이 도움이 될 수 있다. 행동과 말로 표현된 정서이해는 유아가 보고 배우는 데 도움을 주기 때문이다. 마찬가지로 유아가 자신이 감정을 표현할 수 있도록 허용해 주고 격려해 줄 수 있다.

감정이입을 가르치고 모델링하는 부모는 자녀의 감정이입 발달에 영향을 준다. 자녀를 처벌적이고 강압적인 방식으로 대하는 부모의 자녀는 다른 사람의 불편함에 대해 공포, 분노, 신체적 공격 등의 부정적 반응을 보이고 감정이입을 하지 못하는 것으로 나타났다. 부모는 또한 자녀의 정서조절에도 영향을 준다. 영아의 정서적 단서를 상호교감적인 방식으로 읽고 이에 반응하는 부모는 유아의 스트레스 조건을 조절함으로써 영아가 긍정적 정서조절을 경험하도록 도와준다. 반면 어린 영아가 극한의 정서상태가 될 때까지 내버려 두는 부모는 점점 더 강한 정서표현을 하게 되는 자녀로 키우는 것이다. 또한 TV나 다른 매체의 제한을 통해 자녀가 불필요한 부정적 정서를 경험하지 않도록 함으로써 유아가 타인의 정서를 이해하고 교감할 수 있는 정서적 역량을 갖추도록 할 수 있다.

(2) 조망 수용 경험 제공하기

조망 수용은 타인의 관점에서 사물과 대상을 바라보는 것으로, 성공적인 사회적 상호작용을 위해서는 자기중심적인 관점에서 벗어나는 것이 필요하다. 조망 수용은 Piaget의 세 산 실험과제에서의 성공과 관련된 시각적 조망 수용, 마음 이론과 관련된 인지적 조망 수용, 그리고 앞서 설명한 감정이입과 관련된 정서적 조망 수용 등으로 나누어 볼 수 있다.

학습장애아인 민태는 산만하고 어떤 일을 수행하는 데 시간이 많이 걸리는데, 다른 아이들은 그를 기다려 주지 못했다. 교사는 2주 동안 매일 각각 다른 아이에게 민태가 과제하는 것을 도와주도록 부탁했다(예: 청소하기, 컵에 주스 따르기, 옷입기 등). 이 기간이 끝날 때쯤, 대다수의 유아는 민태에 대해 참지 못하는 것이나 화를 내는 것이 줄어들었다. 몇몇 유아는 교사에게 자신들이 민태를 계속 도와주겠다고 말했고, 또 몇몇은 그가 도움을 원하는지 직접 물어보기도 했다. 민태를 도와주던 유아는 컵을 잡아 주면 민태가 주스를 컵에 부을 수 있게 된 것과 같이 조금씩 이루어지는 성취에 대해 기쁨을 느끼기 시작했다. 그들은 민태가 스스로 더 많은 일을 시도해 보도록 격려했고 민태는 그렇게 했다. 사실 민태는 성인보다 또래친구들부터 더 많은 격려를 받으며 많은 것을 시도해 보게 되었다.

조망 수용은 대인 간 문제해결이나 도덕적 추론 등의 능력으로 연결되므로 유아기 사회교육에서 매우 중요한 지도 내용이 될 수 있다. 교사는 교실에서 조망수용에 관한 활동을 계획하고 관련된 질문을 제공할 수 있다. 예를 들어, '다른 친구가 볼 수 있게 물건을 놓아 볼까?'와 같은 지시는 조망 수용 발달에 도움이 될 수 있다. 이 밖에도 능력 수준이나 연령이 다른 유아들이 함께 활동하도록 해서 서로 도움을 주고받을 수 있음을 이해하게 한다. 앞에서 설명한 예시(Kostelnik, Whiren, Soderman, & Gregory, 2009)는 이러한 내용을 잘 보여 주고 있다.

유아들이 선호하는 가작화 놀이는 조망 수용을 도와주는 대표적인 놀이다. 극화를 통해 유아는 다양한 역할을 연기하고, 일시적으로 다른 사람의 정서, 믿음, 바람 등을 자신의 것으로 수용하게 된다. 유아는 다른 역할을 가작화하고 이행하며, 상상을 통해 사물을 다른 사물로 대치하기도 한다. 이 과정에서 유아들은 정신적으로 다른 사람의 관점(조망)을 수용해야 하므로 자연스럽게 인지적 조망 수용을 이루게 된다.

(3) 정서 조절 가르치기

정서 조절은 감정을 관리하고 조절하는 자기통제에 해당한다. 자신의 감정을 적절하게 표현하고, 부정적인 행동을 절제하며, 가족과 자신, 친구 등에게 긍정적 감정을 갖는 것 그리고 부정적 정서를 유발하는 스트레스에 대처하고 고독감과 사회적 불안감을 줄이는 것 등이 모두 정서 조절에 해당한다.

일반적으로 유아교육기관에서는 유아의 위반 행동이나 타인에게 해가 되는 정서적 갈등에 대해 생각하는 의자를 사용하곤 한다(이은화, 김영옥, 2008). 그러나 이러한 생각 의자는 실제로 유아의 입장에서는 처벌 형태로 해석되므로 (Gartrell, 2008), 부정적인 정서를 보이는 유아에게 강제로 생각 의자에 가도록 하는 것은 정서 조절에 도움이 되지 않는다.

이와 달리 평상시에 약속이나 정보 제공을 통하여 유아들이 일정한 장소나 의자 등을 자신의 정서 조절을 위해 자발적으로 활용할 수 있음을 알려 줄 수 있다. 교실에 일정한 의자나 쿠션 혹은 방석 등을 정해 놓고, 아이들이 다른 의자나 쿠션과 구분할 수 있도록 꾸민다. 유아가 조절이 필요한 부정적 정서를 경험할 때, 예를 들면 놀이 중에 화가 나서 친구를 때리고 싶거나 슬픈 생각이 날 때

이 의자 등을 사용하도록 할 수 있다.

앞에서 설명한 사회인지 지도의 몇 가지 원리는 모두 성인과 유아 간 긍정적 관계에 기초하고 있음을 유의할 필요가 있다. 사회인지 지도는 사람과 사회적 관계에 대한 이해를 다루는 영역이므로 가르치는 사람 자체가 유아가 구성하는 사회인지의 중요한 대상이 되는 것이다. 따라서 부모나 교사가 유아와 온정적이고 애정적인 관계를 형성하고 상호 신뢰하는 관계를 만드는 것이 구체적인 사회인지 지도에 앞서 가장 먼저 이루어져야 할 것이다.

사회적 지식과 이해 증진하기

① **감정이입과 이타주의를 자극하고 강화하기**

예) 네 뒤에서 다른 친구가 오래 기다리고 있는데, 너도 전에 기다릴 때 기분이 어땠니?

② **다른 사람들의 감정과 흥미에 주의 기울이게 하기**

예) ○○도 공룡에 관심이 있는 것 같은데.

③ **다른 사람들의 행동에 대한 대안적 해석 장려하기: 다양한 행동의 이유 생각**

예) ○○는 친구들이 오래 기다리고 있는 걸 몰랐었구나.

④ **의견 나누기 상황에서 적절하게 참여하도록 도와주기: 주제 관련 사전 활동**

⑤ **유아가 서로에게서 공통점을 발견하도록 하기**

⑥ **유아가 서로 긍정적 피드백을 주고받도록 하기**

* 출처: Katz et al (2001).

3) 사회인지 지도 실천하기

(1) 가작화 놀이를 통한 사회인지 지도

가작화 놀이는 놀이 자체에서 사물과 역할의 전환을 통해 조망 수용에 필요한 탈중심화를 도와준다. 또한 유아들은 역할 선택과 역할 수행, 주제의 전환, 놀이 규칙 등에서 갈등을 경험하고, 가작화 놀이의 진행을 위해 이를 해결하는 과정

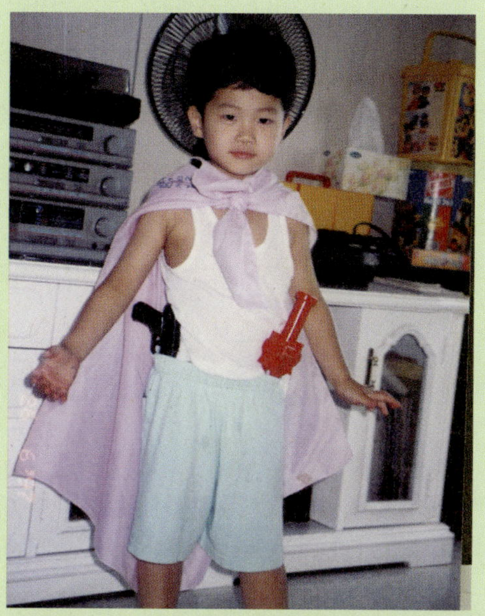

● 그림 11-4 ●

가작화 놀이와 사회인지

에서 자연스럽게 다른 사람의 관점과 바람, 정서 등을 이해하게 된다. 또한 놀이 갈등을 해결하기 위해 일시적으로 가작화의 역할에서 벗어났다가('잠깐, 애기는 그렇게 하는 거 아니야') 다시 가작화의 장면으로 진입하면서('애기야, 엄마가 빨리 밥 해 줄게') 조망과 역할의 이동을 경험한다. 따라서 가작화는 유아의 사회인지 발달을 지원하는 대표적인 놀이 유형이라고 볼 수 있다.

이러한 가작화 놀이의 한 유형인 '주제환상극 놀이(thematic fantasy play)' 는 정서지능과 마음이론 발달에 도움이 된다. 주제환상극 놀이는 놀이자가 실생활에서 경험하지 못한 주제, 역할, 사건의 표상에 중점을 둔 놀이로 놀이 속에 환상 요소가 포함되어 있다. 유아들은 주제환상극 놀이를 통해 현실세계에서 접할 수 없는 가상세계를 상상하고 역할을 수행하게 된다(이영자, 임춘금, 2008). 이러한 주제환상극 놀이는 친구들과 함께하는 과정을 통해 자아인식을 촉진하고 타인에 대한 감정이입을 쉽게 해 준다. 또한 등장인물의 의도, 바람, 믿음, 정서 등의 마음상태와 과정을 인식하고 이를 기초로 인물의 행동을 설명하고 예측함으로써, 마음이론 발달에 도움이 될 수 있다.

(2) 그림책 읽기를 통한 사회인지 지도

그림책을 읽고 이야기 나누기를 하는 것은 마음이론 발달에 도움이 될 수 있다. 그림책 이야기를 즐기면서 유아는 등장인물의 의도, 바람, 믿음, 감정 등의 마음현상을 알아차리며, 이러한 마음현상에 근거하여 등장인물의 행위를 예측하고 이야기 전개에 따라 예측한 내용을 확인할 수 있다(이영자, 이종숙, 신은수, 권미경, 권신숙, 2005). 따라서 다양한 마음현상을 포함하고 있는 이야기 책을 활용하는 것은 유아의 마음이론 발달을 도와주는 좋은 방법이 될 수 있다.

우리나라의 전래동화인 '해님 달님'과 '호랑이와 곶감'은 틀린 믿음 이해를 다루는 전형적인 이야기다. '곶감'을 처음 들어보는 호랑이는 방에서 들려오는 이야기만 듣고 곶감을 '무섭고 힘이 센 동물' 쯤으로 잘못 생각하게 되고, 도망가는 과정에서 등에 올라탄 도둑을 무서운 '곶감'으로 잘못 아는 내용이 등장한다. 이러한 동화에서 "호랑이는 곶감을 어떻게 생각하고 있니?" "호랑이는 지금 등에 무엇이 있다고 생각하니?" "지금 호랑이 기분은 어떨까?" 등 호랑이의 믿음과 틀린 믿음, 정서 등에 대해 교사가 질문하고 이야기 나누기를 할 수 있다. 이 밖에도 청개구리 이야기 역시 틀린 믿음과 이차 틀린 믿음을 다루는 동화다. 엄마 청개구리는 아들 개구리가 늘 반대로 행동한다고 생각해서 자신이 죽으면 물가에 묻으라고 말한다. 아들 개구리는 엄마 개구리가 죽자 크게 후회하고 엄마 말대로 물가에 묻고, 비오는 날이면 엄마가 떠내려 갈까 봐 개굴개굴 운다.

이 밖에도 아기돼지 삼형제나 빨간 모자 등도 틀린 믿음 이해를 포함한 다양한 마음현상을 다루고 있는 대표적인 그림 이야기책들이다. 다음은 마음이론 관련 그림책 선정의 기준으로 참고할 수 있는 마음이론 요소를 나타낸 것이다(이영자, 임춘금, 2008).

표 11-3 ● 그림책 선정을 위한 마음이론 관련 요소

	범주	하위 범주
마음이론 요소	마음현상	정서(feeling), 사고(thinking), 인지(knowing), 믿음(believe), 바람(wishing/wanting)
	틀린 믿음	변장(disguise), 장소 숨김(change location), 허위(pretense), 속임수(deception of others), 정보 부족(lack of information)
	성격묘사	성격(personality) 묘사

활동 1

▶ 관련 생활주제: 친구 ▶ 대상 연령: 만 3, 4세

마음을 찍는 카메라

활동목표

- 친구에 관심을 갖는다.
- 친구가 잘하는 것, 좋아하는 것, 싫어하는 것을 알고 글과 그림으로 표현한다.

활동유형

개별활동(미술)

활동자료

모양종이, 그리기 도구, 풀, 카메라가 그려진 큰 종이

활동방법

- 친구를 소개한다. 그 친구에 대해 말해 본다.
  - 그 친구가 좋아하는(싫어하는) 놀이는 무엇인가요?
  - 그 친구가 잘하는 것(못하는 것)은 무엇인가요?
- 활동자료를 소개한다.
- 친구에 대해 알고 있는 점을 카메라 모양종이에 글과 그림으로 표현한다. (친구 얼굴, 친구가 좋아하는 놀잇감, 음식 등)
- 친구에 대해 더 알고 싶은 것이 무엇인지 알아보고 글과 그림을 표현한다.
- 카메라 모양의 종이에 모양종이를 붙여 친구 마음 카메라를 완성한다.
- 친구에 대해 새롭게 알게 된 점을 이야기한다.
- 나와 다른 점과 같은 점을 찾아본다.

확장활동

- 마음 카메라 수수께끼 놀이를 한다.
  - 모양종이의 내용을 수수께끼로 만들어 어떤 친구인지 알아맞혀 본다.

활동 2

▶ 관련 생활주제: 감정 ▶ 대상 연령: 만 3, 4세

감정 목걸이

활동목표

- 자신의 감정을 적절하게 표현한다.
- 다른 사람의 감정을 읽고 존중한다.

활동유형

소집단활동(미술)

활동자료

리본 끈, 종이, 가위, 그리기 · 쓰기 도구, 찍찍이, 펀치

활동방법

- 자신이 경험해 본 감정에 대해 이야기한다.
  - 상황, 사건 등을 제시하고 감정을 추론할 수 있다.
- 감정을 나타내는 얼굴표정을 표현해 본다.
- 두꺼운 종이를 오려서 원하는 모양을 만든다.
- 자신이 표현하고 싶은 감정을 모양종이에 얼굴표정으로 그리거나 꾸며 본다.
  - 다양한 얼굴표정을 포함하도록 한다.
- 모양종이 뒤에 찍찍이를 붙인다.
- 서로 다른 얼굴표정을 붙이고 펀치로 구멍을 낸 후 리본 끈을 달아 목걸이를 완성한다.
- 이야기 나누기 시간에 목걸이로 자신의 감정을 표현하고, 목걸이에 표현된 다른 친구의 감정을 읽어 보도록 한다.

기쁨

슬픔

화남

놀람

확장활동

- 이야기 나누기 시간에 목걸이에 나타난 감정을 말로 표현해 보도록 한다.
- 어떤 상황에서 그런 감정이 나타날 수 있는지 이야기를 나눈다.

참고문헌

김혜리(2001). 마음에 대한 이해 발달. 성현란 · 이현진 · 김혜리 · 박영신 · 박선미 · 유연옥 · 손영숙(공저), 인지발달. 서울: 학지사.

송명자(1995). 발달심리학. 서울: 학지사.

송영주(2008). 유아의 다양한 마음 상태에 대한 이해 발달과 과제 유형에 따른 틀린 믿음 이해. 아동학회지, 29(1), 257-273.

이영자, 이종숙, 신은수, 권미경, 권신숙(2005). 그림책 이야기를 활용한 집단 게임놀이 프로그램-정서지능, 마음이론-실행기능 향상 프로그램. 서울: 창지사.

이은화, 김영옥(2008). 유아사회교육. 서울: 양서원.

이영자, 임춘금(2008). 그림책을 활용한 주제환상극 놀이 프로그램. 서울: 창지사.

채인선, 김은정(2005). 아름다운 가치사전. 서울: 한울림어린이.

Astington, J. W. (1993). *The child's discovery of mind*. Cambridge, MA: Harvard University Press. Dodge, K. A. (1986). A social information processing model of social competence in children. In M. Perlmutter(Ed.), Minnesota symposia in psychology: Vol. 18, Cognitive prospective in children' s social and behavioral development. Hillsdale, NJ: Erlbaum.

Bartsch, K., & Wellman, H. M. (1995). *Children talk about the mind*. Oxford University Press: New York.

Berk, L. E. (2003). *Child development*. Boston, MA: Allyn & Bacon.

Epstein, A. S. (2009). 유아교수방법(이은해, 박진재, 송영주, 송혜린, 신혜영, 정선진, 최혜영 공역). (2007년 원저 발간). 서울: 양서원.

Flavell, J. H. (1988). The development of children' s knowledge about the mind: from cognitive connections to mental representation. In J. W. Astington, P. L. Harris, & D. R. Olson(Eds.), Developing theories of mind. Cambridge Univ. Press.

Flavell, J. H., Miller, P. H. & Miller, S. A. (1993). *Cognitive development*. Englewood Cliffs, NJ: Prentice Hall.

Frith, U. (1989). Autism: Explaining the enigma. Oxford, England: Basil Blauell.

Gartrell, D. (2008). 가이던스에 기초한 아동생활지도(이은해, 박소연, 박진재, 송영주, 송혜린, 신혜영, 이미리, 임영진, 정선진, 최혜영 공역) 서울: 정민사.

Gross, A. L., & Ballif, B. (1991). Children' s understanding of emotion from facial expressions and situations: A review. *Developmental Review, 11*, 368-398.

Katz, L. G., & McClellan, D. E. (2001). 어린이들의 사회적 능력 배양: 교사의 역할(홍용희 역). (2000년 원저 발간). 서울: 양서원.

Kostelnik, M. J., Whiren, A. P., Soderman, A. K., & Gregory, K. M. (2009). 영유아의 사회정서발달과 교육(박경자, 김송이, 권연희, 김지현 공역). (2008년 원저 발간). 서울: 교문사.

Legerstee, M., Barna, J., & Di Adamo, C. (2000). Precursors to the development of intention at 6 months: Understanding people and their actions. *Developmental Psychology, 36*, 627-634.

Repacholi, B. M., & Gopnik, A. (1997). Early reasoning about desires: evidence from 14- and 18- month olds. *Developmental Psychology, 33*, 12-21.

Salovery, P., & Mayer, J. D. (1990). Emotional intelligence. *Imagination, Cognition and Personality, 9*(3), 185-211.

Selman, R. L. (1980). *The growth of interpersonal understanding*. New York: Academic Press.

Wellman, H. M. (1990). *The child's theory of mind*. Cambridge, MA: The MIT Press.

Wellman, H. M., & Gelman, S. A. (1992). Cognitive development: Foundational theories of core domains. In M. R. Rosensweig, & L. W. Porter(Eds.), *Annual Review of Psychology* (Vol. 43). Palo Alto, CA: Annual Review.

Wimmer, H., & Perner, J. (1983). Beliefs about beliefs: Representation and constraining function of wrong belifs in young children's understanding of deception. *Cognition, 13*, 103-128.

제12장

다문화

1. 다문화 이해하기
2. 다문화 지도하기

노르웨이에서 2011년 7월 22일 발생한 테러가 다문화주의 혐오자의 소행인 것으로 밝혀지면서, 다문화에 대한 인식 및 교육에 대한 관심이 높아지고 있다.

유럽의 경우 외국인의 이민은 자유로워졌지만, 경기침체가 계속됨에 따라 자국인의 복지지출이 줄었으며, 숙련된 외국인 근로자가 유럽의 노동시장을 잠식하게 되었다. 따라서 유럽 자국인 중 외국인에 대한 불신과 혐오가 발생하면서 다문화 갈등이 사회불안요인이 되었으며 그 극단적인 예로, 노르웨이 극보수자에 의한 테러가 발생하였다.

– 임양미

1 다문화 이해하기

● 그림 12-1 ●

다문화 사회의 아이들

1) 다문화 사회

국제결혼 가정 및 외국인노동자 가정이 증가하면서 우리나라는 점차 다문화 사회로 접어들고 있다. 다문화 사회는 여러 나라 문화가 공존하는 사회라고 1차적으로 이해할 수 있으며, 광의의 개념에서 국가로 유입되는 외국인의 적응을 위한 법과 제도를 마련하는 사회다(김범수, 2009). 다문화 사회는 다음과 같은 특징이 있다(김혜숙, 2011). 첫째, 다문화 사회는 외국인의 유입으로 인해 학교교육, 지역사회, 직장, 문화에 있어서 다양성이 존재한다. 둘째, 다문화 사회는 다양한 인종, 민족, 언어, 종교, 계층의 특성을 가진 집단이 공존하는 사회로 서로 다른 집단 간의 갈등이 존재할 수 있다. 특히 외국인의 유입으로 기존의 내국인과 가치관 등의 차이로 갈등이 발생할 수 있다. 셋째, 다문화 사회에서는 기존의 내국인이 외국인에 대한 고정관념이 존재하여 외국인에 대한 의식적 · 제도적 차별이 발생할 수 있다.

2) 우리나라 다문화 가정의 현황

우리나라에 거주하는 대표적인 외국인은 외국인 근로자와 국제결혼 이민자다. 2010년을 기준으로 우리나라에 거주하는 재외국민 유형을 살펴본 결과, 외국인 근로자가 60.7%로 가장 많았으며, 그다음으로 국제결혼 이민자(13.6%)가 많았다([그림 12-1] 참조).

2007년 산업연수생제도에서 고용허가제로 전환된 이후 해마다 많은 동포 근로자 및 비전문 외국인 인력들이 우리 일터로 들어오고 있다. 행정안전부(2010 재인용) 자료에 의하면, 2007년 약 26만 명이었던 외국인 근로자는 2008년 약 44만 명, 그리고 2009년 약 58만 명으로 늘어나 2010년에 약 56만 명에 달하고 있다(김영혜, 안태윤, 남효정, 2011). 또한 2010년을 기준으로 우리나라 국제결혼 가정은 약 18만 가정(행정안전부, 2010 재인용)이며, 국제결혼이 전체 혼인에서 차지하는 비율은 2001년 4.8%였으나 2002년 5.2%, 2003년 8.4%를 거쳐 2010년에는 10.5%로 늘어남으로써 국제결혼이 우리나라 사회에서 보편적인 혼인형태로 자리잡았다(임양미, 송정, 김혜금, 최명희, 2011).

이와 같이 국내 외국인 수가 증가함에 따라 다문화 가정 및 자녀에 대한 관심이 증가하고 있다. 다문화 가정은 다른 문화적 배경을 가진 사람들로 구성된 가정으로 국제결혼 및 외국인 근로자 가정이 포함될 수 있지만(조영달, 2006), 우리

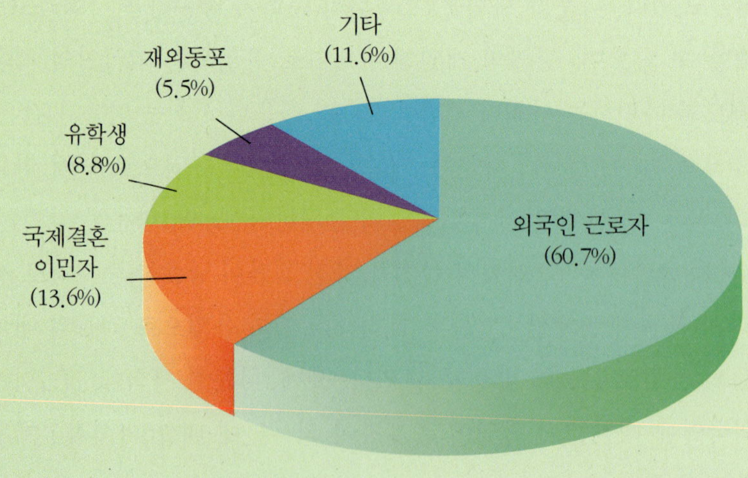

● 그림 12-2 ●

국내 거주 재외국민 유형

출처: 행정안전부(2010).

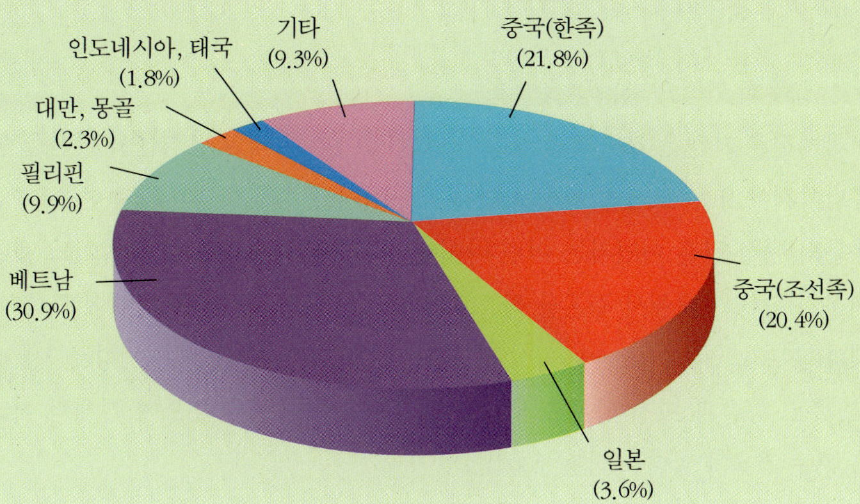

● 그림 12-3 ●

부모의 국적별 다문화 가정 영유아 현황

출처: 행정안전부(2010).

나라 현행법에서는 주로 국제결혼 가정을 다루고 있다. 우리나라의 경우 다문화 가정의 적응과 자녀양육지원 등과 관련된 사업이 여성가족부 및 보건복지부 등에서 이루어지며 이러한 사업의 대상은 주로 국제결혼 가정이다.

특히 국제결혼 가정의 만 18세 이하 자녀 중 영유아기에 해당되는 만 6세 이하 자녀가 75,776명으로 전체 자녀의 62.1%를 차지함으로써 가장 많다. 따라서 국제결혼 가정의 영유아기 자녀양육 및 교육에 대한 관심이 증가하고 있다. 부모의 국적별 다문화 가정 영유아 현황을 살펴보면, 베트남 부모를 둔 영유아기 자녀(30.9%)가 가장 많았으며, 그다음으로 중국(한족)(21.8%), 중국(조선족)(20.4%), 필리핀(9.9%), 일본(3.6%) 순이었다([그림 12-3] 참조).

3) 다문화 가정의 영유아기 자녀양육 및 보육 현황*

(1) 다문화 가정의 자녀양육 현황

국제결혼 가정은 보수적인 성향이 강한 농어촌 지역의 남성들이 맞선을 통해 동남아시아 또는 조선족 여성을 만나 이루어지는 경우가 많다(구수연, 2007). 대부분의 여성 결혼 이민자는 어린 나이에 결혼중개업체를 통해 한국어도 제대로 배우지 못한 상태에서 결혼을 하므로 필수적인 육아지식이나 개념이 부족한 상태다(문무경, 조혜주, 2008). 여성 결혼 이민자 부부의 연령 차이는 평균 7세 정도로, 주로 농촌과 도시 하류층의 남성과 결혼할 가능성이 높으며 경제적 어려움을 겪는 경우가 많다(박미경, 2007).

영유아기 자녀를 둔 여성 결혼 이민자는 자녀양육과 관련된 다양한 스트레스를 지각하는 경우가 많다. 우선 여성 결혼 이민자가 자녀를 양육하면서 경험하는 가장 큰 어려움은 언어문제로, 한국의 언어예절에 대한 체계적인 지식이 부족하고 정확하지 않은 한국어 발음으로 인해 자녀의 한국어 지도 및 책 읽어 주기 등에서 어려움이 있다(서해정, 구현아, 이현주, 2009). 특히 여성 결혼 이민자는 자신의 모국어 사용이 자녀의 한국어 습득을 방해한다는 우려로 자녀에게 한국어를 사용하는 경향이 있으므로(서해정, 구현아, 이현주, 2009), 한국어가 서툰 여성 결혼 이민자의 자녀는 언어발달이 지연될 가능성이 있다. 두 번째 어려움으로 여성 결혼 이민자는 자녀양육에 대한 정보가 부족하며 출신국과 양육방법에 차이가 존재하는 경우가 많아 문화적 갈등을 경험하는 것으로 나타났다(김유경, 조애저, 최현미, 이주연, 2008; 이재분, 강순원, 김혜원, 이해영, 서유미, 2008; 전혜정, 민성혜, 이민영, 최혜영, 조을순, 장수지, 2008). 특히 시부모와 동거하는 가정에서 한국적인 양육방식을 강요하는 시어머니와 자국의 방식을 따르려는 여성 결혼 이민자 간의 갈등이 자주 발생하며, 남편은 가부장적 태도를 보임으로써 가정불화가 발생하는 가정도 있다(문무경, 조혜주, 2008). 시부모와 동거하지 않는 가정에서는 대부분 자녀양육을 여성 결혼 이민자가 담당하지만 대부분의 여성들이

* 다문화 가정의 영유아기 자녀양육 및 보육 현황 중 일부 내용은 경기도 다문화 프로그램 개발 및 적용방안(임양미, 송정, 김혜금, 최명희, 이혜선, 2011) 연구내용을 재인용함.

어린 나이에 한국어를 제대로 배우지 못한 채 결혼을 하므로 이유식을 먹이는 방법이나 예방접종을 하는 등의 필수적인 육아정보가 부족하고 주위에 조언을 구할 친척이나 이웃도 없는 경우가 많다(문무경, 조혜주, 2008). 세 번째 어려움으로 여성 결혼 이민자는 한국에 살면서 다른 형태의 가정을 구성하고 국내 영유아와 다른 특성을 가진 자녀를 양육하면서 상대적인 좌절감과 불안감을 경험할 가능성이 높았다. 이러한 양육 스트레스는 어머니 자신의 심리적 건강뿐 아니라 양육행동에 영향을 미쳐 결국 자녀의 문제행동 및 발달지연을 유발할 수 있다(최나야, 우현경, 2009).

한편 여성 결혼 이민자의 국적에 따라 한국생활의 적응 및 자녀양육에 있어 차이가 존재할 수 있다. 조선족 여성 결혼 이민자는 다른 국적을 가진 '같은 민족'이지만 한국과 중국이라는 다른 문화적 환경에서 살아온 이유로 한국으로 이주 후 문화적 충격을 받은 경우가 발생한다(홍기혜, 2000). 동남아 국가 출신의 여성 결혼 이민자는 더욱 심각하다. 동남아 국가 출신 중 필리핀 여성 결혼 이민자의 경우 대체로 학력이 높고 가톨릭 신자가 많아 안정적인 결혼생활을 하는 경우가 많고 특히 영어구사 능력으로 인해 시댁에서 존중을 받는 경향이 있다. 반면 캄보디아, 베트남, 몽골 여성들은 학력 수준이 낮으며 가난한 나라 출신이라는 점으로 인해 가정 내에서 존중받지 못하고 힘든 결혼생활을 하는 경우가 많으며(문무경, 조혜주, 2008), 조선족 및 일본 어머니보다 베트남 등의 동남아시아 국가 출신의 어머니가 자녀와 대화를 나누는 데 어려움을 경험하는 경우가 많다(이진숙, 2007).

(2) 다문화 가정의 자녀 유아교육기관 이용 현황

다문화 가정 영유아기 자녀의 유아교육기관 이용률은 지속적으로 증가하고 있다. 구체적으로 유아교육기관 및 어린이집 이용률은 2005년에는 각각 28.1%, 12.8%이었던 반면, 2009년에는 유아교육기관 이용률이 57.0%, 어린이집 이용률이 57.5%로 증가하였다(보건복지부, 2009). 특히 2011년부터 소득 수준과 상관없이 다문화 가정 영유아 보육료가 100% 지원됨으로써 다문화 가정 어린이집 이용률은 향후 계속 증가할 전망이다. 따라서 유아교육 현장에서 다문화교육의 필요성이 부각되고 있다.

한편 유아교육현장에서 다문화 가정 영유아의 행동 및 발달 특성에 대해 관심이 증가함에 따라 연구가 활발히 진행되고 있다(김은영, 문무경, 김문희, 박수연, 2010). 그러나 유아교육현장에서 다문화 가정 영유아의 행동 및 발달적 특성에 관한 연구결과는 일관되지 않다. 전혜정 등(2008)의 연구결과에 의하면 다문화 가정 영유아는 일반 영유아에 비해 언어발달이 늦고 정서적으로 불안정하며 공격적 성향이 높다. 또한 다문화 가정 영유아는 유아교육기관에서 혼자놀이를 하거나 교실을 배회하는 경우가 많다(김희태, 권영덕, 2007). 그러나 구수연(2007)의 연구에서는 다문화 가정 영유아의 언어발달과 사회성 발달은 일반가정 영유아와 큰 차이를 보이지 않으며, 어린이집 및 유치원 교사 역시 다문화 가정 영유아와 일반가정 영유아 간의 발달상의 차이를 느끼지 못한다고 보고한 연구(문무경, 조혜주, 2009)도 있다.

특히 다문화 가정 영유아의 연령이 많을수록, 어린이집 및 유아교육기관 경험이 많을수록 정상적인 발달을 보이는 것으로 나타났는데, 유아교육기관에 처음 들어왔을 때 한국어 의사표현이 서툴며 일반가정 영유아와 관계 적응에 어려움을 겪은 다문화 가정 영유아가 시간이 경과할수록 언어 및 사회성 발달에 있어 문제가 없는 것으로 나타났다(김희태, 권영덕, 2007; 정정희, 정민영, 김민정, 허경아, 홍희

생각해 보기

• 여러분의 다문화에 대한 수용성을 확인해 보세요.

항 목	① 그렇다	② 그렇지 않다
1) 나는 우리나라에 사는 다문화 가정 및 그 자녀에 대한 선입견이 있다.		
2) 우리는 다른 문화에 대한 잘못된 편견이나 고정관념을 버리기 위해 노력해야 한다고 생각한다.		
3) 나는 다른 나라와 민족, 인종에 대해 관심이 있다.		
4) 나는 다른 나라의 음식을 먹어 보는 것을 좋아한다.		
5) 나는 민족, 인종, 성 등에 관계없이 인간은 평등하다고 생각한다.		
6) 나는 개인의 문화적 편견은 어릴 때 교육을 통해서 형성된다고 생각한다.		

주, 2010). 이러한 연구결과는 영유아기에 어린이집에서 이루어지는 또래 및 교사와의 상호작용을 통해 이루어지는 다문화 교육의 중요성을 시사하고 있다.

2 다문화 지도하기

1) 다문화 지도를 위한 이론적 접근

우리나라는 OECD 국가와 비교해 볼 때, 거주하는 외국인의 증가율이 가장 높고, 별도의 준비없이 급속하게 다문화 사회로 진입하게 되었다. 향후 미래사회에서는 다양한 생활과 가치관, 문화관을 가진 개인과의 상호이해와 협력을 통한 창의적 문제해결 능력이 필요하므로, 인성 및 사회성 발달의 기초를 다지는 영유아기 때부터 다문화에 대한 인식과 다문화 사회에서 서로 어울려 살아가는 데 필요한 태도와 지식에 대한 교육이 이루어져야 된다. 다문화교육을 실시하기 위해서는 다문화를 다루는 사회적 방식에 대한 다양한 이론적 접근을 이해하는 것이 필요하다. 다문화교육의 이론적 기초는 다문화 사회에서 이질적인 문화를 수용하는 방식에 따라 동화주의, 문화다원주의, 다문화주의로 구분된다(이순형, 김혜라, 김유미, 우현경, 권윤정, 2011).

(1) 동화주의

동화주의(assimilation)는 다양한 소수 문화를 주류 문화 속에 통합시키는 것을 목적으로 이민자의 경우 이주한 국가에서 자국민과 같이 그 나라 언어를 사용하여야 하며 주류문화를 받아들이는 것을 당연하게 여긴다. 국가란 하나의 언어 · 문화 · 민족으로 구성되어야 한다는 동화주의는 국민통합 또는 사회통합을 중시하며 이민자의 문화 · 언어 · 생활습관을 포기하는 대신 직업이나 교육의 기회에서 차별금지 등의 정책을 내세워 소수 민족을 지원하고 사회참여를 유도한다. 동화주의를 채택하는 국가는 미국, 프랑스, 네덜란드, 영국 등의 유럽국가다. 그러나 동화주의는 이민자의 다양성을 강제로 억제함으로써 사회적 갈등과 분열을 초래할 수 있다는 문제점이 제기되고 있다.

(2) 문화다원주의

동화주의에 대한 비판이 본격화되면서 Kallen 등을 중심으로 문화적 다원주의 이론(pluralism)이 제기되었다. 문화다원주의는 이민자 자신의 문화를 유지할 경우 사회에 더 잘 통합될 수 있다는 가정 아래 각 이민자 집단의 고유한 전통을 보존하고 문화적 순수성을 유지하고자 한다. Kallen은 다른 형태와 맛을 가진 각종 재료들이 모여 드레싱에 의해 뒤섞여 새로운 맛을 내는 샐러드와 같이 각 이민자의 타고난 특성과 문화를 살려서 더 조화롭고 새로운 사회를 창출해 내는 것이 바람직하다고 주장한다. 그러나 각 다양한 이민자의 문화는 끊임없이 변화해 가므로 사회가 수시로 변동됨으로써 혼란을 야기할 수 있다.

(3) 다문화주의

다문화주의는 동화주의와 문화다원주의의 장점을 결합한 이론이다. 다문화주의는 한 국가 안에서 사회문화적 다양성을 보호하고 인종, 민족, 국적에 따른 차별과 배제 없이 모든 개인이 공평한 기회를 보장하는 정책을 실시한다(Taylor, 1992). 다문화주의는 민주적인 사회, 도덕적으로 고양된 사회, 이질적 집단 간 갈등을 해소하고 사회적 단결과 통합이 실현되는 사회를 지향한다. 따라서 오늘날처럼 다양성이 공존하는 세계에서 다문화주의는 매우 중요한 사회적 철학이라고 볼 수 있다. 현재 우리나라를 비롯한 많은 국가에서 다문화주의를 채택하고 있다. 우리나라의 경우 다문화 가정 부모 및 자녀양육지원 정책과 더불어 다문화 가정 부모와 언어를 유지하고 조장하는 정책(예: 다문화 가정 자녀의 이중언어 교육지원)을 동시에 수행하고 있다.

2) 다문화 지도 계획하기

다문화교육은 다양한 사람이 각기 자기 자신과 타인을 존중하는 태도를 지니게 함으로써 결과적으로 나와 다른 외모, 문화, 생각, 생활방식을 가진 사람들을 이해하고 수용하여 더불어 살 수 있는 기반을 만드는 교육이다(김혜숙, 2011). 다문화교육은 자아개념이 형성되고 자아와 타인의 유사성과 차이점을 인식하는 영유아기 때부터 시작하는 것이 바람직하다. 특히 다수의 연구자(김연진, 이경화,

송주미, 장미경, 2005; 임양미, 송정, 김혜금, 최명희, 이혜선, 2011)는 다문화교육을 시작하는 적정 연령이 만 2세 이상부터라고 제시하고 있다.

(1) 교육목표

다문화 유아교육은 문화적으로 다원화된 사회를 준비시키고, 자신의 문화에 대한 정체성을 가지고 타 문화와 인종에 대해 개방적이고 이해하는 태도를 가져 그 문화를 공유할 수 있도록 하는 데 목적을 둔다. 영유아 다문화교육 목표는 다섯 가지로 요약될 수 있다(박찬옥, 지성애, 김미경, 이부미, 채영란, 김현경, 김순자, 2011; 이순형, 김혜라, 김유미, 우현경, 권윤정, 2011).

다문화 유아교육 목표

- 영유아가 타인의 문화를 존중하고 가치 있게 여길 뿐 아니라 자신의 것으로 수용할 수 있도록 한다.
- 모든 영유아가 다문화 사회에서 성공적인 생활을 할 수 있도록 돕는다.
- 영유아가 긍정적인 자아개념을 가질 수 있도록 한다.
- 모든 유아가 문화적 다양성에 의한 차이뿐 아니라 인간으로서의 동질성을 긍정적인 방식으로 경험하도록 한다.
- 다양한 문화를 가진 사람들이 전체 사회의 고유한 부분을 담당하며 함께 협력하고 있음을 경험하게 한다.

(2) 교육내용

다문화교육의 내용은 다양하게 접근할 수 있으나, 크게 여섯 가지로 요약할 수 있다(채정란, 1999)(〈표 12-1〉 참조). 다문화교육 내용은 문화, 협력, 편견, 정체성, 평등성, 다양성으로 구분되며 각 내용은 세부내용으로 구성된다. 우선 문화의 경우, 문화 간의 유사점과 차이점의 특징을 알고, 각 문화에 대한 이해 및 존중감을 기르며 다양한 문화에 대한 긍정적 태도를 발달시키는 세부내용으로 구성되어 있다. 협력의 경우 다양한 사람들과의 상호작용 능력과 협동 능력을 증진시키는 세부내용으로 이루어져 있으며, 편견의 경우 타인 및 타문화에 대한 선입견, 고정관념 및 차별대우에 대한 비판적인 사고를 형성하며 이러한 문제에 직면할 경우 대처할 수 있는 능력을 길러 주는 내용으로 구성되어 있다. 정체성의 경우, 긍정적인 자아개념과 자아정체감 및 집단정체성을 형성할 수 있도록 하는 내용을 포함하고 있다. 평등성의 경우 국가, 민족, 성, 신체적 능력, 사회적 계층은 모두 다르지만, 인간은 모두 평등하다는 긍정적인 태도와 가치를 형성하는 내용으로 이루어져 있다. 다양성은 유사점과 차이점을 가지고 있는 다양한 개인과 집단이 존재하는 것을 알고 이러한 다양성에 존중하는 마음을 갖도록 하는 내용을 포함한다(김영옥, 서현, 박형신, 정상녀, 윤경선, 박미자, 이나영, 2011; 김혜숙, 2011).

표 12-1 ● 다문화교육 내용

구분	세부내용
문화	• 문화 간의 유사점과 차이점의 특징 알기 • 각 문화에 대한 이해 및 존중감 기르기 • 다양한 문화에 대한 긍정적 태도 발달시키기
협력	• 다양한 사람과의 상호작용 능력 증진시키기 • 다양한 사람과의 협동 능력 증진시키기
편견	• 선입견, 편견, 고정관념에 비판적 사고 형성하기 • 문제상황에 직면했을 경우 대처 능력 기르기
정체성	• 긍정적 자아개념 기르기 • 자아정체감 및 집단 자아정책감 형성하기
평등성	• 국가, 민족, 성, 능력, 계층에 대한 긍정적 태도 가지기 • 인간평등의 가치형성하기
다양성	• 다양한 개인과 집단의 존재 인정하기 • 다양성에 대한 존중하는 마음 가지기

출처: 김영옥 외(2011), 김혜숙 (2011).

(3) 교육방법

유아교육기관에서 다문화교육은 일반가정 영유아와 다문화 가정 영유아를 대상으로 진행하는 통합교육과 다문화 가정 영유아의 개인 특성을 고려하여 개별적인 상호작용을 통해 수행된다. 구체적으로 유아교육기관을 다니는 모든 영유아를 대상으로 하여 자아존중감, 타인의 문화, 인종 등의 차이를 수용하며 다양한 문화를 가진 사람들과 협력해 가는 태도를 배양하는 공통적인 다문화교육이 이루어져야 된다. 또한 다문화 가정 부모의 양육행동과 다문화 가정 영유아기 자녀의 행동 및 발달 특성을 고려한 교육도 함께 수행할 필요가 있다.

① 다문화통합교육

다문화통합교육은 '생활주제 중심의 접근'과 '통합적 접근'을 통해서 이루어지는 것이 바람직하다(김혜숙, 2011).

유아교육에 있어 생활주제를 중심으로 구성하고 운영하는 것은 가장 보편적이다. '생활주제 중심의 접근'은 영유아에게 흥미롭고 친숙한 주제를 중심으로 다양한 영역에서 활동하는 것을 의미한다. 다문화통합교육은 연간 생활주제를 중심으로 영유아의 사고를 확장시킬 수 있도록 모든 생활주제와 연계하여 연간 계획으로 다양하게 실시되어야 한다.

다문화교육에서 '통합적 접근'은 다문화 교육내용을 중심으로 각 영역의 교육활동을 통합적으로 운영하는 것이다. 영역별 통합이란 표준보육과정의 기본생활, 신체운동, 사회관계, 의사소통, 자연탐구, 예술경험 영역의 교육내용이 분리되지 않고 한 가지 놀이활동 안에서 자연스럽게 이루어지도록 하는 것이다(누리과정 → 신체운동 · 건강, 사회관계, 의사소통, 자연탐구, 예술경험). 따라서 다문화통합교육 시, 한 가지 주제를 중심으로 흥미로운 자유선택활동, 대 · 소집단 활동을 통합하여 운영하는 것이 바람직하다. 다문화교육에서 '생활주제 중심의 접근'과 '통합적 접근'을 적용한 예(임양미, 송정, 김혜금, 최명희, 이혜선, 2011)는 〈표 12-2〉와 같다. 〈표 12-2〉에서 제시된 다문화교육 프로그램은 표준보육과정의 연간 주제를 중심으로 월별로 진행할 수 있는 다문화통합 교육프로그램과 자유선택활동을 계획한 예로, 이러한 활동은 표준보육과정의 6개 영역의 교육내용이 통합되어 진행되고 있다. 구체적인 활동의 예는 '다문화교육 실천하기'에서 소개하고자 한다.

표 12-2 ● 만 3세 다문화 보육프로그램 활동별 표준보육과정 관련 영역

월	생활주제		활동명		표준보육과정 관련 영역					
					기본생활	신체운동	사회관계	의사소통	자연탐구	예술경험
3월	우리반과 친구	1	【통합】	생김새가 달라도 우리는 친구예요			○			
			【개별】	밤하늘의 별			○	○		
		2	【통합】	언어가 달라도 친구가 될 수 있어요			○			
			【개별】	하트 모양 수 퍼즐			○		○	
4월	봄	3	【통합】	나라를 대표하는 꽃이 있어요			○	○		
			【개별】	무궁화 꽃을 세어 보아요			○		○	
		4	【통합】	봄 교향곡을 감상해요				○		○
			【개별】	나비그림 맞추기					○	
5월	나와 가족	5	【통합】	다양한 가족이 있어요			○	○		
			【개별】	나의 가족이에요			○	○		
		6	【통합】	세계 여러 나라의 집이에요			○			
			【개별】	지구 마을 게임	○		○			
6월	동물	7	【통합】	정글에서 사는 동물이에요				○	○	
			【개별】	원숭이 옷이 예뻐요					○	
		8	【통합】	북극에서 사는 동물이에요			○		○	
			【개별】	굴 속의 곰					○	○
7월	여름	9	【통합】	항상 여름인 나라가 있어요			○		○	
			【개별】	여름 꾸미기					○	
		10	【통합】	더운 나라에서 볼 수 있는 과일이에요				○	○	
			【개별】	여름 과일 씨앗이에요					○	
8월	탈 것	11	【통합】	다른 나라에서 볼 수 있는 탈것이에요				○	○	
			【개별】	자동차를 주차해 주세요					○	
		12	【통합】	공항은 어떤 곳일까요?			○	○		
			【개별】	공항 꾸미기			○		○	
9월	건강하고 안전한 생활	13	【통합】	나라마다 국수로 만든 음식이 달라요			○	○		
			【개별】	포크-스푼-나이프			○		○	
		14	【통합】	세계 여러 나라의 자연재해	○		○			
			【개별】	연기를 피해 기어가요	○	○				

(계속)

10월	가을	15	【통합】	쌀을 주식으로 하는 나라예요			○			
			【개별】	벼 이삭 모양의 모루 도장 찍기					○	○
		16	【통합】	올림픽 성화			○			○
			【개별】	올림픽 운동경기			○			○
11월	우리의 이웃	17	【통합】	하는 일이 달라요			○	○		
			【개별】	멋지게 분장해요			○			○
		18	【통합】	외국인 마을			○	○		
			【개별】	남산골 한옥 마을			○			
12월	겨울	19	【통합】	에스키모			○		○	
			【개별】	장갑의 짝을 찾아 주세요					○	
		20	【통합】	산타할아버지는 어디에서 사시나요?			○	○		
			【개별】	산타의 선물 보따리					○	
1월	우리나라와 명절	21	【통합】	명절에 입는 옷이에요			○			
			【개별】	전통 문양 이용해서 한복 꾸미기			○			○
		22	【통합】	우리나라와 다른 나라의 연			○			○
			【개별】	전통놀이			○		○	
2월	많이 컸어요	23	【통합】	여러 나라의 전통춤			○			○
			【개별】	한삼 끼고 춤을 추어요			○			○
		24	【통합】	다른 나라에 가 봐요			○	○		
			【개별】	여행가기			○	○		

출처: 임양미 외(2011).

② 다문화 가정 영유아와의 개별적인 상호작용

유아교육기관 교사는 다문화 가정 영유아를 일반가정 영유아와 함께 통합교육을 수행하는 것을 원칙으로, 언어발달이 다소 지연되거나 또래와의 관계 형성에 어려움을 경험하는 등 유아교육기관에서 적응이 어려운 다문화 가정 영유아를 위해 일상적인 보육활동에서 개별적인 상호작용을 고려할 수 있다. 예를 들어, 또래와의 관계 형성에 어려움을 경험하는 다문화 가정 영유아를 위해 일반가정 영유아와 다문화 가정 영유아를 대상으로 통합교육("언어가 달라도 친구가 될 수 있어요.")을 수행하며 독서 영역에서 다문화 가정 영유아와 친구와 관련된 동화책을 읽어 주면서 친구관계에 대한 이야기 나누기를 개별적으로 수행해 볼 수 있다.

(4) 교사역할 및 교수전략

다문화 유아교육을 실시하는 교사의 역할은 다음과 같이 정리할 수 있다(신순식, 김태선, 신은정, 2010). 첫 번째로, 교사는 자신 및 타인의 가족, 인종, 성별, 신체에 있어 다양한 차이를 이해시키며 의문점이 있을 경우 적절한 해결책을 찾아갈 수 있도록 도와주어야 한다. 둘째, 교사 자신이 다문화교육의 중요성을 인식하고 다양한 교육활동을 제시하며 다문화교육이 일상생활 보육활동에서 자연스럽게 이루어지도록 해야 한다. 셋째, 교사 스스로 다문화에 대한 고정관념이나 편견을 지양하며 교수자료 및 교실환경 내에서도 이러한 편견을 배제해야 한다. 넷째, 교사는 다양한 교수매체를 활용하여 다문화교육을 보육과정에 통합하여 실시하여야 한다.

특히 교사는 이러한 다문화 유아교육을 계획하고 실시하는데 있어 자기표현, 토의하기, 문제해결, 추론, 모델링, 설명 등의 교수전략을 적용할 수 있다(이순형, 김혜라, 김유미, 우현경, 권윤정, 2011).

① 자기표현

자기표현은 유아가 자신의 생각과 느낌을 다양한 형태로 표현하는 것으로 유아는 자기표현을 통해 자신의 감정을 인식하고 타인의 느낌과 생각을 조망할 수 있는 기회를 얻을 수 있다. 따라서 교사는 유아의 자기표현을 통해 다양한 문화 및 인종에 대한 인식과 감정을 확인할 수 있다.

② 토의하기

토의하기란 두 사람 이상이 어떤 주제나 다양한 갈등상황에 대해 서로 의견을 나누고 의견 간의 유사점과 차이점을 살펴보며 의견 차이가 있을 때 해결하기 위해 논의하는 과정을 말한다. 교사는 각 가정의 문화, 지역의 특성, 다양한 문화를 토의하는 과정을 통해 문화의 다양성을 유아가 긍정적으로 받아들일 수 있도록 한다.

③ 문제해결하기

문제해결이란 학습자와 교사가 함께 문제상황에 대한 원인과 해결책을 모색해 가는 과정으로 주체는 학습자가 된다. 교사는 각 가정에서 유아나 친척의 생일을 축하해 주는 방식이 다른 유아를 대상으로 함께 친척의 생일을 준비할 때 어떻게 준비해야 되는지와 같은 문제상황을 제시하면서 문화적 차이에 대한 문제해결 방안을 찾아볼 수 있다. 즉, 교사는 이러한 문제해결 과정을 통해 다양한 관점에서 사건과 사물을 해석하는 과정을 통해 유아의 창의적 문제해결력을 배양할 수 있다.

④ 추론

추론은 사물, 사람, 현상 간에 작용하는 인과관계를 판단하고 예측하는 사고 활동을 조장하는 교수전략이다. 교사는 주어진 상황에서 타인의 생각과 정서를 상대 입장에서 추론하는 기회를 제공함으로써 유아가 다양한 특성을 가진 타인을 이해하고 존중하는 기초를 다질 수 있게 된다.

⑤ 모델링

모델링은 사회적으로 가치 있는 행동의 예를 보여 주어 학습자가 자연스럽게 학습하도록 돕는 방법이다. 교사는 일상생활에서 다문화적 소재를 찾아 유아가 간단한 역할극을 수행하도록 함으로써 바람직한 다문화적 가치관 및 태도를 기를 수 있다.

⑥ 설명

설명은 유아가 일반적인 원리를 이해하도록 한 후, 이 원리를 구체적 사례에 적용시킴으로써 개념을 형성하도록 하는 방법이다. 이 방법은 다문화 가정 외국인 부모를 유아교육기관에 초청하여 세계 각국의 음식축제를 열고 직접 각 나라의 문화에 대한 설명을 듣는 활동을 통해 효과적으로 사용될 수 있다.

(5) 환경 구성

다문화 유아교육을 계획하기 위해 교사는 다음과 같은 사항을 고려해야 된다(김영옥, 2002). 우선 유아의 발달 수준을 고려하여 환경을 구성하되 다른 교육활동과 동일하게 영역 간의 통합적인 활동이 이루어질 수 있도록 흥미 영역에서 다양한 자료를 마련하는 것이 중요하다. 특히 교육활동 자료 제공 시, 다문화에 대한 고정관념이나 편견이 내포되어 있는지 점검해야 된다(신순식, 김태선, 신은정, 2010).

홍미 영역별로 다문화교육 환경 구성의 예를 제시하면 다음과 같다(Kendall, 1996; 이순형, 김혜라, 김유미, 우현경, 전윤정, 2011).

- 언어 영역: 각 문화권의 전래동화, 노래, 동요, 다양한 성역할을 습득할 수 있는 도서, 퍼즐, 여러 나라의 속담, 우화, 재미있는 이야기, 여러 나라의 문자들
- 수놀이 영역: 전래 놀잇감, 여러 나라의 공예품, 물건의 비교, 분류, 서열화, 패턴 활동자료
- 과학 영역: 지구본, 지도, 각 나라의 토양과 기후를 소개하는 자료
- 음률 영역: 여러 나라의 민속악기, 전통무용 자료, 여러 나라의 민속음악, 여러 나라의 생일 노래, 손 유희
- 조작놀이 영역: 여러 나라 문화권과 관련된 물건을 맞추는 퍼즐
- 조형 영역: 다양한 질감의 천, 끈, 만들기 자료, 여러 나라의 종이접기 자료, 구슬꿰기 자료
- 역할놀이 영역: 다양한 문화권뿐 아니라 다양한 계층의 옷
- 요리 영역: 유아가 자신에게 익숙하지 않은 다른 음식을 경험하거나 각 문화에 따라 음식을 준비하고 요리하고 먹는 절차와 방법이 다르다는 것을 알고 이해

또한 교사는 유아의 연령 및 발달 특성에 부합되는 교육자료를 제시할 필요가 있다(김영옥, 2005). 즉, 2~4세 유아는 자기 이름과 신체 특성에 강한 호기심을 보이고 타인의 성, 피부, 신체구조에 관심을 보이기 시작하므로 다양한 민족과 문화가 반영된 구체적인 인형, 다양한 피부색을 표현할 수 있는 미술자료, 다양한 색깔의 사람 모양 스펀지, 성 · 인종 · 신체적 차이에 대해서 제시된 그림, 퍼즐 등을 유용하게 활용할 수 있다. 또한 만 4~5세 유아는 성, 연령, 사회계층, 지역, 능력에 대한 이해와 더불어 자신이나 가족의 문화적 정체성에 대해서도 인식이 가능해지며 다른 사람 역시 문화적 정체성을 가지고 다른 생활방식과 태도를 가지고 있다는 점을 이해하기 시작한다. 이 연령대의 유아에게는 다양한

가족구성에 대한 내용을 다루는 이야기 나누기 자료, 성역할에 대한 이야기 나누기 자료 등이 활용될 수 있으며 다양한 신체적 능력을 가진 사람 인형(예: 장애아, 특별한 요구가 필요한 사람), 여러 인종과 성역할에 대한 퍼즐, 여러 집단의 종교, 음식, 의상, 가정생활에 관련된 자료, 다양한 배경을 가진 예술작품, 여러 역할을 경험할 수 있는 역할놀이 소품, 국가나 국가의 상징, 지구본, 지도 등을 비치해 활용할 수 있다.

(6) 부모 및 지역사회 연계

효과적인 다문화 유아교육을 위해 부모 및 지역사회와의 연계가 필요하다. 우선 일반 및 다문화 가정 부모의 다문화 및 '다름'에 대한 부정적인 편견과 고정관념은 유아의 다문화에 대한 태도에 영향을 미치므로 부모교육을 계획하는 것이 중요하다. 이러한 목적의 부모교육은 강의를 통해서도 이루어질 수 있으나 다문화 관련 행사(예: 다문화 요리축제)를 유아교육기관에서 실시하여 다문화 및 일반가정 부모와 자녀가 함께 참여함으로써 자연스럽게 다문화에 대한 수용성을 배양시킬 수 있다. 또한 유아교육기관에서 이루어지는 다문화 교육활동과 관련하여 일반 및 다문화 가정 부모를 대상으로 알림장 및 부모교육을 통해 자녀와 함께 진행할 수 있는 놀이활동을 소개할 수 있다.

또한 유아교육기관에서는 다문화 가정 부모가 한국어 습득 능력이 부족하고, 자녀와의 놀이지도방법을 잘 모를 경우 이를 지원할 수 있는 지역사회 프로그램을 연계해 주는 것이 필요하다. 즉, 다문화 가정 부모를 위한 부모교육 등의 교육적 지원과 지역사회의 다문화 가정을 위한 다른 프로그램(예: 다문화가족지원센터의 부모교육)을 부모에게 소개해 줄 수 있다. 현재 다문화가족지원센터는 다문화 가정 외국인 부모의 한국어교육 및 자녀양육지원사업을 수행하는 대표적인 지역사회자원이다. 다문화가족지원센터 사업 중 다문화가족 자녀를 지원하는 사업으로 부모의 한국어교육, 부모교육 등이 있으며, 다문화 가정을 방문해서 자녀의 정서·사회성 지도에 어려움을 겪는 부모에게 교육을 수행하고 있다(임양미, 송정, 김혜금, 최명희, 이혜선, 2011). 유아교육기관에서는 지역사회에서 다문화 가정 부모에게 도움을 줄 수 있는 교육 프로그램 및 지원 프로그램에 대한 정보를 부모에게 적극적으로 소개해 줌으로써 다문화 가정 부모의 자녀양육지원을 강화할 수 있다. 다문화가족지원센터에서 수행하고 있는 다문화 가정 부모 방문교육의 예를 제시하면 〈표 12-3〉과 같다.

표 12-3 ● 다문화가족지원센터의 부모방문교육

프로그램	내 용
부모성장 프로그램	문화 차이, 자기분석, 가족 이야기, 감정 다루기, 행복한 부모 되기
부모자녀 관계 증진 프로그램	자녀의 아동발달에 대한 이해 고양 및 자녀양육에 대한 자신감 획득, 자녀의 건강한 발달 및 교육을 위한 부모역할 습득
영양 및 건강지도 프로그램	영양섭취 및 영양관리 문제, 건강관리 그리고 안전사고 예방 및 응급조치에 대한 기본적인 대응방안 제시
생활지도 및 학교입학준비 프로그램	기본 생활습관 형성, 보육시설 및 유치원 생활, 초등학교 생활, 주변시설을 이용한 학습, 가정학습
연령에 따른 놀이지도 프로그램	신체놀이, 사회적 놀이, 구성놀이, 극화놀이, 규칙 있는 게임방법 및 연령에 맞는 놀이 지도

출처: 여성가족부(2011).

3) 다문화 지도 실천하기

앞서 제시된 다문화 유아교육에 대한 설명을 토대로, 표준보육과정의 연령별 연간 주제에 따라 다문화 통합교육, 다문화 가정 영유아와의 개별적인 상호작용, 가정연계 프로그램으로 진행되는 다문화 유아교육의 실례(만 4세아 대상)(임양미, 송정, 김혜금, 최명희, 이혜선, 2011)를 소개하고자 한다. 이 다문화 유아교육은 일반가정 영유아와 다문화 가정 영유아를 대상으로 일상적인 보육활동을 통해서 이루어지는 것을 원칙으로 다문화 가정 영유아와 교사가 개별적으로 상호작용하는 방법을 함께 제시하며 가정에서 동일한 주제의 활동을 부모와 영유아가 진행함으로써 교육효과를 높이며 부모에게 놀이방법에 대한 지식 및 정보를 제공함으로써 '부모교육 효과'가 발생 가능하다.

활동 1

▶ 관련 생활주제: 우리나라와 다른 나라의 생활 ▶ 대상 연령: 만 4세

나라마다 옷이 달라요

활동목표

- 각 나라 고유의 전통의상에 관심을 가진다.
  (사회관계 > 사회적 지식 > 세계와 여러 문화에 관심 가지기)
- 날씨나 기후에 따라 몸을 보호하기 위해 입는 옷이 다르다는 것을 안다.
  (기본생활 > 건강한 생활 > 상황에 맞게 옷 입기)

활동유형

대 · 소집단활동(이야기 나누기)

활동자료

- 두 명의 한국 아이들 그림
- 세계 여러 나라 전통의상 그림 자료

▸▸ 두 명의 한국 아이들
엘리자베스 키스(1887~1956).

활동방법

- 엘리자베스 키스의 작품 '두 명의 한국 아이들' 을 보여 준다.
  - 그림 속의 친구들이 무슨 옷을 입고 있니?
- 한복에 대해 이야기를 나눈다.
  - 너희들도 이런 옷을 입어 본 적이 있니? 어떤 날에 한복을 입었니?
  - 한복을 입어 보니까 어땠니?
- 세계 여러 나라의 전통의상 그림자료를 보여 주면서, 각 나라의 전통 옷에 대해 이야기를 나눈다.
  - 다른 나라 사람들은 어떤 옷을 입을까? 나라마다 전통 옷이 있을까?
  - 이런 옷을 본 적이 있니? 어떻게 생겼니?
  - 어느 나라의 옷일까? 우리나라 한복과 어떤 점이 다르니?
- 각 나라마다 전통의상이 다른 이유에 대해 이야기를 나눈다.
  - 왜 ○○나라 사람들의 옷은 두껍고 털이 달려 있을까?
  - 왜 나라마다 사람들의 옷이 다를까?
- 어떤 옷이 제일 마음에 드는지 이야기를 나눈다.
  - 어떤 옷이 가장 입고 싶니? 왜 그런 생각이 들었니?

유의사항

- 각 나라의 전통의상의 모양이나 색, 무늬 등을 자세하게 살펴본다.

확장활동

- 다문화 가정 아동의 가족을 초청하여 한복과 다문화 가정의 전통의상을 비교해 보고 공통점과 차이점을 비교해 볼 수 있다.
- 국기와 전통의상을 짝지어 보는 활동을 해 볼 수 있다.
- 각 나라의 전통의상 그림 카드로 패턴활동을 해 볼 수 있다.

활동 2

▶ 관련 생활주제: 우리나라와 다른 나라의 생활 ▶ 대상 연령: 만 4세

옷과 국기를 짝지어 주세요

활동목표

- 세계 여러 나라의 전통의상과 국기에 관심을 가진다.
  (사회관계 > 사회적 지식 > 세계와 여러 문화에 관심 가지기)
- 관련 있는 것을 짝지어 본다.
  (자연탐구 > 수학적 탐구 > 자료 수집과 분석하기)

활동유형

자유선택활동(수 · 조작)

활동자료

세계 여러 나라 국기와 전통의상 퍼즐 카드 7쌍, 세계지도(혹은 지구본)

한국 · 러시아 · 중국 · 영국 · 일본 · 사우디아라비아 · 프랑스

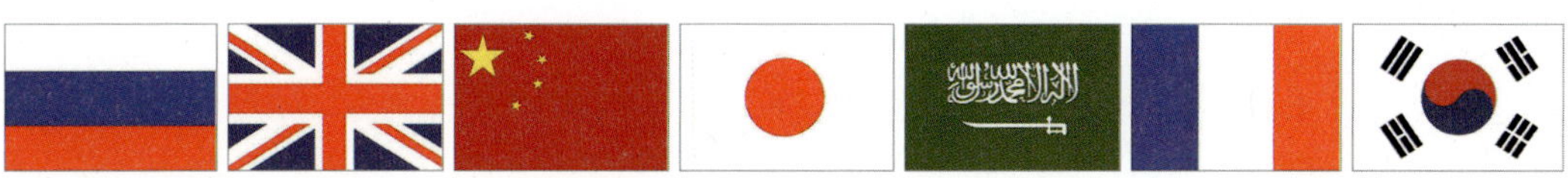

활동방법

- 세계 여러 나라 전통의상을 보며 이야기를 나눈다.
  - ○○아, 이런 옷을 본 적이 있니?
  - 이 옷은 어느 나라의 옷일까?
- 퍼즐을 맞추는 방법을 알아보고, 전통의상 카드와 국기 카드를 맞추어 본다.
  - 이것과 짝이 되는 것은 무엇일까?
- 퍼즐에 나오는 각 나라를 세계지도에서 찾아본다.
  - 이 나라의 국기는 어떻게 생겼니?
  - 이 나라는 어디에 있을까? 지도에서 찾아볼까?
  - 우리나라의 옷(국기)과 이 나라의 옷(국기)은 어떻게 다르니?

활동 3

▶ 관련 생활주제: 우리나라와 다른 나라의 생활 ▶ 대상 연령: 만 4세

우리는 모두 친구예요

활동목표

- 세계 여러 나라의 전통의상에 관심을 가진다.
  (사회관계 > 사회적 지식 > 세계와 여러 문화에 관심 가지기)
- 세계 여러 나라의 사람을 창의적으로 표현한다.
  (예술경험 > 예술적 표현 > 미술활동 즐기기)

활동유형

자유선택활동(미술)

활동자료

종이, 가위, 색연필 및 사인펜

손에 손잡은 세계 여러 나라의 친구들을 만들어 보세요.

① 종이를 다음의 그림처럼 반으로 자르세요.

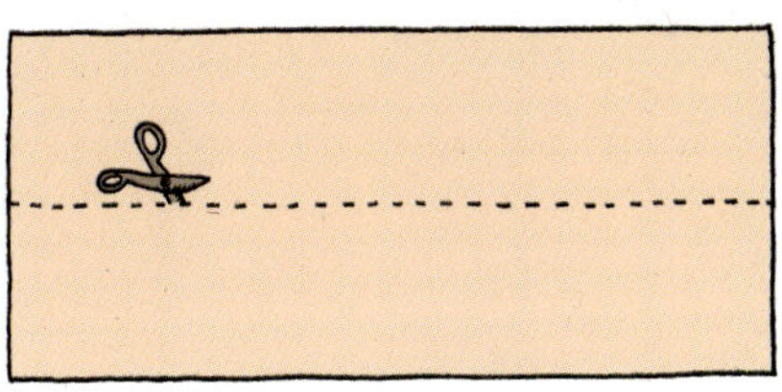

② 자른 종이를 그림처럼 접어 주세요.

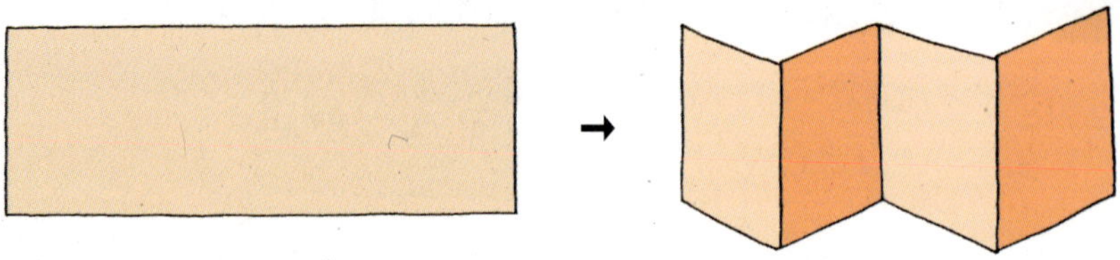

③ 사람 모양의 그림을 그리고, 가위로 오려 주세요.
(치마 입은 사람을 그려도 돼요)

④ 어떤 모양이 되었나요? 세계 여러 나라 친구들을 멋지게 꾸며 보세요.

다문화 가정 연계활동을 위한 교사지침

① 이 활동의 교육적 의미

- 손에 손을 잡은 사람들을 종이로 오리고 창의적으로 만들고 꾸며 본다.
- 세계 여러 나라의 친구들의 모습을 다양한 방법으로 꾸며 봄으로써, 다양한 나라의 친구들에 관심을 갖는다.

② 교사가 부모에게 전달해야 할 주요 사항

- 교사는 먼저 부모에게 '다문화 가정 연계활동지'에 소개된 활동의 완성된 작품을 보여 주고, 만드는 방법에 대해 알려 준다(교사가 활동지에 수록된 활동순서대로 시범을 보여 주며, 교사의 시범대로 부모가 따라할 수 있도록 한다).
- 다 만든 후에는 크레파스, 사인펜 등으로 사람들의 얼굴, 머리, 옷 등을 꾸며 볼 수 있도록 지도한다. 색종이 등의 다양한 재료를 제공해 줄 수 있도록 안내한다.
  - (교사가 만든 작품을 보여 주며) 어떤 모양이 나왔나요?
  - 이 친구들의 모습을 꾸며 보도록 해요. 얼굴은 어떤 색으로 꾸며 볼까요? 옷은 어떻게 꾸며 볼까요?
- 몇 개의 작품을 더 만든 후 연결해 볼 수 있도록 안내한다.
  - 아이가 더 만들고 싶어 하면, 종이를 더 주어 여러 개 만들어 보세요. 치마를 입은 친구, 바지를 입은 친구 다양하게 만들어 보세요. 그리고 서로 연결해 보세요. 엄마가 만든 것도 함께 연결해서 길게 만들어 보세요.
  - 작품을 집에 전시해 주고, 작품에 대해 이야기해 보도록 안내한다.
  - 아이에게 "이 친구는 어떻게 꾸민 거니?" "이름은 뭐니?"라고 물어보세요.

참고문헌

구수연(2007). 어린이집 생활을 통해 본 여성 결혼 이민자 자녀와 가정에 대한 이해. 열린유아교육연구, 12(5), 95-124.

김범수(2009). 다문화사회 이해 및 개론. 다문화 전문상담원 양성과정 자료집. 평택대학교 다문화가족센터.

김영혜, 안태윤, 남효정(2011). 경기도 다문화가족 상담사례와 개선방안 연구. 경기도가족여성연구원.

김연진, 이경화, 송주미, 장미경(2005). 유아 · 아동발달. 서울: 동문사.

김영옥(2002). 유아 다문화교육 프로그램 모델 개발연구. 유아교육학논집, 6(2), 5-38.

김영옥(2005). 유아를 위한 다문화교육-반편견, 세계 이해교육의 현장적용-. 서울: 정민사.

김영옥, 서현, 박형신, 정상녀, 윤경선, 박미자, 이나영(2011). 유아 다문화교육의 이론과 실제. 서울: 학지사.

김유경, 조애저, 최현미, 이주연(2008). 다문화시대를 대비한 복지정책방안 연구-다문화가족을 중심으로. 한국보건사회연구원.

김은영, 문무경, 김문희, 박수연(2010). 다문화 가정 영유아 지원 효율화 방안 연구. 육아정책연구소.

김혜숙(2011). 생활주제와 통합된 유아 다문화교육의 이론과 실제. 파주: 양서원.

김희태, 권영덕(2007). 다문화 가정 유아의 유아교육기관에의 적응과 변화과정. 미래유아교육학회지, 14(4), 95-117.

문무경, 조혜주(2008). 다문화 가정 육아지원 방안 연구. 육아정책연구소.

박미경(2007). 교사를 통해 본 다문화 가정 유아의 특성 및 교사의 어려움-결혼 이민자 가정을 중심으로. 이화여자대학교 대학원 석사학위논문.

박찬옥, 지성애, 김미경, 이부미, 채영란, 김현경, 김순자(2011). 유아 다문화교육. 서울: 창지사.

보건복지가족부(2009). 다문화 가정 영유아 사회 · 정서발달 증진 프로그램 개발.

서해정, 구현아, 이현주(2009). 경기도 다문화가족 아동을 위한 보육지원 방안. 경기도가족여성연구원.

신순식, 김태선, 신은정(2010). 유아교육기관 교사를 위한 다문화교육의 이론과 실제. 고양: 공동체.

여성가족부(2011). 2011년 다문화가족지원 사업안내. 다문화가족지원사업평가 및 2011년 사업안내.

이순형, 김혜라, 김유미, 우현경, 권윤정(2011). 유아 다문화교육 프로그램. 서울: 학지사.

이재분, 강순원, 김혜원, 이해영, 서유미(2008). 다문화 가정 자녀 교육실태 연구. 한국교육개발원.

이진숙(2007). 국제결혼 가정의 자녀양육실태와 아버지의 양육참여에 관한 연구. 열린유아교육연구, 12(6), 21-42.

임양미, 송정, 김혜금, 최명희, 이혜선(2011). 경기도 다문화 보육프로그램 개발 및 적용방안. 경기도가족여성연구원.

전혜정, 민성혜, 이민영, 최혜영, 조을순, 장수지(2008). 국제결혼자녀실태조사 및 성장지원방안연구. 보건복지가족부.

정정희, 정민영, 김민정, 허경아, 홍희주(2010). 다문화 가정 영유아의 의사소통능력 관련 변인들 간의 구조적 관계. 한국영유아보육학, 61, 23-44.

조영달(2006). 다문화 가정의 자녀교육실태조사. 교육인적자원부.

채정란(1999). 다문화교육의 관점에서 본 '우리나라' 와 다른나라 '생활주제분석. 한국교육대학교 대학원 석사학위논문.

최나야, 우현경(2009). 영유아기 자녀를 둔 다문화 가정 어머니의 양육스트레스. 한국가정관리학회지, 27(2), 1-14.

행정안전부(2010). 외국인주민실태조사.

홍기혜(2000). 조선족 여성과 한국 남성 간의 결혼을 통해 본 이주의 성별정치학. 이화여자대학교 대학원 석사학위논문.

Kendall, F. E. (1996). *Diversity in the classroom: New approach to the education of young children* (2nd ed.). Columbia University, New York: Teachers college press.

Taylor, C. (1992). The politics of recognition. In A. Gutmann (Ed.), *Multiculturalism and the 'politics of recognition'* (pp. 25-73). Princeton University Press.

찾아보기

| 인 명 |

| 내 용 |

저자 소개

김혜금

연세대학교 대학원 아동가족학 전공(박사)

현 동남보건대학교 보육과 교수

송영주

연세대학교 대학원 아동학 전공(박사)

현 계명문화대학 유아교육과 교수

임양미

연세대학교 대학원 아동가족학 전공(박사)

현 전주대학교 가정교육과 교수

김현자

숙명여자대학교 대학원 아동복지학 전공(박사)

현 두원공과대학교 유아교육과 교수

김진숙

숙명여자대학교 대학원 아동복지학/아동보육 · 교육 전공(박사)

현 대구한의대학교 중등특수교육과 교수

박진옥

숙명여자대학교 대학원 아동복지학/유아교육 전공(박사)

현 동원대학교 아동보육복지과 교수

유아사회교육

2013년 2월 25일 1판 1쇄 발행
2019년 2월 19일 1판 4쇄 발행

지은이 • 김혜금 · 송영주 · 임양미 · 김현자 · 김진숙 · 박진옥
펴낸이 • 김 진 환
펴낸곳 • (주) 학지사
04031 서울특별시 마포구 양화로 15길 20 마인드월드빌딩 5층
대표전화 • 02) 330-5114 팩스 • 02) 324-2345
등록번호 • 제313-2006-000265호
홈페이지 • http://www.hakjisa.co.kr
페이스북 • https://www.facebook.com/hakjisabook

ISBN 978-89-997-0061-3 93370

정가 20,000원